FINANCIAL
INVESTMENT
ENCYCLOPEDIA

# 理财投资百科

杨光瑶 / 编著

中国铁道出版社有限公司
CHINA RAILWAY PUBLISHING HOUSE CO., LTD.

## 内 容 简 介

本书是一本全面介绍投资理财相关知识的书籍,以"案例+数据+理论相结合"的方式向投资者阐述了如何通过理财来合理安排资金,实现资产的保值和增值。

全书涵盖的理财方式广泛,包括基金、债券、股票、期货、外汇、信用卡、银行理财、贵金属、原油投资和互联网理财等内容。本书从实用性出发,注重对各种理财方式方法、技巧和实际操作的讲解,旨在帮助投资者学会存钱之道、省钱之道、生钱之道和护钱之道,将手中财富快速稳健升值。

本书适合刚参加工作,希望通过理财积累财富的年轻人,或是有了一定经济基础,想要通过理财实现财富增值的中年人。同样适合需要通过理财让晚年生活更加丰富多彩的老年人以及有一定理财知识,需要进一步提高投资能力的投资人士。

**图书在版编目(CIP)数据**

理财投资百科 / 杨光瑶编著 . —北京:中国铁道出版社,
2017.10(2022.1 重印)
ISBN 978-7-113-23147-7

Ⅰ.①理… Ⅱ.①杨… Ⅲ.①投资-基本知识 Ⅳ.①F830.59

中国版本图书馆 CIP 数据核字(2017)第 119700 号

书　　名:理财投资百科
作　　者:杨光瑶

责任编辑:张亚慧　　编辑部电话:(010)51873035　　邮箱:lampard@vip.163.com
封面设计:MXK DESIGN STUDIO
责任印制:赵星辰

出版发行:中国铁道出版社有限公司(100054,北京市西城区右安门西街 8 号)
印　　刷:佳兴达印刷(天津)有限公司
版　　次:2017 年 10 月第 1 版　　2022 年 1 月第 2 次印刷
开　　本:700 mm×1 000 mm 1/16　　印张:22.25　　字数:461 千
书　　号:ISBN 978-7-113-23147-7
定　　价:68.00 元

# 前 言

P R E F A C E

在日常生活中，每个人的收入和支出都不同，有的人收入高，有的人收入相对较低，不过个人收入不管是高还是低都需要投资理财。

投资理财不仅可以让钱生钱，实现财富增值，还能让个人在未来有养老的钱，能够享受闲适的养老生活。除此之外，投资理财还可以提高生活质量，让生活拥有足够的保障。

在当前的金融市场中，理财产品层出不穷，产品越来越多样化。面对种类丰富的理财产品，并不是每个人都可以轻松找到适合自己的产品，为此我们编写了这本《理财百科》，相信它可以帮助到不同理财需求的人士。

在投资理财中，如果对理财知识一无所知很容易迷失方向，导致投资亏损，想要实现理财目标，还需要懂得如果进行理财规划，掌握必备的理财技能。

本书囊括的理财内容丰富，包括171个理财知识、34个理财链接以及大量的理财提示，相信通过阅读本书，每个投资者都可以找到适合自己的专属投资理财方案。

**本书包括 10 章，具体章节的内容如下所示。**

◎ 第一部分 1 ～ 3 章

本部分内容主要介绍了基金、债券和股票三种理财方式，通过该部分内容，投资者可以学会如何进行这三种理财产品的投资，并掌握必备的投资技巧，让自己在投资中能够避开误区，找准投资机会。

◎ 第二部分 4 ～ 5 章

本部分介绍了期货和外汇两大投资方式，这两种理财产品可以帮助个人实现投资进阶，获得高额的投资回报，以较小的成本换取较高的盈利。

◎ 第三部分 6 ～ 8 章

本部分介绍了保险理财、银行理财和信用卡理财。这三种理财方式与个人生活联系紧密，是规划人生财务的重要工具，可以让个人实现保障和投资两不误。

◎ 第四部分 9 ～ 10 章

本部分主要介绍了其他常见的理财方式以及新颖的互联网理财，包括贵金属投资、原油投资、生活理财、P2P 理财以及众筹理财等，进一步完善个人的理财方式。

本书语言简单、易懂，采用"理论＋案例＋真实数据相结合"的方式，帮助读者更好地将理财知识运用到实际的投资操作中。本书适合刚参加工作，希望通过理财积累财富的年轻人，或是有了一定经济基础，想要通过理财实现财富增值的中年人。同样适合需要通过理财让晚年生活更加丰富多彩的老年人以及有一定理财知识，需要进一步提高投资能力的投资人士阅读。

编 者

2017 年 5 月

# 目 录

CONTENTS

## 01 风险共担，利益共享——基金
.CHAP.

在 2016 年上半年，在公募基金产品类型中，货币基金的基金规模维持在第一，债券型基金的规模有所增加，而股票型基金和股市一样陷入低迷，混合型基金则略有减少，可见基金市场也是跌宕起伏。

# 02
## .CHAP.

## 稳健投资方式——债券

据中国银行业理财市场报告显示，截至 2016 年 6 月底，理财产品投资余额的 26.39 万亿元中，流入债券市场的比例大幅提升，从 2015 年底的 29.49% 升至 40.42%，达 10.7 万亿元。

## 进入债券市场须知 /46

# 03
## .CHAP.

## 有涨有跌的投资——股票

2016 年 1 月 29 日，证监会公布的数据显示我国股票市场投资者数量已于 2016 年 1 月 21 日突破 1 亿，2016 年 1 月市场投资者数量增长 128.32 万，增幅较为稳定，平均每天新增投资者 6.75 万。

# 04 .CHAP. 合约买卖的投资——期货

在各种理财工具中，期货是高风险高收益的投资品种，也正是因为这一特点使得期货具有独特的魅力，但也意味着期货并不适合所有人投资。投资期货有可能"一夜大富"，也可能"一夜赤贫"。

# 05 .CHAP.　利用货币来投资——外汇

外汇市场是一个 24 小时交易的全球市场，这就允许投资者在不同的时间段都可以进行外汇投资，合理安排自己的时间，这也是外汇投资受到许多投资者青睐的原因。

# 06
## .CHAP.

## 保障与投资并存——保险

在进行投资理财规划时，保险都是不可或缺的重要工具，它能保障个人以及家庭在面对人生风险时不会因此而陷入困境，仍能维持现有生活。保险除具有保障功能外还具有理财功能，目前市场上有许多理财型保险，使投资者保障与理财两不误。

**07**
**.CHAP.**

## 一站式投资渠道——银行理财

根据普益标准发布的银行理财产品排行榜显示，在 2016 年 8 月 27 日～9 月 2 日期间，在售的银行理财产品有 1145 款。收益率集中在 4.00%～5.00% 区间；569 款产品收益率在 4.00% 及以下，其中 20 款为外币产品，549 款为人民币产品。

## 在银行可以理哪些财 /204

## 多种渠道选择理财产品 /212

## 银行理财"吸金"技巧与注意事项 /221

# 08 .CHAP. 提前消费的理财方式——信用卡

目前信用卡的普及率正在逐年提升,它具有先消费后还款的功能,利用信用卡的这一功能持卡人可以实现"以债生财",这使得信用卡不仅成为支付工具,还成为理财了工具。

## 信用卡,你了解透彻了吗 /230

# 09 .CHAP. 其他理财方式

我们已经了解了如何运用、基金、债券、股票以及保险等工具进行理财，在投资理财市场中还有许多其他理财方式，比如贵金属、原油。

**百科链接**

# 10 .CHAP. 新颖的互联网理财方式

随着互联网的发展，互联网金融也得到了广泛的关注，截止至 2016 年 6 月，我国购买互联网理财产品的网民规模达到 1.01 亿，较 2015 年底增加用户 113 万人，可见互联网理财仍然保持了较高的热度。

## 异军突起理财方式——P2P 网贷 /308

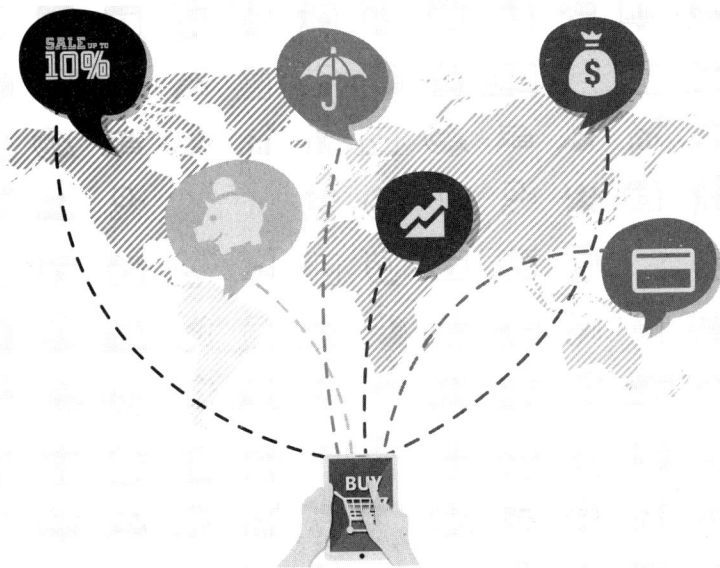

第一章
风险共担，利益共享
**基金**

基金投资是一种间接的证券投资方式，它一直以低门槛、投资安全的特点吸引广大投资者。回首 2016 年上半年，在公募基金产品类型中，货币基金的规模位于第一，债券型基金的规模有所增加，而股票型基金和股市却陷入了低迷，混合型基金则略有减少，可见基金市场也是跌宕起伏。

# 基金入市必备基础和必会操作

在家庭资产配置中，基金是很多家庭必备的理财方式，它"退可守，进可攻"，投资者既可以利用基金获取稳定收益，又可利用基金博取较高的回报。在进入基金市场前，投资者还需对基金有一定的认识，因为基金投资并不会稳赚不赔，要想成为基金投资高手，就需要将理论知识和实践相结合。

## NO.001
### 为什么基金是你最好的选择

在现实生活中，大多数投资者并不是金融专业出身，他们也并不从事与金融相关的行业。因此，没有过多的精力和时间去打理自己的零散财富，那么面对通货膨胀、子女教育和养老等诸多问题，普通投资者又该怎样进行理财呢？现在有一种投资工具能解决大多数投资者的烦恼，那就是基金。大多数人选择投资基金是因为基金具有以下几点优势。

（1）化零为整，收益可观

基金能将个人零散的财富归集起来，积少成多，化零为整，将小钱转变为大钱。下面来看看 2016 年 8 月 30 日基金产品收益回报排行，如图 1-1 所示。

| 对比 | 序号 | 基金代码 | 基金简称 | 2016-08-30 | | 2016-08-29 | | 日涨跌 | 今年回报 | 晨星三年评级 2016-06-06 |
|---|---|---|---|---|---|---|---|---|---|---|
| | | | | 基金净值 | 累计净值 | 基金净值 | 累计净值 | | | |
| ☐ | 1 | 002059 | 国泰浓益混合C（吧） | 2.4840 | 2.4840 | 2.4830 | 2.4830 | 0.04% | 94.36% | ★★ |
| ☐ | 2 | 002061 | 国泰安康养老C（吧） | 2.3340 | 2.3340 | 2.3360 | 2.3360 | -0.09% | 87.47% | ★★ |
| ☐ | 3 | 001315 | 易方达新益混合E（吧） | 1.6050 | 1.6050 | 1.6050 | 1.6050 | 0.00% | 60.50% | ★★ |
| ☐ | 4 | 001903 | 光大保德信欣鑫混合A（吧） | 1.6310 | 1.6310 | 1.6310 | 1.6310 | 0.00% | 59.43% | ★★ |
| ☐ | 5 | 001380 | 鹏华弘盛混合C（吧） | 1.5049 | 1.5049 | 1.5056 | 1.5056 | -0.05% | 45.82% | ★★ |

图 1-1 2016 年 8 月 30 日基金产品收益回报排行

从上图可以看出，一只优质的基金其收益是可观的，对中小型投资者而言，基金无疑为他们获得更高收益打开了"方便之门"。

（2）资金灵活，节省成本

基金投资灵活性很高，就开发型基金而言，投资者可在基金中介机构或基金公司随时买入投资或赎回变现，使投资的资金能快速变现。另外，基金投资的成本很低，有些基金甚至是零成本，比如货币基金，这就使投资者大大节省了投资费用。

（3）专家理财，分散投资

一般的基金资产都是经过专业的基金经理进行运作的，他们具有丰富的证券投资知识和经验，更能够把握市场走势，在投资过程中运筹帷幄。

个人投资者的资金毕竟是有限的，很难做到完全的分散投资，而基金可以凭借雄厚的资金优势，实现分散组合投资，使投资者面临的风险减小。

## NO.002
## 开放式基金买卖实际操作流程

基金运作主要有两种方式：开放式基金和封闭式基金。投资者熟悉的股票基金、货币基金以及债券基金等都是开放式基金，这类基金的基金规模可变。

封闭式基金与开放式基金相反，在筹足总额后，基金即宣告成立，并进行封闭，在一定时期内不再接受新的投资，基金规模不可变。由于开放式基金是基金市场上的主流品种，所以这里主要讲开放式基金。

开放式基金的买卖可在银行、基金公司、基金中介机构、证券交易软件以及其他第三方理财平台上购买。各平台都有各自的优势，投资者可以根据自己的习惯和资金的便捷性来选择。

在银行可以通过网点、个人网上银行或手机银行购买，最为便捷的是通过个人网上银行和手机银行购买。登录个人网上银行或手机银行后，进入基金产品列表页，单击"购买"按钮，再按照提示的操作步骤完成购买基金，如图1-2所示为建设银行个人网上银行中的基金产品。

| 基本信息 | 单位净值 ⇅<br>时间 | 累计净值 ⇅ | 日增长率 ⇅ | 近一周 ⇅ | 近一月 ⇅ | 操作 |
|---|---|---|---|---|---|---|
| 华夏成长混合<br>000001 人民币 | 1.1370 ↑<br>2016-08-30 | 3.4380 | 0.09% | -0.53% | 单击 | 购买 |
| 华夏成长混合<br>000002 人民币 | 1.1370 ↑<br>2016-08-30 | 3.4380 | 0.09% | -0.53% | 1.07% | 购买 |
| 鹏华国企债债券<br>000007 人民币 | 1.2320 ↑<br>2016-08-30 | 1.2408 | 0.17% | -0.13% | 0.63% | 购买 |

图 1-2　建设银行个人网上银行中的基金产品

在基金公司官网、第三方平台以及基金中介机构上购头基金同样很方便，一般需注册基金账号，再登录后进行购买。

如果要在证券交易所购买上市的基金，那么需开通证券投资账户，目前通过证券公司官网和手机客户端都可实现开户。

**要点提示**

基金的买入方式有两种，分别是认购和申购。认购是指投资者在开放式基金募集期间、基金尚未成立时购买基金份额的过程；申购是指投资者在基金成立后购入基金份额的过程。而退出基金投资，将手中持有的基金单位按公布的价格卖出并收回现金的行为则被习惯性称作基金赎回。

## NO.003

## 基金投资的收益和费用怎么算

投资者在申购或认购某基金以后，有时会发现自己投入的本金缩水了，这是因为部分基金在购买时会收取一部分费用，该费用被叫作申购或认购手续费，不同的基金产品申购或认购的手续费率不同，如

图 1-3 所示为部分基金产品的申购手续费一览。

| 排名 | 基金名称 | 类型 | 近1周 | 近3月≑ | 近1年 | 购买手续费 |
|---|---|---|---|---|---|---|
| 1 | 万家精选混合 | 混合型 | -0.30% | 23.20% | 34.53% | 1.50% 0.15% |
| 2 | 万家瑞兴 | 混合型 | -0.04% | 22.58% | 80.54% | 0.60% 0.06% |
| 3 | 金鹰核心资源混合 | 混合型 | -1.87% | 15.48% | 26.64% | 1.50% 0.60% |

**图 1-3　基金申购手续费一览**

　　除基金申购或认购手续费这一投资成本外，在赎回时被收取的赎回费用也是投资的成本。基金赎回费率根据基金和基金持有时间的不同会有所区别，比如赎回在华夏基金官网购买的华夏兴华混合 A，其赎回费率如表 1-1 所示。

**表 1-1　华夏兴华混合 A 赎回费率**

| 赎回条件 | 费率 |
|---|---|
| 持有期限 ≥ 1 年 | 0.00% |
| 持有期限 <1 年 | 0.50% |

　　基金的运作过程中，有些必要的开支需基金承担，包括基金管理费和基金托管费，基金管理费是支付给基金管理人的管理报酬，基金托管费是指基金托管人为保管和处置基金资产而向基金收取的费用。不同基金的运作费是不同的,比如华夏兴华混合 A 的基金运作费如表 1-2 所示。

**表 1-2　华夏兴华混合 A 基金运作费**

| 费用 | 费率 |
|---|---|
| 基金管理费 | 1.50% |

续上表

| 费用 | 费率 |
|------|------|
| 基金托管费 | 0.25% |

通过对基金各种费用的了解，我们可以知道基金的投资成本主要由基金申购费、基金赎回费和基金运作费三部分构成。

了解了基金投资的成本后，投资者最关心的莫过于基金投资的收益了，使用基金收益计算器可以快速计算出基金最终的收益。比如，使用东方财富网提供的基金收益计算器（http://data.eastmoney.com/money/calc/CalcFundKF.html），只需输入基金代码、持有日期、申购费率等，选择分红方式，单击"计算"按钮，即计算出此次基金投资的收益，如图1-4所示。

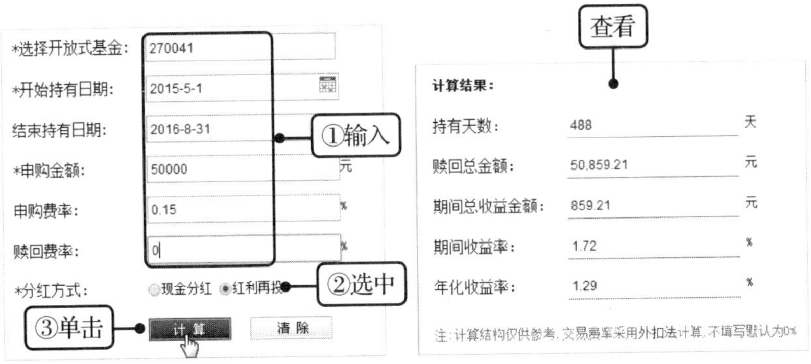

图1-4  使用基金计算器计算基金投资收益

**要点提示**

开放式基金的分红方式主要有现金分红和红利再投两种，现金分红即取得现金，红利再投即将分红资金转成相应的基金份额。

# 怎么挑选优质基金

根据中国证券投资基金业协会公布的 2016 年 6 月公募基金市场数据显示，截至 2016 年 6 月底，封闭式基金共有 205 只，开放式基金共有 2909 只。其中，股票基金 615 只、混合基金 1400 只、货币基金 234 只、债券基金 550 只和 QDII 基金 110 只，面对这些基金产品，投资者又应该如何抉择呢？

## NO.004
### 利用基金公司选基技巧

基金公司作为基金运作的管理者，对基金业绩的好坏有重要的影响，可以说选择一家好的基金公司是选择优质基金的前提。

截至 2016 年 6 月底，我国共有基金管理公司 104 家。其中，中外合资公司 44 家、内资公司 60 家取得公募基金管理资格的证券公司或证券公司资管子公司共 12 家、保险资管公司 1 家。在众多基金公司中挑选出一家优秀的基金公司可以从以下几点出发。

◆ **资质**：基金公司的资质反映的是基金公司的管理能力，一家优秀的基金公司一般具有治理结构完善、股权稳定、基金产品完善、良好的形象和服务等特征。

◆ **投资风格**：各基金公司擅长运作的基金类型是不同的，了解基金公司的投资专长和投资风格，能帮助投资者选出基金公司中优质且适合自己的基金。

◆ **投研能力**：什么样的产品才能让投资者获得稳定的投资回报，考验着基金公司的投研能力，一家投研能力强的基金公司能根据市场研发出适应市场变化的产品，并帮助投资者获利。

一家优秀的基金公司总能让投资者获利良多，那么在实际操作中又该如何从以上三个方面中选择出优秀的基金公司呢？下面来看看。

**案例**

**多角度看华夏基金公司**

了解基金公司资质最好的方法就是进入基金公司的官方网站，比如在华夏基金的官网上我们就可以了解到公司简介、基本情况以及企业文化等信息，如图 1-5 所示。

图 1-5 华夏基金公司简介

从华夏基金公司介绍中，我们可以得知华夏基金是经中国证监会批准成立的首批全国性基金管理公司之一，也是业务领域最广泛的基金管理公司之一，成立 17 年来，凭借规范的经营管理及良好的品牌声誉，获得了业界的广泛认可。

可见华夏基金公司是一家老牌的基金公司，其优秀的资质是毋庸置疑的。

判断基金公司投资风格可从基金公司管理的产品来看，在华夏基金管理的基金产品中，混合型基金最多，其次是指数型基金，再者便是债券型基金和货币型。

从这一角度可以反映出，华夏基金的投资专长为混合型基金，其投资风格更注重基金的灵活性和成长性。

华夏基金超强的研发能力从其业绩中就可看出，截至 2016 年 1 月 22 日，2015 年基金四季报已全部公布。其中，混合型基金成为赚钱的中坚力量，而华夏基金以 505.42 亿的利润成为全年盈利的总冠军。

通过对华夏基金公司全方位的考察后我们可以看出，华夏基金是一家值得投资者关注的基金公司，投资者在华夏基金公司是可以选择出优质的基金产品的。

在考察一家基金公司时，有空闲时间的投资者还可以从其他专业的网站上查看对基金公司的评价来了解基金公司的资质，从同类基金排名、持股稳定性、基金公司公布的研究报告和策略报告上来了解基金公司投研能力，从而更全面的认识该基金公司。

选择出优秀的基金公司后，投资者可重点从基金公司投资专长的基金产品中选基金，比如华夏基金就可重点关注混合型基金。

利用本例中的方法，相信投资者还能选择出更多优秀的基金公司。目前，嘉实基金、博时基金、易方达基金、广发基金以及南方基金等都是优秀的基金公司，供投资者借鉴参考。

## NO.005
# 利用基金经理选基技巧

如果说选择一个好的基金公司是选择优质基金的前提，那么选择一个优秀的基金经理就是基金能否获利的关键。下面来看一个案例。

**案例**

**明星基金经理，业绩稳定居前**

长信利丰债券基金是 2008 年 12 月 29 日设立的，截至 2016 年 6 月 15 日，该基金资产规模为 91.0193 亿元，如图 1-6 所示为 2013 年 9 月 6 日～ 2016 年 9 月 5 日净值走势。

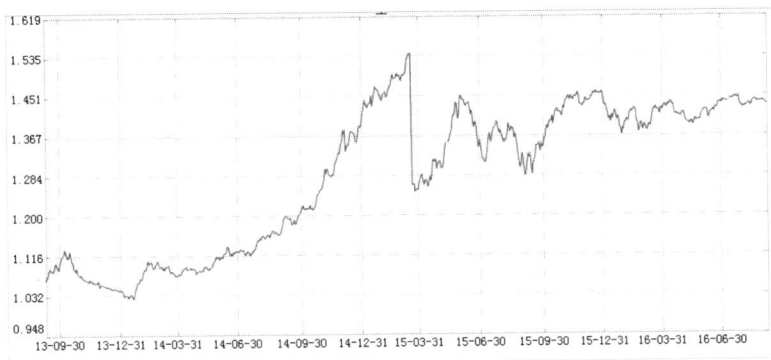

**图 1-6 2013 年 9 月 6 日～ 2016 年 9 月 5 日净值走势**

从上图可以看出，该基金整体处于上涨趋势中，历史业绩稳定、优异。据天相投顾数据显示，截至 2016 年 9 月 1 日，该基金设立以来净值上涨 114.04%，与同类基金和上证指数相比，该基金也丝毫不逊色，除 2011 年债券大跌时业绩为负以外，其余年份均为正。

该基金之所以能够为投资者带来良好的业绩回报，离不开该基金的基金经理，长信利丰债券基金的基金经理李××的投资风格稳健，固定收益管理能力得到业内认可。

他将 80% 以上的基金资产用于债券投资，其中不低于基金资产的 20% 投资于公司债、企业债以及短期融资券等债券资产。整体来看，少采用高杠杆的投资策略，使该基金业绩波动较小。

基金经理是基金的核心人物，一只基金根据管理方式的不同，基金经理可能只有一个，也可能有多个，那么怎样才能知道基金的基金经理是谁呢？

投资者可以在各大财经网站上查看基金的基金经理，如图 1-7 所示是在和讯网查询到的鹏华中证 800 地产指数的基金经理。

**鹏华中证800地产指数（160628）基金经理**  放入收藏夹

████ 硕士 任职日期：2014-09-12

████先生，国籍英国，工程和计算机专业硕士，17年证券基金从业经验。曾担任伦敦摩根大通（JPMorgan）投资基金管理公司分析员、高级分析师，汇丰投资基金管理公司（HSBC）高级分析师，伦敦巴克莱国际投资基金管理公司基金经理、部门负责人，巴克莱资本公司（BarclaysCapital）部门负责人，泰达宏利基金公司国际投资部副总监、产品与金融工程部副总经理等职，曾任泰达宏利中证财富大盘指数型证券投资基金、泰达宏利全球新格局证券投资QDII基金、泰达宏利中证500指数分级证券投资基金基金经理；2012年11月加盟鹏华基金管理有限公司，2013年12月起担任鹏华中证500指数证券投资基金（LOF）基金经理，2014年9月起兼任鹏华中证800地产指数分级证券投资基金基金经理，2014年12月起兼任鹏华沪深300指数证券投资基金（LOF）基金经理，2015年6月起兼任鹏华创业板指数分级证券投资基金、鹏华中证移动互联网指数分级证券投资基金基金经理，现同时担任量化及衍生品投资部总经理、投资决策委员会成员。王咏辉先生具备基金从业资格，英国基金经理从业资格（IMC）。

图 1-7　鹏华中证 800 地产指数基金经理

除了在财经网站上可以查看基金经理外，在基金的招募说明书上和基金公司官网上都可以获得基金经理的相关信息。

投资者在考察一只基金的基金经理时，可以从四个方面入手，具体内容如下所示。

◆ **从业经验**：拥有丰富从业经验的基金经理更能在跌宕起伏的市场中灵活、沉着的应对，使基金业绩保持长期平衡。

◆ **投资操作风格**：每一个基金经理都有其投资操作风格，有些基金经理偏好价值挖掘，有些基金经理则注重投资平衡性，基金经理的操作风格没有孰好孰坏，关键在于基金经理是否能坚持自己的投资风格，并为投资者创造收益。

◆ **职业道德**：优秀的基金经理都具备良好的职业操守，他们以投资者利益为重，对于有过建"老鼠仓"等违规行为的基金经理，投资者应该避免选到此类基金经理管理的基金。

◆ **基金经理的稳定性**：投资者应该尽量选择基金经理稳定的基金，如果一只基金的基金经理频繁更换，对投资者来说并不是好事。

**要点提示**

在基金投资中并不是所有基金都受基金经理的影响，指数型基金因为是跟随指数变动而做出投资决策，因此，受基金经理的影响不大，另外一流的基金公司以及有多个基金经理的基金受单个基金经理的影响也较小。

## NO.006
### 利用晨星基金网选基技巧

从上千只基金中挑选出一只适合自己的，且有增值潜力的基金并不是容易的事，利用一些专业的基金网站，能为我们选出一只优秀的基金提供较好的参考依据，下面我们以晨星网为例。

**案例**

### 利用晨星网筛选基金

晨星网（http://cn.morningstar.com/）是国际权威评级机构 Morningstar 的中国官方网站，投资者可以通过晨星网提供的基金工具选出一只优秀的基金。

投资者通过基金业绩排行榜，首先可以筛选出不同晨星评级的基金，如图 1-8 所示为晨星评级为 5 星的股票型基金。

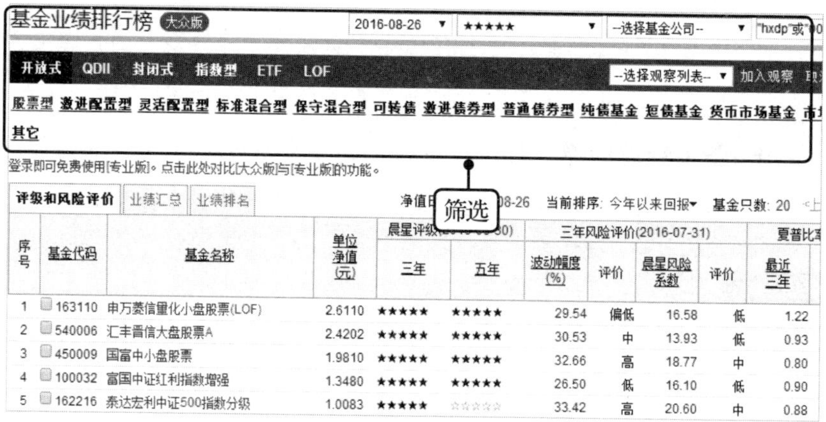


| 序号 | 基金代码 | 基金名称 | 单位净值(元) | 晨星评级 三年 | 晨星评级 五年 | 三年风险评价(2016-07-31) 波动幅度(%) | 评价 | 晨星风险系数 | 评价 | 夏普比率 最近三年 |
|---|---|---|---|---|---|---|---|---|---|---|
| 1 | 163110 | 申万菱信量化小盘股票(LOF) | 2.6110 | ★★★★★ | ★★★★★ | 29.54 | 偏低 | 16.58 | 低 | 1.22 |
| 2 | 540006 | 汇丰晋信大盘股票A | 2.4202 | ★★★★★ | ★★★★★ | 30.53 | 中 | 13.93 | 低 | 0.93 |
| 3 | 450009 | 国富中小盘股票 | 1.9810 | ★★★★★ | ★★★★★ | 32.66 | 高 | 18.77 | 中 | 0.80 |
| 4 | 100032 | 富国中证红利指数增强 | 1.3480 | ★★★★★ | ★★★★★ | 26.50 | 低 | 16.10 | 低 | 0.90 |
| 5 | 162216 | 泰达宏利中证500指数分级 | 1.0083 | ★★★★★ | ☆☆☆☆☆ | 33.42 | 高 | 20.60 | 中 | 0.88 |

图 1-8 晨星评级为 5 星的股票型基金

筛选出 5 星评级基金以后，此时投资者就可以详细了解几只基金，单击基金名称超链接就可进入基金详细信息页面。

在基金详细信息页面，投资者可以了解到基金的历史回报数据、风险统计、风险评估、持仓分析、行业分布以及投资风格等信息。

如图 1-9 所示为申万菱信量化小盘股票 (LOF) 的详细信息页面。

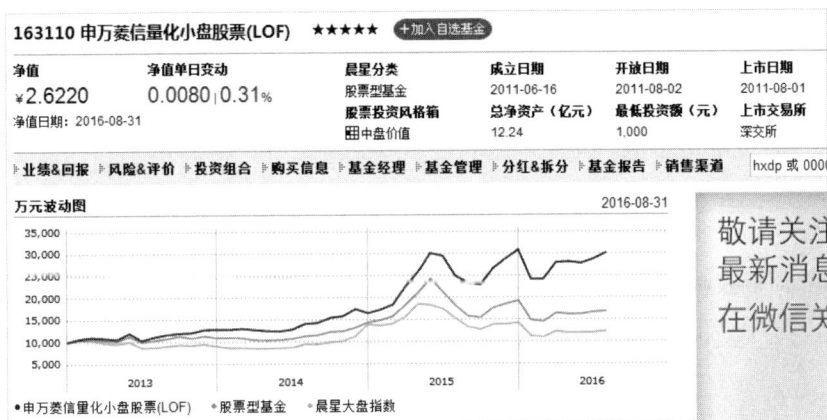

**图 1-9　申万菱信量化小盘股票 (LOF) 详细信息页面**

利用晨星网筛选基金并不是简单地看看数据就了事，我们需要了解数据背后所折射出的信息。

晨星星级评价以基金的过往业绩为基础进行客观分析，在同类基金中，基金按照"晨星风险调整后收益"指标由大到小进行排序，前 10% 被评为 5 星；接下来 22.5% 被评为 4 星；中间 35% 被评为 3 星；随后 22.5% 被评为 2 星；最后 10% 被评为 1 星，星级越高表明基金以往业绩越好。在基金详细页面中，部分数据信息具有以下意义。

◆ 风险评估中的标准差数据反映了计算周期内总回报率的波动幅度，即基金每月的总回报率相对于平均月回报率的偏差程度，波动越大，标准差也越大。因此，对基金而言，标准差越小越好。

◆ 夏普比率是衡量基金风险调整后收益的指标之一，反映了基金承担单位风险所获得的超额回报率。一般情况下，该比率越高，基金承担单位风险得到的超额回报率越高。

◆ 晨星风险系数反映计算期内相对于同类基金，基金收益向下波动的风险，基金的风险系数越小越好。

投资者要注意基金具有高的星级，只能表明基金之前业绩优秀，但并不表明在未来基金仍然能取得良好的业绩，受基金经理更换、投资组合变动等影响，基金未来表现也可能不佳。

另外，基金具有高星级也不等于该基金就适合于每个投资人，由于投资人的投资目标、投资周期和风险承受能力的不同，个人选择的基金也应不同。

## NO.007
### 利用净值、年报选基技巧

基金净值是当前的基金总净资产除以基金总份额得到的，它表明了每一基金单位所表示的价值。在实际投资中，投资者常常会选择净值更低的基金，认为其更具投资价值，其实不然，下面来看一个案例。

**案例**

**净值高低并不能作为基金好坏的评判**

初入基金市场的投资者罗先生，在 2015 年 6 月看中了两只基金。其中，A 基金为 1.81 元一份，而 B 基金为 1 元一份，且 B 基金由于是新发基金手续费比 A 基金低。

罗先生认为 B 基金更便宜，用 3 万元投资可以获得 3 万份（不考虑手续费），而 A 基金仅为 16 574 份，且 B 基金净值低,那么上涨的空间大,因此,罗先生选择了 B 基金。

由于 B 基金是一只股票型基金,罗先生在 2015 年 6 月买入后,遇到了 7 月的股灾,该基金因此也大跌,到 2016 年 8 月底,B 基金净值仅为 0.863 5 元。

反观 A 基金,由于该基金在 2015 年 6 月前就已经运作一年多了,有一定的投资经验,到 2016 年 8 月底,净值为 1.85 元,虽然上涨幅度不高,但抵抗住了股灾。

在上述案例中,A 基金之所以净值高、卖得贵,是因为它已经运作一年多了,且运作良好,使基金净值从 1 元增加到了 1.81 元,这说明了基金公司的投研能力强,基金经理投资操作得当。B 基金是刚发行的基金,还没有经历过涨跌起伏,因此净值为 1 元,选择此类基金应该重点关注基金公司和基金经理而不是净值。投资者在查看基金净值时不能错误地认为基金净值越低,上涨空间越大,基金净值的高低不能作为基金好坏的评判。

虽然不能利用净值高低来评判基金,但投资者可以将基金累计净值作为重要参考依据,累计净值越高可以反映出基金的盈利能力越强。基金年报是基金公司公布的上一年报告,在基金年报中投资者可以获取很多有价值的信息,如图 1-10 所示为华夏行业精选混合型证券投资基金(LOF)2015 年年度报告部分内容。

> 2015 年市场大幅波动,本基金从策略角度判断市场趋势及风格,并基于策略判断进行了几次大的交易操作:1)年初高仓位,减少 2014 年底组合中估值已经得到显著修复的大盘蓝筹股配置,增加中小板成长股配置;2)5 月底 6 月初试探性减仓,但市场依然较强,组合操作策略变为充分分散持仓,确保可以右侧卖出,6 月中旬下跌趋势确立后做了减仓,并调整持仓结构,但由于下跌较急,

图 1-10 华夏行业精选混合型证券投资基金(LOF)2015 年年度报告

一份年度报告的内容不会太少，基本上都有几十页，在年度报告内容中投资者可重点关注以下内容。

◆ **业绩比较基准**：将业绩比较基准与实际增长率进行比较，以此来衡量基金净值的增长率。比如，华夏行业精选混合型证券投资基金（LOF）2015年中，关于基金份额净值增长率及其与同期业绩比较基准收益率的比较如表1-3所示。

表1-3　基金份额净值增长率及其与同期业绩比较基准收益率的比较

| 阶段 | 份额净值增长率① | 份额净值增长率标准差② | 业绩比较基准收益率③ | 业绩比较基准收益率④ | ①~③ | ②~④ |
|---|---|---|---|---|---|---|
| 过去3个月 | 24.79% | 1.87% | 13.57% | 1.34% | 11.22% | 0.53% |
| 过去6个月 | −7.07% | 2.88% | −12.31% | 2.14% | 5.24% | 0.74% |

◆ **未来行情展望**：在基金年报中会对市场走势进行判断，这一判断往往决定了基金未来的投资动向，投资者可以通过查看过去的年度报告来了解过去几年里基金公司是否对行情判断准确。

◆ **关联方交易**：关联方主要有基金公司股东、员工以及关联企业等，在出现风险时，关联方通常会首先做出赎回操作，投资者关注关联方的交易信息，捕捉他们的投资操作风向，可以弥补自己在消息方面的不足。

◆ **基金经理情况**：在报告中会写明基金经理的简介，也是了解基金经理的重要渠道。

**要点提示**

除基金年报外，基金公司还会披露基金半年报、季报，投资者可以在基金公司官方网站或行情交易软件中查看相应报告，比如同花顺、大智慧等。

# 基金买卖省钱窍门和投资技巧

在基金投资的过程中也有省钱的门道，通过基金省钱窍门为自己减少基金投资的成本，那么就可以使投资者有更多的资金用于投资，享受更多的收益。投资基金除了会省，还要会投，这样才能让自己在基金投资中赚取更多收益。

## NO.008
### 多种方法省申购费

对大多数投资者而言，基金投资的申购费并不是一笔小数目，以申购费率0.6%来计算，假设投入10万元，就需要支付600元申购费。那么，投资者如何为自己省下申购费呢？主要有以下几种方法。

（1）选择网上平台

基金购买的渠道有很多，与在网点购买基金相比，通过网上渠道购买可以享受到费率优惠，并且有些平台的优惠幅度还比较大。

比如，在汇添富官网上购买股票型基金，投资者可以看到网上申购费率仅为 0.15%，如图 1-11 所示。

| 热点基金 | 理财产品 | 股票型基金 | 混合型基金 | 海外基金 | 指数基金 |
|---|---|---|---|---|---|
| 基金名称 | 净值日期 | 累计收益率 | 单位净值 | 日增长率 | 网上交易申购费率 |
| 汇添富移动互联股票 | 2016-08-31 | +59.10% | 1.591 | -0.50% | 1.5% 0.15% |
| 汇添富环保行业股票 | 2016-08-31 | +40.80% | | 申购费率优惠 | 1.5% 0.15% |
| 汇添富外延增长主题股票 | 2016-08-31 | +10.40% | 1.104 | +0.00% | 1.5% 0.15% |
| 汇添富成长多因子量化策略股票 | 2016-08-31 | +14.50% | 1.145 | +0.00% | 1.5% 0.15% |

图 1-11　网上申购费率优惠

（2）认购比申购省钱

在推出一款新基金后，基金公司为追求首发量一般会降低申购费率，有些甚至为 0 费率。因此，如果投资者认为自己看重的基金有投资价值，那么在发行时认购会更划算。

（3）选择不同的收费方式

基金申购费用的收取方式包括前端收费模式和后端收费模式。前端收费指在购买基金时收取认购费或申购费的收费方式；后端收费指在购买基金时先不用支付认购费或申购费，而在赎回时支付，基金持有年限越长，费率越低，直至为零。

另外，基金还有一种收费方式被叫做 C 类收费模式，指在购买基金时先不收取手续费，仅按实际持有时间收取销售服务费。

那么这三种收费方式究竟哪种更划算呢？下面以华夏债券基金 A、

B 和 C 三类为例。

案例

华夏债券 A、B 和 C 收费模式

华夏债券 A、B 和 C 这 3 种基金的费用收取标准如表 1-4 所示。

表 1-4 华夏债券 A、B 和 C 收费标准

| 收费方式 | 条件 | 费率 |
|---|---|---|
| A 类 | 申购金额 ≥ 100 万元 | 0.80% |
| | 申购金额 <100 万元 | 1.00% |
| B 类 | 持有期限 ≥ 5 年 | 0.00% |
| | 4 年 ≤ 持有期限 <5 年 | 0.50% |
| | 3 年 ≤ 持有期限 <4 年 | 0.60% |
| | 2 年 ≤ 持有期限 <3 年 | 0.70% |
| | 1 年 ≤ 持有期限 <2 年 | 0.90% |
| | 持有期限 <1 年 | 1.20% |
| C 类 | — | 0.30% |

从上表可以看出，假设投资华夏债券 50 万元，如果持有期低于 1 年，那么选择前端收费比后端收费划算，但与 C 类收费方式相比，C 类会更划算。但如果持有期限较长，比如 3 年或 4 年，那么后端收费会更划算。

通过对华夏债券 A、B 和 C 这三种基金收费标准的解读我们可以看出，如果投资者有固定的投资期限，且投资期限较长，比如 3 年或以上，那么选择后端收费更好；如果投资者没有想好自己要投资该基

金多长时间,那么可选择前端收费;如果投资者只想持有基金一两年,那么选择 C 类收费较好。

**要点提示**

如果一只基金有 A、B、C 这三类,那么 A 一般表示前端收费,B 表示后端收费,而 C 表示 C 类收费。基金总的来说只有长期持有才能获得可观的收益,波段投资并不适合基金,从这一角度来看,选择后端收费更好。

(4)把握红利再投资

基金的分红方式有现金分红和红利再投,在这两种分红方式中,选择红利再投将为自己节省申购费率,基金公司会将红利部分按照每单位基金净值转化为基金份额,这样投资者就可免申购费买到基金。

## NO.009
## 基金定投,让小钱变大钱

基金定投是定期定额投入的简称,与一次性投资和不定期投资相比,基金定投具有省时省力、积少成多、避免人为主观判断失误、分散风险、复利效应以及收益可观等优点。一般来说,以下几类人群比较适合基金定投。

◆ 冲动型消费者,对自己的收入和支出无法把控,习惯于透支消费的"月光族"。

◆ 有固定收入,每月在应付日常生活开销后,还有结余的上班族。

◆ 有长期投资需求的投资者,比如未来有大额资金需求的个人或家庭，包括子女教育、养老、买车以及买房等。

◆ 希望通过基金定投降低投资风险的投资者，比如保守型、稳健型投资者。

基金定投是一种操作简单、手续便捷的投资方式，掌握一定的定投投资技巧能够帮助投资者更好地进行基金投资。

（1）拿出多少资金最合适

在进行基金定投前，投资者应先确定每次定投的金额，金额的多少因人而异，投资者应在扣除生活日常开销的基础上拿出闲钱用于投资，而不是用自己的生活费用于定投。

（2）选长期投资型基金

基金定投需要持之以恒，只有长期投资才能发挥定投的优势，因此在选择基金时，要选择长期回报高、稳定性好的基金。新基金由于无法得知其稳定性，所以投资者可以选择成立两年或以上的基金，看其收益是否能保持长期稳定，是否能稳住排名。

一般来说，定投的基金适合选择股票型或指数型，此类基金波动相对较大，如果投资者能定投 5 年以上，那么这类基金可有效降低成本，但如果定投的期限较短，比如 3 个月、1 年等，那么可选择较稳健的理财型基金、混合型基金等。

（3）恰当时机调整投资金额和策略

随着个人经济收入的增加，基金定投的金额也可随之增加，根据市场行情的变化以及个人资金需求情况，也可解约暂停投资，或将其赎回，并不是为自己设定了定投 10 年的目标就一定定投 10 年。

基金

债券

股票

期货

贵金属

外汇

原油

保险

**要点提示**

如果投资者判断市场行情将长期处于不利状态，那么可以利用基金转换来避险增值，只不过基金转换仅限于同一家基金公司旗下的不同产品。另外，投资者也可以通过减少定投金额的方法来防范投资风险。

## NO.010
### 避免基金被套，善于解套良策

因为追逐基金近期的高收益而被套牢的投资者不在少数，每位投资者都不愿买入基金后被套，为避免基金被套，投资者需要掌握以下几点。

◆ 进入投资市场时投资者应时刻保持理性，盲目购买不适合自己的基金产品，冲动投资，常常会得不偿失。

◆ 在证券市场中，行情的涨跌波动是很正常的，在持续下跌的行情中，市场的反弹机会较多，但反弹与反转不可等同，如果市场整体处于弱市行情中，那么抢反弹仍有被套牢的风险，因此投资者要注意不要盲目抢反弹。

◆ 在基金市场中，有的基金净值波动幅度大，而有的则相对较小，对于净值波动幅度大的基金而言，存在短期套利机会，但因其波动大，被套牢的的风险也会更大。另外，基金的购买需要支付手续费，频繁操作获取短期收益也是不可取，因此，投资者要避免频繁操作基金。

◆ 如果一只基金的换手率过高，基金经理频繁变动，投资者就需要格外注意，很多时候伴随证券市场行情震荡，"停牌门""定增门"会出现在基金管理人身上，作为投资者遇到此类情形应该提高警惕，因为此时被套的风险会非常大。

在实际投资中，虽然被套是投资者不愿经历的，但投资者并不能完全避免自己被套，只能尽可能地规避这种风险。当基金被套后，投资者要做的就是解套。

许多投资者解套的常用方法便是"割肉"，实际上盲目割肉并不可取。基金被套后采用何种操作要根据基金被套的情形来确定，主要有以下几种情形和解套方法。

◆ 如果投资者是一次性投资后被套，但观察市场行情，整体的基本面并未发生改变，那么投资者此时可采取适时补仓的方式来平摊成本。投资者可以设置一个补仓点，当亏损了10%或15%时进行补仓操作，但补仓有可能面临二次被套，因此，这种方法较适合风险承受能力强的投资者。

◆ 当基金亏损的程度已经达到了投资者所能承受的心理底线时，为避免损失更多，那么赎回也是不错的选择。

◆ 定投也是一种基金解套方法，对风险承受能力较低的投资者来说，这种解套方法较好，定投可降低持仓成本，缩短回本时间，只要市场一旦反攻，那么回本就指日可待。

面对基金被套，投资者的做法应该是主动解套，而不是被动等待，主动出击弥补损失才是正确的做法。

# 各种类型的基金投资技巧

面对市场上琳琅满目的基金品种，投资者在作自己的选择时，要清楚该基金的特点，把握好时机后再进行投资操作。基金投资是有技巧的，掌握一些基金投资的技巧能帮助投资者更好地选出优质的基金，下面就来看看不同类型的基金投资有哪些实用的技巧。

## NO.011

### 如何应对股票型基金的高台跳水

股票型基金属于风险大、收益可观的基金，它将 60% 及以上的基金资产用于投资股票，而其他基金资产则分散投资于银行存款、央票、债券等金融工具。比如，2016 年二季报中报告的嘉实智能汽车股票基金的资产组合情况，如图 1-12 所示。

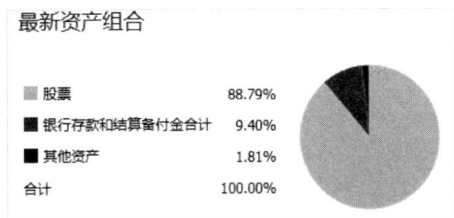

最新资产组合

| | |
|---|---|
| 股票 | 88.79% |
| 银行存款和结算备付金合计 | 9.40% |
| 其他资产 | 1.81% |
| 合计 | 100.00% |

**图 1-12　嘉实智能汽车股票基金的资产组合情况**

基金投资并没有绝对的最佳时机，因为最佳买入时机往往很难捕捉到，投资者只能做到尽可能抓住较好的买入时机。股票型基金的资金主要投资于股市，因此股市行情常常决定了该类基金未来的收益。

当股市出现重大调整时，股票型基金也会随股市进入高台跳水，面对这种情形，投资者应该怎么做呢？具体方法如下所示。

（1）部分赎回，落袋为安

当基金市场出现重大波动，股票型基金净值不断缩水时投资者可以将一部分基金赎回，实现"落袋为安"，以避免股市继续下跌给股票型基金造成更大的损失。

另外，在行情不稳定的阶段，投资者也可以将自己的分红方式进行更改，将红利再投改为现金分红，这样就能避免红利投资带来进一步的亏损。

（2）锁定收益，买入新基金

如果股市只是暂时进入调整期，未来格局仍是利好，那么投资者可以选择将自己手中的老基金赎回，将收益锁定，同时将赎回的基金得到的收益用于购买新基金。

之所以要赎回老基金，买入新基金是因为老基金仓位重，在股票盘整期，收益下跌会较明显，而新基金一般会经历发行期和封闭期，这两个周期加起来一般有 2 ~ 4 个月不等，这样就可以避过股市盘整期，而享受股市利好为股票型基金带来的收益。

## NO.012
## 如何选择货币型基金

货币型基金与股票型基金不同，它的投资成本低，一般免申购费、赎回费、且流动性高，起购门槛也低，通常为 1 元起投，且风险极小。

货币基金之所以风险极小是因为它主要投资于现金、通知存款、短期融资券、1 年以内（含 1 年）的银行定期存款、大额存单等其他具有良好流动性的货币市场工具。比如，汇添富基金全额宝 2015 年第 2 季度报告期末投资组合，如图 1-13 所示。

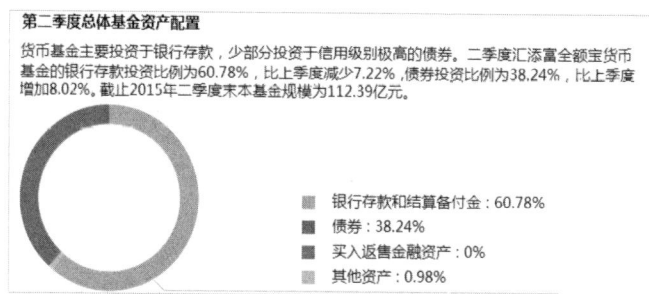

**第二季度总体基金资产配置**

货币基金主要投资于银行存款，少部分投资于信用级别极高的债券。二季度汇添富全额宝货币基金的银行存款投资比例为60.78%，比上季度减少7.22%，债券投资比例为38.24%，比上季度增加8.02%。截止2015年二季度末本基金规模为112.39亿元。

- 银行存款和结算备付金：60.78%
- 债券：38.24%
- 买入返售金融资产：0%
- 其他资产：0.98%

图 1-13　汇添富基金全额宝投资组合

一般来说，货币基金之间的收益差距不是特别大，但如果购买的金额较多，微小的差距也不能小视。下面来看看如何选一只货币基金。

**案例**

## 投资货币基金要看稳定性

在查看货币基金的收益时，我们最常见到的指标有两个，包括"7日年化收益率"和"每万份基金单位收益"，如图1-14所示为华夏基金财富宝2016年9月1日的7日年化收益率，可以看出是2.474%。

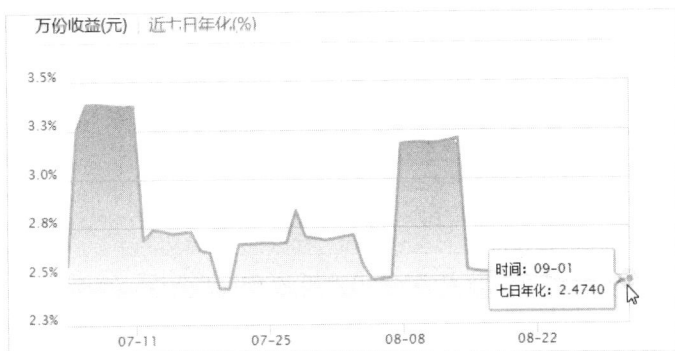

图1-14 华夏基金财富宝2016年9月1日7日年化收益率

从上图可以看出7日年化收益率波动较大，投资者在2016年8月14日查看7日年化收益率会发现为3.207%，如果在此时最高买入，随后会陷入低谷。由此可见，7日年化收益率具有欺骗性，投资者不能盲目迷恋这一近期收益指标。

通过上述案例的分析，投资者要明白选购货币基金不能迷恋近期的收益指标，因为购买货币基金短期并不会带来太多的收益，投资者应看重的是货币基金的稳定性。在选择时应该关注3个月、6个月，甚至是1年和3年的收益率，看其是否稳定。

除此之外，货币基金应选择已成立一段时间的老基金而不是新基金，选择规模适中、产品线完善且在同类基金排名中长期保持前列的货币基金。另外，还要考虑便捷性，应尽量选择买入和赎回都很便捷和快速的货币基金。

**要点提示**

货币基金主要还是属于短期投资工具，它适合用于打理短期资金，能保证投资者在急需用钱时及时赎回以解燃眉之急，如果是中长期投资，投资者应选择收益更高的基金品种。

## NO.013
## 保本型基金是怎样保本的

保本型基金最大的优势在于能为投资者提供 100% 的本金保障，那么保本基金为什么能够保证投资者本金的安全呢？下面来看一个案例。

**案例**

**从广发稳安保本看保本基金的保本策略**

如图 1-15 为广发稳安保本基金 2016 年 6 月 30 日的投资组合。

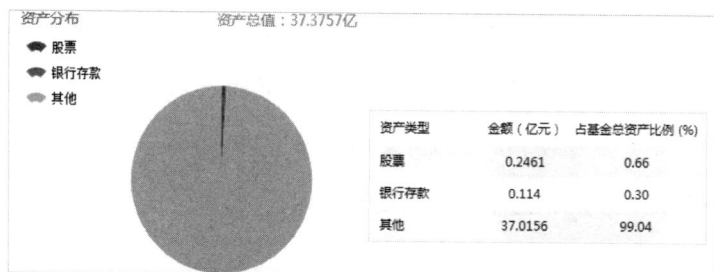

图 1-15 广发稳安保本投资组合

从上图可以看出，资产类型中的其他占比高达99%，而在其他资产中，债券又占了很大的比重，如图1-16所示为广发稳安保本债券类别分布比例。

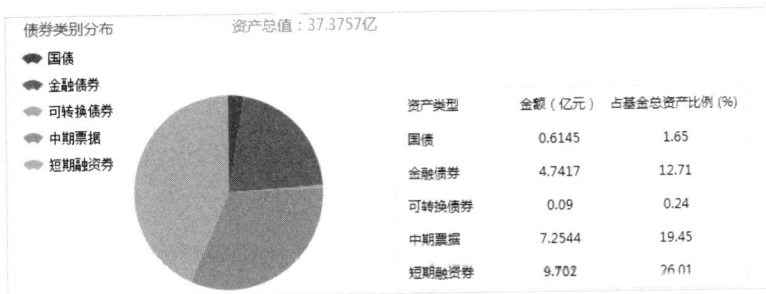

债券类别分布　　　　资产总值：37.3757亿

- 国债
- 金融债券
- 可转换债券
- 中期票据
- 短期融资券

| 资产类型 | 金额（亿元） | 占基金总资产比例（%） |
| --- | --- | --- |
| 国债 | 0.6145 | 1.65 |
| 金融债券 | 4.7417 | 12.71 |
| 可转换债券 | 0.09 | 0.24 |
| 中期票据 | 7.2544 | 19.45 |
| 短期融资券 | 9.702 | 26.01 |

图1-16　广发稳安保本债券类别分布比例

从广发稳安保本基金的投资组合中可以看出，债券占基金资产比例约60.06%，银行存款占比约0.3%，股票占比为0.66%，基金资产投资于低风险金融工具占比更多，而高风险金融工作占比较少。

通过对广发稳安保本基金的分析，保本基金在运作过程中会拿出大部分基金资产投资于低风险的金融工具，比如银行存款、债券等，以保证投资者的本金安全。另外，小部分资金用于股票、期货等其他高风险的金融工具的投资，以便为投资者赚取额外利润。由于高风险资产的占比小，因此即使出现亏损，也不会让投资者血本无归。

## NO.014

### 如何挑选保本型基金

保本型基金因为能保证本金安全，因此适合于风险承受能力低，但又希望分享证券市场收益的投资者。那么，这类型的投资者要怎样挑选保本型基金呢？

保本基金将基金资产分为安全资产和风险资产，根据保本比率的不同，投资者获得的收益也不同，高保本比率意味着低投资收益；反之，低保本比率意味着获得高收益的机会也相应增加。下面来比较两只保本基金。

**案例**

**从风险大小选保本基金**

广发稳鑫保本和鹏华金刚保本混合都是保本基金，两款基金在 2016 年年中的投资组合方式如表 1-5 所示。

表 1-5　广发稳鑫保本和鹏华金刚保本混合投资组合

| 基金 | 基金资产分布 | 比例 |
|---|---|---|
| 广发稳鑫 | 股票 | 0.33% |
| | 银行存款 | 0.86% |
| | 债券 | 41.66% |
| | 其他安全资产 | 57.15% |
| 鹏华金刚保本混合 | 股票 | 1.48% |
| | 债券 | 85.07% |
| | 银行存款和结算备付金 | 6.57% |
| | 其他各项资产 | 6.88% |

从上表可以看出，广发稳鑫保本基金的风险资产占比与鹏华金刚保本混合基金更少，从风险角度来看鹏华金刚

保本混合基金的风险更大。

如果投资者有一定风险承受能力，那么可以选择鹏华金刚保本混合基金，如果投资者是风险厌恶者，希望寻求稳健的回报，那么可以选择广发稳鑫保本基金。

由于保本基金的保本比率和收益成负相关关系，投资者便可根据自己的风险承受能力来选择投资哪种保本基金。

保本基金与股票基金、指数基金相比有较强的抗跌性，在股市处于低迷或震荡行情中时，无疑是选择保本基金的好时机，因此，投资者也可根据股市行情来选择是否投资保本基金。在利率水平较低的市场环境下，也可以选择投资保本基金，以让保本基金代理银行存款，谋取更高收益。投资保本型基金要注意，保本型基金只有持有到保本期后才能保证100%保本，如果投资者在保本期限内赎回，那么不能享受保本承诺，同时还要支付较高的申购、赎回费用。

**要点提示**

在基金市场中有一种与保本基金相似，收益稳定，风险小的基金，那就是债券基金。在选择债券基金时，也可根据资产配置情况来选择。根据基金的持债明细可分析出基金的风险大小，比如 A 债基主要投资可转债，而 B 债基主要投资国债，那么风险承受能力强的投资者便可优先考虑 A。

## NO.015
# 如何从 ETF 和 LOF 基金中获利

ETF 基金又被称为交易所交易基金，投资者可以在场外申购、赎

基金

债券

股票

期货

贵金属

外汇

原油

保险

回 ETF 基金，也可在二级市场买卖 ETF 基金。ETF 基金兼具股票基金和指数基金的特点，同时也结合了封闭式和开放式基金的优点。ETF 基金的投资技巧如下所示。

（1）长期投资，随指数上涨获利

ETF 基金采取被动式管理，以复制指数的成分股作为基金投资组合及投资报酬率，这样就使得 ETF 基金的涨跌与指数的变化相关，投资者采取低位买入长期持有的策略，可以分享指数长期增长带来的收益，如图 1-17 所示为华夏上证 50ETF 与上证 50 指数净值波动对比图。

图 1-17　华夏上证 50ETF 与上证 50 指数

从上图可以看出，华夏上证 50ETF 净值波动于上证 50 指数波动相近，因此投资者在选择 ETF 基金时可根据跟踪的指数来选择，比如投资者认为从上期看来沪深 300 指数会处于上涨趋势，那么就可以关注根据沪深 300 指数的华夏沪深 300ETF、易方达沪深 300ETF 等。

（2）短期投资，获取套利

由于 ETF 基金可以在两个市场买卖，因此当基金净值与市场交易价格偏离较大时，此时就存在套利机会。例如，当沪深 300ETF 的市场价格高于基金单位净值时，套利操作方法为：

买入篮子股票→申购沪深 300ETF 基金份额→将基金份额在二级市场上卖出。

套利收益 =（基金二级市场价格 - 基金单位净值）× 基金份额数量 - 申购基金份额及卖出股票篮子的交易费用。

LOF 基金又被称为上市型开放式基金，它具有交易费用低、交易速度快和拥有套利机会的特点。之所以 LOF 基金也能套利是因为与 ETF 基金一样，投资者可在二级市场买卖 LOF 基金，也可在一级市场申购与赎回基金份额，因此 LOF 基金也具有套利的机会。

LOF 基金的套利操作与 ETF 基金相似，但 LOF 基金的套利机会很少，因为二级市场的价格与基金净值不会有太大的偏差。

LOF 基金与 ETF 基金有相似之处，但两者也有区别，具体内容如下所示。

◆ **类型不同**：LOF 基金与 ETF 基金是两种不同类型的基金，ETF 本质上是指数开发型基金，它属于被动管理型基金，而 LOF 基金则是普通的开放式基金，也有可能是被动管理型基金，也可能是主动管理型基金。

◆ **申购与赎回不同**：ETF 基金与投资者交换的是一篮子股票或基金份额，而 LOF 基金与投资交换的是现金。

◆ **报价时间不同**：在二级市场中，ETF 基金每 15 秒就会公布一次净值报价，而 LOF 基金则是一天提供一次净值报价。

# 基金组合投资更稳当

货币型、债券型基金风险小，股票型、指数型基金风险大，将不同风险大小的基金组合在一起进行投资，可以将基金投资的风险进一步分散，让不同基金取长补短，从而获得稳定增值。

## NO.016
### 低风险基金组合—— 货币基金 + 保本基金

对于风险承受能力较低的投资者而言，在构建适合自己的基金组合时，可主打货币基金和保本基金，将这两种风险低的基金作为核心投资品种，而其他风险较高的基金产品作为辅助投资对象。那么低风险基金组合应该如何配置呢？下面来看一个案例。

**案例**

### 年轻白领如何配置低风险基金组合

小罗步入职场有两年了，目前工作稳定，月工资 5000 元左右。除去每月日常开支，小罗每月能存 1500 元，加上每年年末的额外奖励，小罗一年大概有约 19000 元。

考虑对现金的流动性要求较高，且现阶段的理财目标主要是积累，小罗为自己设计了低风险的基金组合投资方案，如图 1-18 所示。

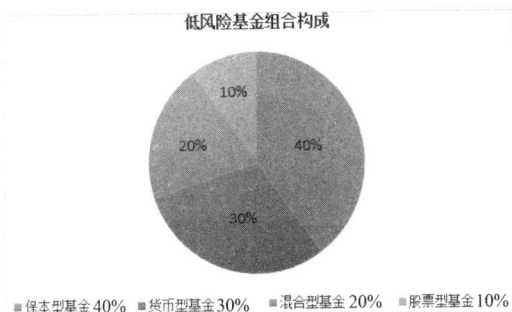

图 1-18 低风险基金组合构成

从上图可以看出，小罗将 30% 的资金用于投资货币基金，以备应急金。40% 用于投资保本型基金，以便在保本的基础上获取额外增值收益。另外，20% 用于投资中风险的混合基金，用较少的 10% 投资股票型基金用于股票基金投资试水。小罗的这种基金组合方式能让自己以较低风险获得较高的回报，对于保守型投资者来说比较适合。

常见的低风险基金组合构成的配置比例一般是货币基金和保本基金占基金总投资资金的 60% 及以上，而股票型基金、混合基金则占比相对较低。

在实际投资中，投资者也要根据自身情况进行低风险组合配置，例如投资者预计自己未来资金具有很强的不确定性，那么就可将货币基金的配置比例调高一些，比如调整为 40% 或 50%，而保本型基金的占比应适当调低。

如果投资者认为自己的风险承受能力不足以承受股票型基金带来的风险，那么也可以选择不配置股票型基金，只配置货币型基金和保本型基金。

**NO.017**

## 中风险基金组合——债券型 + 混合型

低风险的基金组合并不能满足部分投资者对较高投资收益的需求，此类投资者可为自己构建中风险基金组合，下面来看一个案例。

**案例**

**三口之家的稳健基金组合**

李先生是一家房地产公司的高级经理，目前年薪约 15 万元，妻子在一家公司做财务，年薪约 12 万元，有一个 5 岁的女儿，属于典型的 3 口之家。

为了给孩子储备未来的教育资金，也为自己的养老提前做好准备，李先生决定每月拿出一部分资金用于基金组合定投来实现这一规划。

考虑到这笔理财规划是为未来做准备，于是李先生进行了以下的基金投资组合，如图 1-19 所示。

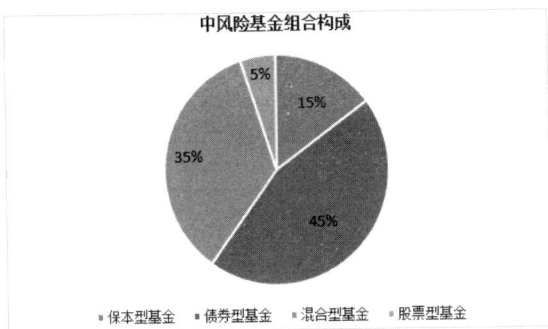

图 1-19 中风险基金组合构成

从上图可以看出，李先生将 45% 的基金资产用于投资债券型基金，35% 用于投资混合型基金。15% 用于保本型基金，而 5% 用于股票基金投资。

李先生之所以会构建这样的投资组合，是因为考虑到此次投资主要是中长期投资，因此将较多资金用于稳健且可长期投资的债券基金投资。从投资增值的角度出发，将 35% 用于混合型基金投资，为降低投资风险，将小部分资金用于保本基金投资，由于当前股市行情不太明朗，李先生并未投资太多股票型基金。

对于中等风险承受能力的投资者来说，他们期望资产能够快速增值，且投资期限通常也较长。此类投资者在进行基金投资组合时，可以将债券型基金和混合型基金的比例调高，而货币型基金和保本型基金比例调低。

投资者在为自己配置中风险基金组合时，要根据自身情况调整投资比例，但要做到债券型和混合型基金的占比高于其他基金。

由于中风险投资者能够接受长期投资，因此货币型基金通常可以不配置，而股票型基金和指数型基金在股市行情较好的情况下，可以适当的配置一部分比例。

## NO.018

## 高风险基金组合——股票型＋指数型

不同的投资者对投资收益的要求是不同的，对于许多高净值投资者来说，他们本身的风险承受能力较高，投资就是为了获得高收益，因此此类投资者进行基金组合投资时会更加激进。

### 案例

**新婚夫妇的高风险基金组合**

刘先生夫妇目前没有子女抚养和父母赡养的负担，夫妻两人的收入都较高，为了享受投资带来的资产增值，夫妻两人决定拿出一笔资金用于投资基金组合。具体的组合方式如图1-20所示。

**高风险基金组合构成**

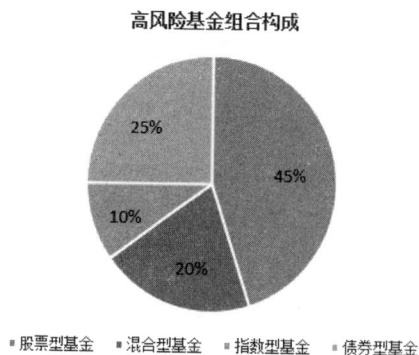

■ 股票型基金　■ 混合型基金　■ 指数型基金　■ 债券型基金

图 1-20　高风险基金组合

从上图可以看出，刘先生将55%资金用于高风险投资，

20% 用于中高风险投资，25% 用于低风险投资，考虑到目前风险承受能力较高，两人基金组合中选择的基金都是同类基金中收益较高但风险也相对较高的产品。

对高风险承受能力的投资者来说，在进行基金组合时股票型基金、指数型基金的占比会较高。其中，股票型基金的占比有时会更为突出。

高风险基金组合的方式并不是一成不变的，如果投资者有对现金不定期的需求，又想在分散一定风险的同时获得更高收益，那么可进行以下"高风险 70%+ 中低风险 20%+ 无风险 10%"的基金组合方式，如图 1-21 所示。

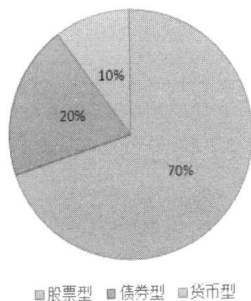

图 1-21　高风险基金的另一种组合方式

由于高风险基金组合中股票型和指数型基金的占比会很高，这类型的基金受股市影响较大。因此，投资者在进行高风险基金组合时也要关注股市动向，如果当前股市处于下跌或者震荡行情中，投资不妨先将资金用于中低风险的基金投资。

待股市行情稳定后再利用基金转换等方式进行高风险基金组合投资，做到不贸然进入，稳妥投资。

# 基民要规避哪些投资误区

在基金投资中，投资者难免会陷入一些投资误区中，这些投资误区可能会使投资者做出错误的投资决策，下面就看看新基民常见的投资误区，以帮助投资者避开这些误区。

## NO.019
### 新基金不是稳赚不赔的"原始股"

在发售新基金时，基金公司不免要对该基金进行宣传，以吸引投资者参与新基金的认购，许多投资者常常会因为基金公司的宣传而抢购新基金。实际上，老基金由于具有更大的资金规模和过往的运作经验，其收益常常会比新基金更稳健。

但不少投资者认为，新基金是稳赚不赔的"原始股"，因此热衷于投资新基金，而不少基民甚至从不关注老基金，只投资新基金，这种做法并不可取。

投资者要明白新基金不是保赚不赔的原始股，基金业绩的好坏主要是看基金公司管理能力和基金经理的投资能力，新基金如果建仓不当，比如在市场位于高位或震荡行情中时建仓，那么也可能给投资者带来巨额损失。

另外，老基金成立时间长也不代表没有上涨空间，基金在运作过程中会投资不同的金融工具，只要投资策略得当，那么老基金完全可能持续上涨。

在投资过程中，投资者可以适当关注次新基金，这类基金刚结束认购期和封闭期，进入申购和赎回期，这类基金具有仓位低、现金占比大的特点，运作方式退可守、进可攻，投资者如果认为市场行情走向不太明朗，那么投资次新基金将是不错的选择。

## NO.020
## 买股票型基金赚得多

不少投资者在看到身边的朋友购买股票型基金赚了不少后，也纷纷投资股票型基金，认为股票型基金会使自己赚很多。

诚然，在上涨行情中股票型基金确实能为投资者带来不小的收益，但是股票型基金的高收益对应的是高风险，从 2015 年 6 月 15 日股灾开始后，截至 2016 年 5 月 15 日，股灾成立前的偏股型基金全线亏损。

根据数据显示，成立于 2015 年 6 月 15 日之前的 83 只纯股票基金，平均收益率为 −39.98%。可见在下跌行情中股票型基金面临的风险也会很大，投资者不能忽视这点。

混合型基金的风险介于货币型基金和股票型基金之间，因此不少投资者会认为混合型基金的收益会比较稳健，这实际上是一个误区。

混合型基金的投资组合方式多元化，但不少混合型基金的持股比例并不低，大多数保持在 30% ~ 60% 左右，这就使得混合型基金的波动幅度也较大。

在 2015 年 6 月 15 日股灾之前成立的 460 只偏股混合基金中，平均收益率为 −41.21%。其中，88 只跌幅在 50% 以上，6 只基金净跌幅在 60% 以上。由此可见，混合型基金也不是最稳健的基金。

混合型基金的投资风格是否是稳健型，主要看其持股比重，持股比重小的混合型基金才是稳健型的混合基金。

**要点提示**

在投资基金前，投资者会习惯于查看基金排名，因为排名在一定程度上反映了基金的盈利能力，可以为投资者选择基金提供参考依据。但投资者要明确一点，收益排名和风险排名并不对等，比如在股市处于下跌行情时，股票型基金收益多数为负，但货币型基金却能保持正收益，但不能说货币型基金收益排名靠前，风险就大，要记住收益排名不等同于风险排名，在比较时也不能将不同类型基金的排名进行比较。

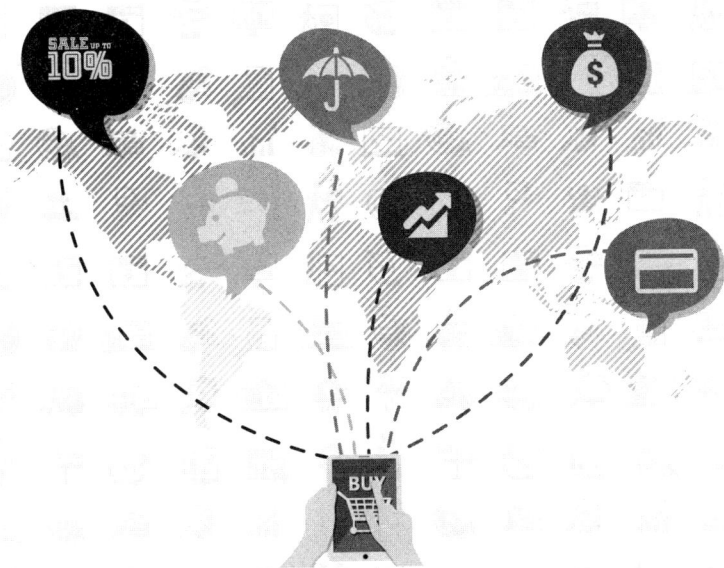

## 第二章
### 稳健投资方式
# 债券

根据《中国银行业理财市场报告（2016上半年）》显示，截至 2016 年 6 月底，理财产品投资余额的 26.39 万亿元中，流入债券市场的比例大幅提升，从 2015 年底的 29.49% 升至 40.42%，达 10.7 万亿元。为什么银行理财会增大债券配置比例呢？这就与债券的特点有关。

# 进入债券市场须知

债券是一种金融契约，投资者进行债券投资可以获得稳定的利息收入。同时，也可以通过市场买卖来赚取利差，作为一种投资工具，债券具有投资安全、收益稳定的特点。

## NO.021
### 快捷的网上债券投资

个人进行债券投资的市场主要有交易所市场和银行市场。这两大市场都有各自的网上平台，由于网上投资方便快捷，因此，在网上进行债券投资是大多数投资者购买债券的主要方式。

在交易所购买债券只需在证券公司开通债券投资账户即可，交易所市场提供的债券有记账式国债、企业债、公司债和可转债，如图 2-1

所示为在交易所市场中流通的国债。

交易所市场

沪国债表

| | | | | |
|---|---|---|---|---|
| 96国债(6) 000696 | 96国债(8) 000896 | 97国债(4) 009704 | 99国债(5) 009905 | 99国债(8) 009908 |
| 20国债(4) 010004 | 20国债(10) 010010 | 21国债(3) 010103 | 21国债(7) 010107 | 21国债(10) 010110 |
| 21国债(12) 010112 | 21国债(15) 010115 | 02国债(3) 010203 | 02国债(10) 010210 | 02国债(13) 010213 |
| 02国债(14) 010214 | 02国债(15) 010215 | 03国债(1) 010301 | 03国债(3) 010303 | 03国债(7) 010307 |
| 03国债(8) 010308 | 03国债(11) 010311 | 04国债(1) 010401 | 04国债(3) 010403 | 04国债(4) 010404 |

图 2-1 交易所市场中流通的国债

通过个人网上银行、手机银行也可以在线购买债券，一般来说银行提供的债券都是风险较低、收益较低的国债，如图 2-2 所示为建设银行提供的国债。

| 市场名称 | 债券名称 | 交易类型 | 客户卖出价 | 客户买入价 |
|---|---|---|---|---|
| 债券市场 | 07国债03 | 做市 | 100.6400 | 101.0200 |
| 债券市场 | 07国债10 | 做市 | 101.7400 | 102.3200 |
| 债券市场 | 07特别国债02 | 做市 | 110.4900 | 112.5900 |
| 债券市场 | 07特别国债03 | 做市 | 102.3200 | 103.2200 |

图 2-2 建设银行提供的国债

另外，投资者也可以通过委托理财的方式在第三方平台买到间接投资债券的金融工具，比如前面已经了解了的债券基金，以及银行理财产品等。

**要点提示**

债券有一种特殊的买卖方式，称为债券回购，债券回购指以契约方式约定在将来某一日期以约定的价格，由债券的“卖方”（正回购方）向“买方”（逆回购方）再次购回该笔债券的交易行为。

**NO.022**
# 信用评级工具怎么用

　　债券信用评级主要是针对企业或经济主体发行的有价债券为对象进行的信用评级，国债由于有政府作为担保，因此不参与信用评级。

　　信用评级是投资者判断债券风险大小的重要工具，对中小投资者来说了解债券信用评级是很重要的。虽然许多投资者都清楚债券信用评级能够帮助其做出正确的决策，但如果对债券信用评级信息不是很清楚，可以利用信用评级工具来查看，下面就来看看如何用信用评级工具。

**案例**

**在和讯网了解债券信用评级**

　　在和讯网（http://www.hexun.com/）的"债券"板块中投资者可以了解最新的债券评级报告，如图2-3所示为债券评级报告。

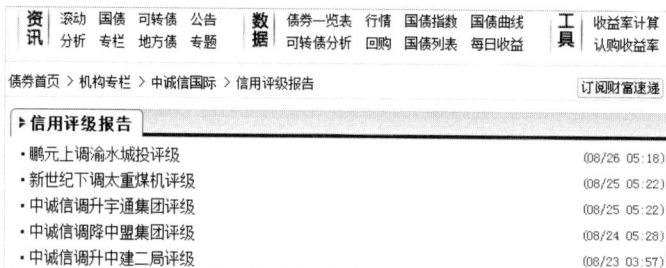

图2-3　债券最新评级报告

　　投资者如果要了解不同债券的信用评级情况，可以进入"债券一览表"页面，选择自己要查看的债券，进入个债详细资料页面中即可查看债券的评级，如图2-4所示。

| 上市地 | 沪市 |
|---|---|
| 信用级别 | AA |
| 发行单位 | 江西铜业股份有限公司 |
| 还本付息方式 | 年付 |
| 发行担保人 | |
| 发行方式 | 荷兰式招标 |
| 发行对象 | |
| 主承销机构 | 中国国际金融有限公司 |
| 税收状况 | |
| 债券类型 | 固定 |
| 备注 | 分离交易转债,权证交易简称"江铜CWB1",交易代码"580026";信用级别:AA+;<br>资信评级机构:中诚信证券评估有限公司 |

图 2-4 查看债券信用级别

从上图可以看出，该债券信用级别为 AA 级，可见该债券的安全性很高。

在查看债券信用评级时，投资者可以看到不同的评级。由于不同的评级机构的评级标准有一定区别，因此投资者最好通过该评级机构的评级标准来判断该债券的风险大小和安全性。

在上图中，我们可以看到该债券的评级机构为中诚信证券评估有限公司，而该评级机构对债券主体评级等级符号及定义如表 2-1 所示。

表 2-1 中诚信评估的主体评级等级符号及定义

| 等级符号 | 含义 |
|---|---|
| AAA | 受评主体偿还债务的能力极强，基本不受不利经济环境的影响，违约风险极低 |
| AA | 受评主体偿还债务的能力很强，受不利经济环境的影响较小，违约风险很低 |
| A | 受评主体偿还债务的能力较强，较易受不利经济环境的影响，违约风险较低 |
| BBB | 受评主体偿还债务的能力一般，受不利经济环境影响较大，违约风险一般 |
| BB | 受评主体偿还债务的能力较弱，受不利经济环境影响很大，有较高违约风险 |
| B | 受评主体偿还债务的能力较大地依赖于良好的经济环境，违约风险很高 |

| 等级符号 | 含义 |
|---|---|
| CCC | 受评主体在破产或重组时可获得的保护较小，基本不能保证偿还债务 |
| C | 受评主体不能偿还债务 |

## NO.023
### 修正久期怎么衡量债券价格利率

债券的风险主要有信用风险和利率风险，久期可以用于衡量债券的利率风险，久期也被称为持续期，其与市场利率成反比关系，具体内容如下。

◆ 债券到期的时间越长，对应的久期越长，而久期越长债券对利率的敏感性越高，风险越高。

◆ 久期越短，债券对利率的敏感性越低，风险也越低。在降息时，久期大的债券上升幅度较大；在升息时，久期大的债券下跌的幅度也较大。

债券的久期可以用于衡量利率风险，但它并未对风险大小进行量化，因此需要对久期进行修正。修正久期可用于衡量债券价格对收益率的敏感程度，下面来看一个案例。

### 案例
**利用修正久期判断债券价格变化**

修正久期的值表示债券价格变动的百分比，假设某债券的修正久期为2,那么表示利率变动1%,债券价格变动2%。

投资者将修正久期乘以债券的全价再除以 10 000, 就可知道债券利率变化 0.01% 时, 债券价格的变动情况。比如, 一只债券的修正久期为 2, 全价为 102 元, 那么债券价格的变动情况为 2×102÷10 000=0.224 4 元。

在实际投资过程中,投资者可以通过修正久期的计算公式计算出久期, 或利用 Excel 的 MDURATION 函数功能来计算面值 100 的债券的修正久期。

修正久期度量了到期收益率变化对债券价格的影响, 通过修正久期所表示的债券价格变动含义可以看出, 修正久期越大, 债券的价格波动越大(按百分比计)。

在其他条件不变的情况下, 修正久期越大, 债券抵抗利率上升风险弱, 抵抗利率下降风险能力强。投资者如果认为当前利率可能会下降, 那么就可拉长债券久期, 加大债券的投资, 从而获得更高的溢价。

**要点提示**

在债券投资过程中, 投资者还可以利用凸性来分析债券的风险, 用久期来预测价格的波动大小, 只是在收益率变动较小时比较合适, 但如果收益率变动较大, 那么就需要利用凸性来进行度量。凸性随着久期的增长而增长, 当收益率和久期不变的情况下, 债券的票面利率越大, 则凸性越大, 而凸性越大, 在线性关系上债券价格的弯曲幅度会越大。由此可见, 久期相同的债券, 如果凸性不同, 其面对的风险也会不同, 凸性大的债券风险更小。

基金

债券

股票

期货

外汇

保险

银行理财

信用卡

# 国债和金融债怎么投资才赚钱

国债又被称为国家公债，是国家以其信用为基础，向社会公众筹集资金所形成的债权和债务关系。金融债是由银行和非银行金融机构发行的债券，这两种债券的风险较低，是投资者实现稳定投资收益较好的选择。

## NO.024
### 新手该如何操作国债逆回购

前面我们已经知道了债券回购的买卖方式，对于逆回购，投资者可能不太了解。国债逆回购的安全性好，风险低，本质上，国债逆回购属于短期贷款。那么，投资者要进行国债逆回购投资又该如何操作呢？下面来看一个案例。

**案例**

**类似短期贷款的国债逆回购操作**

某投资者手中有 10 万元闲置资金，如果将这笔资金存入银行，利息收入并不能满足投资者对资金增值的需求，因此该投资者决定选择收益率更高的国债回购品种。

登录国债交易软件后，进入交易系统，该投资者在交易页面单击"卖出"选项卡，输入 7 天回购品种的代码（204007）、卖出价格和购买数量，再单击"卖出"按钮卖出投资产品，如图 2-5 所示。

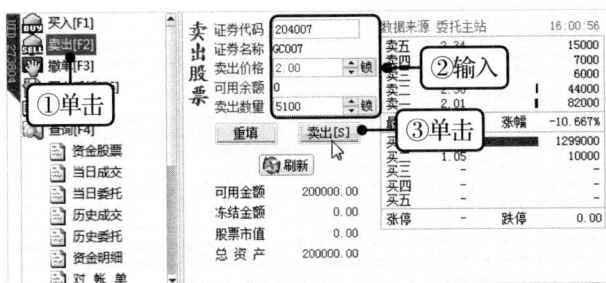

图 2-5 进行国债逆回购操作

完成以上步骤后，投资者就完成了一次逆回购操作，在"T+1"日以后投资者的资金可用但不可取，在"T+2"日后资金自动回款，投资者可以取出资金。

从上面的操作可以看出，国债逆回购是将回购品种卖出，许多投资者可能会疑惑为什么会是卖出操作呢？

这是因为国债逆回购是投资者（逆回购方）通过国债回购市场，将自己手中的闲置资金借给他人，他人（正回购方）将自己手中的国债抵押给投资者以获得资金，到期后投资者获得本息，这相当于投资者把自己的资金按一定的利息卖给他人。

目前，上交所和深交所回购品种共有 18 种，其中，7 天回购品种最活跃。投资者做国债逆回购也需要支付佣金，国债 1 天、2 天、3 天和 4 天回购佣金是每 10 万为 1/ 元；7 天回购，10 万元每笔 5 元；14 天回购，10 万元每笔 10 元；28 天回购，10 万元每笔 20 元；28 天以上回购，10 万元每笔 30 元封顶。

## NO.025
## 国债投资方法有哪些

目前，发行的国债品种主要有记账式国债、凭证式国债和储蓄式国债。凭证式国债在购买时计息，可以记名和挂失，但不可上市流通；记账式国债可以上市交易；储蓄式国债是面向个人投资者发行的国债。

国债被称为"金边债券"，它的安全性很高，虽说国债是"无风险"的产品，但投资国债仍有技巧，具体内容如下所示。

◆ **选择品种**：对有长期储蓄型投资需求的投资者来说，可选择储蓄式国债。凭证式国债不可上市交易但可提前兑取，不过提前取出需支付一定的费用，因此投资凭证式国债最好持有到期。记账式国债可通过证券市场买卖，因此投资者一般通过低买高卖来获得记账式国债的差价收益。

◆ **投资时机**：当市场利率处于低迷时期时，是投资者投资国债的好时机，因为此时国债的利率相对较高。

◆ **适合人群**：并不是所有投资者都适合投资国债，一般来说，有长期投资需求并希望获得稳健收益的投资者比较适合投资国债，包括老年人、有养老需求的中年人等，年轻人由于对资金流动性的要求比较高，并不太适合购买国债。

◆ **投资期限**：国债的投资期限一般为 3 年期或 5 年期两种，对普通投资者而言建议购买 5 年期，因为 5 年期国债及时提前兑取其收益往往仍要高于 3 年期国债。

## NO.026
# 金融债券可以怎样运用

金融债券的种类也有很多，包括央行票据、证券公司债券、商业银行次级债券以及保险公司次级债券等，如图 2-6 所示为金融债列表。

图 2-6　金融债列表

通过上图可以看出金融债也有很多，下面通过 16 农发 11（160411）和 16 国开 07（160207）来认识金融债。

**案例**

**认识 16 农发 11 金融债**

16 农发 11 金融债券全称为中国农业发展银行 2016 年第十一期金融债券，发行时间为 2016 年 3 月 14 日，发行总额为 60 亿元，期限为 5 年，年利率为 3.1%。

该金融债的到期日为 2021 年 3 月 11 日，发行单位为中国农业发展银行，还本付息方式为年付，利率固定。

16 国开 07 全称国家开发银行 2016 年第七期金融债券，发行时间为 2016 年 2 月 26 日，发行总额为 70 亿元，期限为 7 年，年利率为 3.24%。16 国开 07 金融债的到期日为 2023 年 2 月 25 日，发行单位为国家开发银行，还本付息方式为年付，利率固定。

16 农发 11 和 16 国开 07 金融债的发行单位是银行，实际上运用金融债来筹集资金的单位还可以是其他金融机构，比如保险公司、证券公司等。

这两种金融债券的投资期限不同，因为金融债券与企业债券一样按照期限的不同可分为短期、中期和长期债券。普通金融债一般是一次性还本付息，期限为 1 年、2 年或 3 年。累进利息金融债券的利率不固定，在不同时间段利率不同。

金融债券能够有效地解决银行等金融机构资金来源不足和期限不匹配的矛盾，与银行存款一样是银行资金来源之一。但与银行存款相比，两者有区别，如表 2-2 所示。

表 2-2　金融债与银行存款比较

| 不同点 | 区别 |
|---|---|
| 负债方式 | 金融债是银行主动负债，而银行存款则是银行被动负债 |
| 筹资目的 | 银行发行金融债主要用于资金的长期规划，而银行存款则是为了扩大资金来源总量 |
| 筹资效率 | 通常金融债筹资的效率要高于银行存款 |

续表

| 不同点 | 区别 |
| --- | --- |
| 发行条件 | 凡是银行业金融机构均可吸收存款，但并不是所有的银行都可以发行金融债，发行金融债是有条件的 |
| 利率不同 | 金融债的利率一般高于银行存款 |
| 准备金率影响 | 金融债一般不受央行准备金率的影响，而银行存款则要受影响 |

近年来，国际绿色债券市场发展十分迅速。在国内，绿色债券市场也在积极探索和尝试，2015 年 12 月中国人民银行宣布将在银行间债券市场推出绿色金融债券，2016 年，包括兴业银行、浦发银行在内的多家银行在我国发行了绿色金融债券。

## NO.027
### 金融债券的投资小技巧

对普通投资者来说，他们接触较多的是国债，对于金融债的关注度较少，金融债为投资者进行投资理财提供了更多的选择，部分投资者从国债进入金融债，有时会遇到"买不到"的尴尬。

**案例**

**早早排队却"功亏一篑"**

周老伯在购买国债时，无意间了解了金融债这一债券品种。近日，某商业银行发行了最新的金融债，于是周老伯早早的去银行排队。

在等待了将近半个小时左右，周老伯却被告知该期已售空。他之所以没有买到金融债，是因为金融债的全国统一发行时间是8：30，而银行网点9：00才开门，在银行购买还需排队等待，很容易遇到金融债已被提前抢购一空的情况。

投资者在购买金融债之前，需要了解金融债的开售时间和发售额度等信息，另外选择规模较小的银行有时能提高购买的成功率。

为了免受排队之苦，也使自己更快的买到金融债，有条件的投资者可以选择网上银行购买金融债。

金融债并不是适合所有投资者，一般来说比较适合缺乏投资经验的投资者，比如中老年人，可用于避险增财。对于有投资经验的投资者来说，可以关注在交易所上市的金融债。

投资交易所上市的金融债时有多种策略，投资者即可持有金融债到期，获得定期的利息收益，也可以通过买卖赚取收益。

在投资债券时，有时会将国债与金融债混淆，投资者要注意两者之间的区别，具体介绍如下。

◆ **信用程度不同**：国债相较于金融债，其信用等级更高，金融债次之。

◆ **收益不同**：国债的收益与金融债相比要低，但其流动性更好，持有者也更多。

◆ **适合人群不同**：对风险承受能力低的投资者来说，可选择国债，而风险承受能力稍高的投资者可选择金融债。

# 企业债券的投资技巧

企业债券是企业为筹集资金依照法定程序发行，约定在一定期限内还本付息的债务凭证。在我国，企业债券泛指各种所有制企业发行的债券。而在西方国家由于只有股份公司才能发行债券，因此企业债券即是公司债券。

## NO.028
### 通货膨胀下怎样投资企业债券

相信不少投资者都有"钱越来越不值钱了"的感受，投资者有这样的感受并不是"空穴来风"，那么通货膨胀是如何影响我们的生活和投资理财的呢？下面来看看。

**案例**

**通货膨胀影响债券收益**

通货膨胀引起了货币贬值和物价上涨，导致货币购买力的持续下降，如图2-7所示为2006年9月6日～2016年9月6日近10年通货膨胀率走势趋势图。

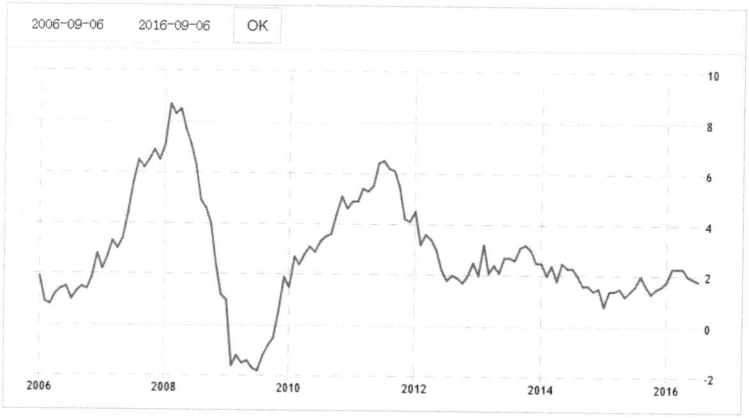

图2-7　近10年通货膨胀率走势图

从上图可以看出，除2009～2010年部分月份通货膨胀率位于0以下外，其他月份通货膨胀率都为正。其中，涨幅最厉害的年份为2006～2008年以及2010～2012年。

虽说近几年通货膨胀率在2%左右徘徊，处于低通货膨胀阶段，但通货膨胀导致收入赶不上物价上涨却是不争的事实。通货膨胀除不仅影响购买力，还会影响债券投资的收益。

对国债、金融债等固定利息的债券来说，收益不会太高，通货膨胀的增加会使得本息的购买力降低，导致债券收益缩水。

投资者若要利用债券投资防范通货膨胀带来的资产缩水，就需要寻求另一种收益高于国债、金融债的债券，比如企业（公司）债券。

投资者购买企业债券可在交易所进行，与国债不同的是，其收益并不稳定，价格波动也较大。如图 2-8 所示为 2016 年 9 月 6 日沪企债涨幅排行。

| 代码 | 简称 | 最新价 | 涨跌 | 涨跌幅 | 成交金额（元） | 成交量（手） | 开盘 | 最高 | 最低 |
|---|---|---|---|---|---|---|---|---|---|
| 122744 | 11本溪债 | 113.05 | 4.30 | 3.95 | 12246380.00 | 1083.80 | 108.80 | 113.06 | 108.8 |
| 124662 | 14京投债 | 119.70 | 3.39 | 2.91 | 2394.00 | 0.20 | 119.70 | 119.70 | 119.7 |
| 124351 | 13克州债 | 104.70 | 1.40 | 1.36 | 1047000.00 | 100.00 | 104.70 | 104.70 | 104.7 |
| 122469 | 15五矿02 | 97.86 | 1.36 | 1.41 | 859211.00 | 87.80 | 97.86 | 97.86 | 97.86 |

更新时间：2016-09-06 17:29:00　注：点击每列数据的名称可以进行排序。例如：点击"代码"可以按照代码排序

图 2-8　沪企债涨幅排行

下面再来看看沪企债 2016 年 9 月 6 日跌幅排行，如图 2-9 所示。

| 代码 | 简称 | 最新价 | 涨跌 | 涨跌幅 | 成交金额（元） | 成交量（手） | 开盘 | 最高 | 最低 |
|---|---|---|---|---|---|---|---|---|---|
| 124636 | 14防城港 | 101.00 | -9.50 | -8.60 | 1010.00 | 0.10 | 101.00 | 101.00 | 101 |
| 120303 | 03三峡债 | 112.15 | -2.85 | -2.48 | 897200.00 | 80.00 | 112.15 | 112.15 | 112.15 |
| 124480 | 14东台01 | 107.00 | -2.36 | -2.16 | 5350.00 | 0.50 | 107.00 | 107.00 | 107 |
| 122783 | 11苏中能 | 100.01 | -2.04 | -2.00 | 39574.00 | 4.10 | 92.86 | 100.01 | 92.86 |

更新时间：2016-09-06 17:32:39　注：点击每列数据的名称可以进行排序。例如：点击"代码"可以按照代码排序

图 2-9　沪企债跌幅排行

由于不同企业债券的信用状况会有差别，因此企业债券的价格波动会较大。投资者在选择时，最好根据信用评级和个人风险承受能力来决定是否购买该企业债券。

## NO.029
## 通过梯子与杠铃法投资

投资企业债券的投资者可以采用梯子与杠铃法这两把"武器"来

取得投资的胜利。梯子投资法就是将企业债券进行组合投资，构建成梯子形状。

**利用梯子法进行债券组合投资**

李先生手中有 10 万元闲钱，他打算将这 10 万元用于企业债券投资，因为分散投资能够降低投资风险，李先生决定利用梯子法进行企业债券的组合投资，其组合方式如图 2-10 所示。

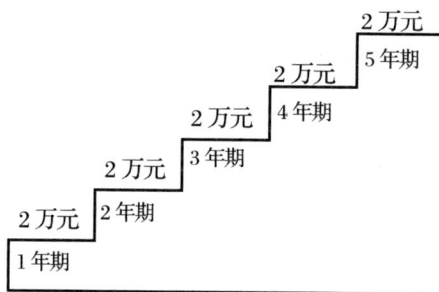

图 2-10　梯子投资组合法（一）

李先生利用梯子投资法将自己的投资期限错开，实现了分散投资，同时还能保证自己每年都能收回 2 万元债券投资的本息。

投资者利用梯子投资法构建投资组合，除了可以向上述李先生一样构建相隔一年投资期限的组合外，还可以根据个人情况构建其他期限错开的投资组合方法，比如分别买入 2 年期、4 年期或 6 年期债券。

除了可以构建不同期限的投资组合外，投资者还可以构建不同投资金额的组合，如图 2-11 所示。

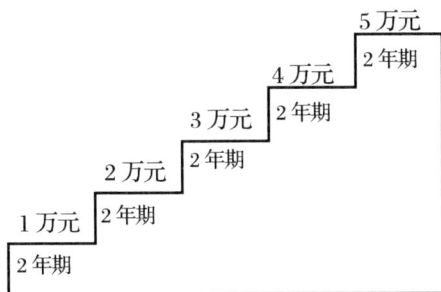

图 2-11　梯子投资组合法（二）

上图的组合方法中投资了相同期限的债券，但投资金额逐渐增多，由于将投资金额分摊到了不同的债券中，因此也能做到分散投资。

梯子投资法就像"爬楼梯"一样让不同债券的投资期限逐渐增加，或投资金额逐渐增多，这种方法适合于初入债券市场，投资经验不太丰富的的投资者，对经验丰富的投资者来说可采用杠铃投资法。

杠铃投资法是指将资金用于投资短期和长期企业债券，而不投资中长期的企业债券，这种方法可以根据市场利率的变化调整短期债券和长期债券的持有比例。

当市场利率降低时投资者可以提高短期债券的持有比例，当市场利率上升时投资者可以提高长期债券的持有比例，通过低买高卖，投资者就可赚取差价收益。

投资者在进行企业债券组合时要明白，投资的期限越长，所面临的风险也会越大。因此，在组合时也要考虑个人风险承受能力。

# 可转换债券的投资技巧

可转换债券是债券的一种，与其他债券相比，可转债的投资灵活，它是在公司债券的基础上附加了一份期权，投资者可以在约定的时间内将购买的债券转换为公司的股票。

## NO.030

### 为什么说可转债 100% 能保底

可转债具有债券和股票期权的双重属性，投资者获得投资收益的方式有两种，包括持有债券到期和将债券转换为股票，由于这一属性，可转债被称为 100% 保证本金的债券。

投资者可能会有疑惑，为什么说可转债可以 100% 保本呢？下面一起来看看。

**案例**

## 从白云转债认识可转债 100% 保本的秘密

白云转债（110035）是广州白云国际机场股份有限公司发行的可转债，该可转债的基本资料如表 2-3 所示。

表 2-3　白云转债基本信息

| 基本信息 | 内容 | 基本信息 | 内容 |
| --- | --- | --- | --- |
| 发行价（元） | 100 | 期限（年） | 5 |
| 首年利率（%） | 0.2 | 转换期间 | 2016 年 9 年 5 日 ~ 2021 年 2 月 25 日 |
| 初始转股价（元） | 12.88 | 到期日 | 2021 年 2 月 26 日 |

从上表可以看出，投资者购买可转债以后就相当于获得了一份"借贷合同"，在这个合同中会写明债券的期限、利息，也就是说承诺每年付息，这就保证到期后投资者肯定会获得 100% 的本金。

除非可转债发债公司违约，不然可转债的本金是能得到保证的。目前，国内的可转债还没有出现过违约的事件，因此投资者不必太过担心可转债违约。只不过投资者要注意，只有可转债的面值在 100 元及以下，或在回售价及以下买入，才能 100% 保本。

## NO.031

# 熊市中保证本金来投资

在股市处于下跌行情时，股票涨少跌多，投资者投资股票出现亏损的可能性很大，此时若投资可转债持由到期获得利息收益也是不错的选择。

**案例**

**终身难忘的 2015 年熊市，投资可转债保本才是王道**

在 2015 年 6 月可谓是惊心动魄的一个月，上证指数一度突破 5000 点，但随之夺路而逃，52 天暴跌超过 40%，下跌速度创下中国股市之最。如图 2-12 所示为上证指数 2015 年 4 月～2016 年 5 月走势图。

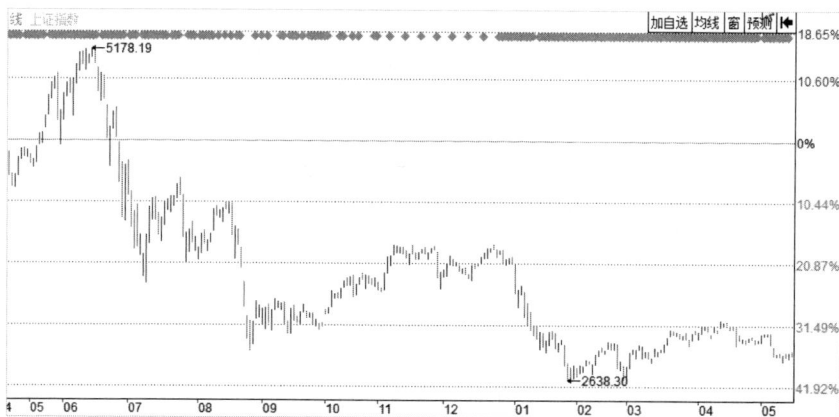

图 2-12　上证指数走势图

从上图可以看出，上证指数在 2015 年 6 月后出现大幅下跌，在短短几个月的时间内跌幅惨重。如果投资者在 2015 年 6 月选择投资股票并不是明智的选择，此时不妨选择可转债。

比如，投资者在 2015 年 6 月选择投资电气转债（113 008），该可转债起息日为 2015 年 2 月 2 日，票面利率为第 1 年 0.2%，第 2 年 0.5%，第 3 年 1.0%，第 4 年 1.5%，第 5 年 1.5%，第

6 年 1.6%。在 2015 年 6 月后的弱市行情中投资该可转债能
保证本金不受亏损且有一定收益，相比在股市中"提心吊
胆"，投资可转债让人放心很多。

投资者投资是为了赚取收益，但在行情不佳或不明朗的状态下，
仍要追求高收益并不明智，贸然进入常常只会面临亏损，导致得不偿失。
投资者要明白，在行情不佳时投资理念应该是保本，在他人亏损的情
况下，自己保证了本金，也是赢得了胜利。

**百科链接** *为什么可转债适合长期持有*

可转债可以说是一种省心的投资方式，它能 100% 保本，且每年的利
息收益是确定的。在发债公司股票上涨时通过转股，投资者还可以获
得更高的收益，这使得可转债既能保持收益的稳定性，又能使投资者
追求高收益。由此看来，可转债风险较低，但收益却不低，只要长期
持有，收益不会输于其他投资工具，因此可转债适合长期持有。

## NO.032
## 抓住转股机会，获得高收益

持有可转债到期只能获得利息收益，这样的收益只能在股市行情
不佳时能令投资者满意，如果股市行情较好，投资者可以选择转股来
获得更高的收益。

可转债转股并不是任何时候都能转，转股也要把握时机，下面以
汽模转债为例。

**案例**

### 汽模转债的转股时间和转股价

汽模转债（128011）是上海电气集团股份有限公司天津汽车模具股份有限公司于 2016 年 3 月 2 日发行的可转债，期限为 6 年，票面利率第 1 年为 0.5%，第 2 年为 0.7%，第 3 年为 1.0%，第 4 年为 1.5%，第 5 年为 1.5%，第 6 年为 1.8%。

汽模转债的转股时间为 2016 年 9 月 9 日～2022 年 3 月 2 日，也就是说投资者只能在该期限内才可以申请转股。

可转债都有一个转股价格，得知转股价格以后，投资者才能计算出自己手中的可转债可以转换为多少股票。汽模转债的初始转股价格为 11.63 元 / 股，在 2016 年 4 月 29 日汽模转债调整了转股价格，调整后的转股价格为 5.77 元 / 股，调整后的转股价格自 2016 年 4 月 29 日起生效。

通过对汽模转债的认识，可知可转债有转股期限的限制，转股起止日期为自发行结束之日起满六个月后的第一个交易日起至可转债到期日止。由此可见，投资者如果在自发行结束之日起满六个月前进行转股操作是不能转股成功的，这个时间点是投资者转股要把握的第一个时间点。

当投资者判断股市将由弱转强时便是转股的好时机，但要注意，可转债的转股价格是可变的，投资者在转股时要注意查询最新的价格不能以初始转股价格来衡量是否转股。另外，投资者可用"正股价格 ÷ 转股价 × 100= 转股价值"的公式来计算是否转股，当转股价值高于收盘价时，此时出现折价，是转股的好时机。

# 债券组合怎么投资

债券投资风险小，收益稳健，但并不是说投资者就可将资金放在一个"篮子"里。债券也有风险等级的区分，分散组合投资对债券仍然适用，下面就来看看债券组合投资的新玩法。

## NO.033
### 如何设计债券投资组合

债券投资者组合可以选择的产品有很多，包括国债、企业债、可转债以及债券基金，在设计债券投资组合时投资者可以按照以下步骤进行。

◆ **设定组合目标：** 交易所和银行中的债券的流动性是不同的，投资者需根据个人对投资流动性的需求设定组合目标，比如在流动性较好的交易所选择投资金额占总资金的 60%，而在银行选择投资金额占总资金的 40%。

◆ **设定预期收益率限制条件**：债券的收益率一般是固定的，投资者可根据个人对收益的要求设定到期收益率，比如 3.0%。

◆ **挑选产品**：设定好投资目标和限制条件后，投资者就可进入相应的市场选择产品了。在选择时可首先对银行间市场的债券产品进行筛选，该市场债券的流动性也较差。

◆ **单个债券逐一筛选**：对于挑选出来的债券，投资者还需要进行进一步的筛选，在筛选时从债券的价格、利率、期限和信用评级等方面入手，剔除不适合个人风险承受能力以及超过合理的价格范围的债券。

◆ **投资组合检查**：投资者投资债券面临的风险之一就是信用风险，因此在进行债券组合时也要确保组合中没有单一的投资品种，比如全部投资信用评级为 B 级的债券。

◆ **预期收益计算**：选出符合要求的债券后，投资者还需进行券种投资金额比例的配置。在配置完成后，对持有到期可能的收益进行计算，看看该收益是否能达到自己的要求。

---

**百科链接** *买债券还是债券基金*

不管是进行债券的单一投资还是组合投资，许多投资者都面临着两难的选择，不清楚该买债券还是债券基金。实际上，两者各有优势。债券基金本身就是债券的多种组合，投资者可用较少的资金就实现债券组合投资，如果投资者没有过多的精力去配置债券组合，那么可以选择省心的债券基金，但基金经理的具体操作并不透明，个人购买债券更透明，且比投资债券基金交易费用更低。如果投资者具有很强的专业性，那么可以选择投资债券而不是债券基金。

## NO.034
# 全债券组合应用案例分析

任何投资都不能保证百分百的无风险，对于追求稳健回报的投资者来说，他们的债券投资组合中会更多地配置国债这种低风险产品，而高回报投资者会更多地配置企业债券、可转债等中风险产品。下面我们就来看看债券组合的不同方式。

### 案例
**债券组合的常见方式**

林先生是保守型投资者，他并不希望自己的投资承担过大的风险。从保值的角度出发，林先生决定投资债券且打算长期投资，于是他为自己配置了以下债券组合，如图 2-13 所示。

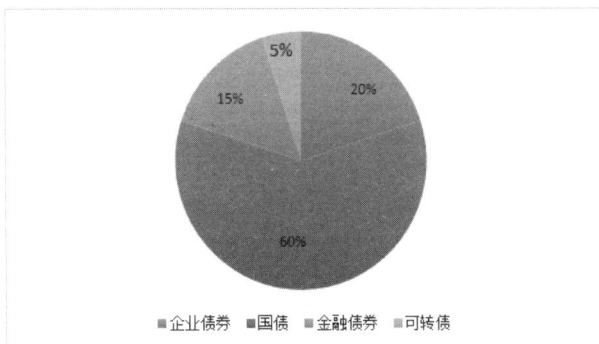

图 2-13　保守型债券组合

罗女士是稳健型投资者，它对投资的需求是在保值的基础上实现一定程度的增值，在债券的几种类型中，它选择了收益高于国债的企业债券作为投资的重点，构建了以下债券组合，如图 2-14 所示。

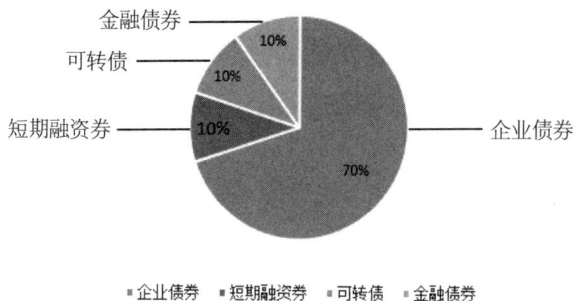

图 2-14 稳健型债券组合

周先生是成长型投资者，他的投资方式比较激进，更倾向于主动进攻，因此在他的债券投资组合中，更多地选择了收益方式可变的可转债，其组合方式如图 2-15 所示。

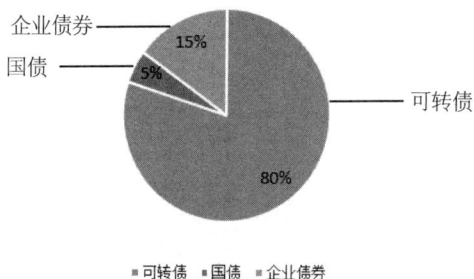

图 2-15 成长型债券组合

在实际投资中，投资者也应向上述投资者一样，根据自身对收益率的要求来选择债券品种，在风险和收益间寻求适合自己的产品。

**百科链接** *你了解短期融资券吗*

短期融资券是债券的一种类型，是依照《短期融资券管理办法》规定的条件和程序，企业在银行间债券市场发行和交易并约定在一年期限内还本付息的有价证券。在银行间债券市场引入短期融资券是金融市场改革和发展的重大举措。

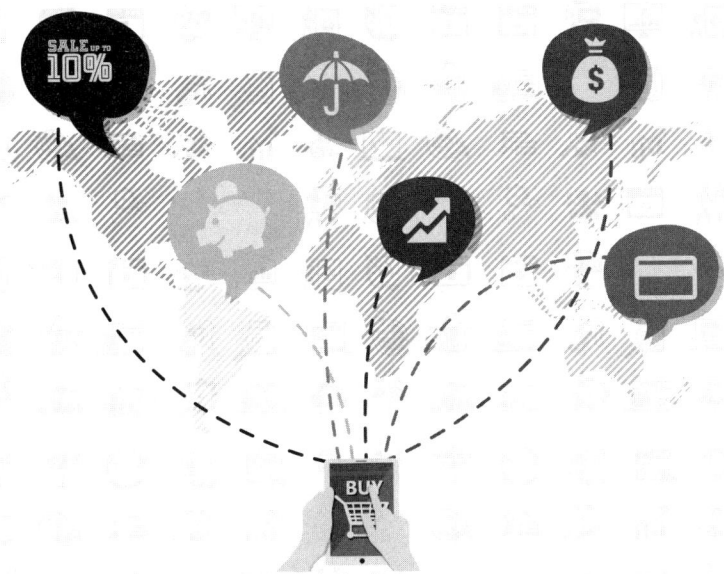

第三章
有涨有跌的投资
## 股票

2016 年 1 月 29 日，证监会公布的数据显示我国股票市场投资者数量已于 2016 年 1 月 21 日突破 1 亿，2016 年 1 月市场投资者数量增长 128.32 万，增幅较为平稳，平均每天新增投资者 6.75 万。为什么股市会吸引这么多投资者进入呢？下面就来看看股市的神奇魅力。

# 走进风云股市

股市可谓是跌宕起伏，投资者的心情也像过山车一样。若是有一天没有关注自己投资的股票，这只股票就有可能大幅波动。在股市中，股票有涨也有跌，其中蕴藏的风险是很大的，新股民刚进入股市前一定要对股市有一定了解后再进行投资操作，否则可能导致投资亏损巨大。

## NO.035

### 个人投资者可以选择哪些股票

截至2016年9月8日，沪市股票共有1063只，深市股票共有1806只，可见在股票市场投资者可以炒的股票有很多。在股票市场，一般用股票代码来区别不同的股票，根据股票的代码投资者就分辨出股票的类型。

在股票交易软件中，投资者可以看到 6 位数的股票代码，如图 3-1 所示为上证 A 股 2016 年 9 月 8 日涨幅排行。

| | 代码 | 名称 | 涨幅%↓ | 现价 | 涨跌 | 昨收 | 最高 | 最低 | 买价 | 卖价 | 市盈(动) |
|---|---|---|---|---|---|---|---|---|---|---|---|
| 1 | 603843 | 正平股份 | +10.05 | 9.64 | +0.88 | 8.76 | 9.64 | 9.64 | 9.64 | — | 82.27 |
| 2 | 603090 | 宏盛股份 | +10.03 | 21.62 | +1.97 | 19.65 | 21.62 | 21.62 | 21.62 | — | 57.02 |
| 3 | 603658 | 安图生 | 股票代码 | 33.83 | +3.08 | 30.75 | 33.83 | 33.83 | 33.83 | — | 48.09 |
| 4 | 600506 | 香梨股 | | 26.92 | +2.45 | 24.47 | 26.92 | 25.12 | 26.92 | — | 亏损 |
| 5 | 603031 | 安德利 | +10.01 | 58.27 | +5.30 | 52.97 | 58.27 | 58.27 | 58.27 | — | 107.0 |
| 6 | 603986 | 兆易创新 | +10.00 | 139.90 | +12.72 | 127.18 | 139.90 | 139.90 | 139.90 | — | 77.80 |
| 7 | 600126 | 杭钢股份 | +10.00 | 7.81 | +0.71 | 7.10 | 7.81 | 7.80 | 7.81 | — | 29.96 |

图 3-1　上证 A 股 2016 年 9 月 8 日涨幅排行

这些数字并不是毫无意义的，他们有着不同的含义，以上海证券交易所为例，其股票代码分配原则如图 3-2 所示。

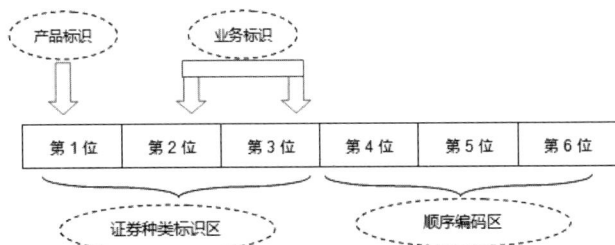

图 3-2　上海证券交易所股票代码分配原则

上海证券交易所的股票代码前 3 位为证券种类标识区，首位为证券产品标识，第 2 ~ 3 位为证券业务标识，后 3 位为顺序编码区。

深圳证券交易所编码原则上有所差别，前两位为证券种类标识区，首位为证券产品的大类标识，第 2 位为证券产品大类下衍生的证券标识，后 4 位为顺序编码区。

我国上市公司的股票按照发行地的不同可以分为 A 股、B 股、H 股、N 股、S 股以及 L 股等，各自的含义如表 3-1 所示。

表 3-1　不同发行地点的股票的含义

| 凭证名称 | 含义 |
| --- | --- |
| A 股 | A 股又被称为人民币普通股票，指由我国境内公司发行，供境内机构、组织或个人（不含台、港、澳投资者）以人民币认购和交易的普通股股票 |
| B 股 | B 股又被称为人民币特种股票，是境内上市的外资股。以人民币标明面值，以外币认购，是供境内外投资者买卖的股票 |
| H 股 | H 股也称国企股，指在内地注册，在香港特别行政区上市的外资股，因香港英文单词"Hong Kong"的首字母为"H"而得名 H 股 |
| N 股 | N 股指在我国内地注册，在纽约上市的外资股，因纽约英文单词"New York"的首字母为"N"而得名 N 股 |
| S 股 | S 股主要指在我国内地注册，在新加坡上市的外资股，因新加坡英文单词"Singapore"的首字母为"S"而得名 S 股 |
| L 股 | L 股主要指在我国内地注册，在伦敦上市的外资股，因伦敦英文单词"London"的首字母为"L"而得名 L 股 |

## NO.036
## 股票的竞价与交易

投资者在证券公司开立证券账户后就可向证券公司委托买卖股票了，股票交易的委托方式有柜台、电话及网络等，现在一般都通过网上交易系统完成交易。

投资者在发出买卖指令后，交易所便根据指令进行撮合成交，在撮合成交的过程中会遵循"价格优先、时间优先"的原则，具体含义如下所示。

◆ **价格优先原则**：指交易所在撮合成交的过程中，较高价格的买入申报先成交于较低价格的买入申报；较低价格的卖出申报先成交于较高价格的卖出申报。

◆ **时间优先原则**：指当出现多只买卖方向和买卖价格相同的交易指令时，时间较早的申报先成交于时间较晚的申报，这个时间先后顺序是按照证券交易所主机接受申报的时间来确定的。

以上述竞价成交原则为基础，交易所会执行集合竞价和连续竞价的竞价方式，集合竞价指交易所在规定的时间内，将接受的买卖申报指令一次性集中撮合成交的竞价方式。

连续竞价指对交易指令采取逐笔连续撮合的竞价方式，当一笔交易指令进入交易所自动撮合系统后，系统立即对该指令进行不同的处理：能成交的则成交，不能成交的则等待成交，能成交部分的则余下部分继续等待。在一轮竞价结束后，投资者发出的买入指令会出现3种结果，包括全部成交、部分成交和成交失败。

---

**百科链接** *为什么不能发出交易指令*

投资者发出买入股票的指令后，有时会出现无法交易的情况，出现这种情况可能有两方面的原因。一方面是因为当前不属于申报时间，两个证券交易所规定，股票交易日为每周周一至周五，在国家法定节日时或证券交易公告的休市日不能交易股票。沪市的申报时间为交易日的 9:00 ~ 9:25、9:30 ~ 11:30、13:00 ~ 15:00，其中，9:20 ~ 9:25 为集合竞价时间；深市的申报时间为交易日的 9:15 ~ 11:30、13:00 ~ 15:00。另一方面则是投资者在发出买入委托的指令时，买入委托的必须为整百股（配股除外），也就是我们常说的一手。如果投资者买入的委托不是整百股，那么委托将无效。

## NO.037

# 炒股必备行情软件

如今进行股票投资都是在网上进行，为了方便更好地进行投资操作，我们需要炒股行情软件作为辅助工具。目前市场上的炒股行情软件有很多，常见的有大智慧、同花顺及通达信等。

不同的行情软件具有不同的特点，但主要功能却是相同的。在行情软件中，投资者可以查看到股票的K线走势图、分时图及个股资料等，还可以了解股票的涨跌幅度、换手率及成交量等数据。利用各种指标还可以帮助我们预测股票未来走势，从而做出投资决策。

下载安装行情软件的方法很简单，投资者只需进入行情软件的官方网站找到下载链接进行下载即可。

投资者在证券公司开户后，该证券公司也会提供相应的行情软件给投资者，供投资者下载使用，如图3-3所示为广发证券提供给投资者的行情软件。

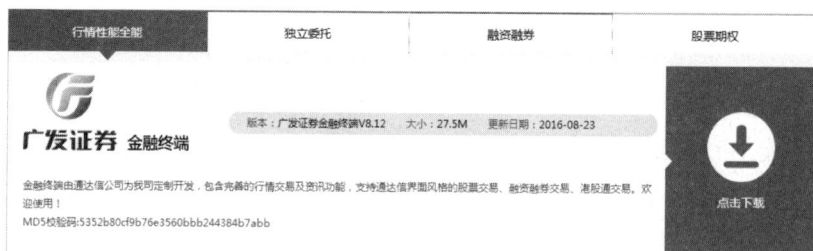

| 行情性能全能 | 独立委托 | 融资融券 | 股票期权 |

广发证券 金融终端

版本：广发证券金融终端V8.12　　大小：27.5M　　更新日期：2016-08-23

金融终端由通达信公司为我司定制开发，包含完善的行情交易及资讯功能，支持通达信界面风格的股票交易、融资融券交易、港股通交易，欢迎使用。

MD5校验码:5352b80cf9b76e3560bbb244384b7abb

点击下载

**图3-3　广发证券行情软件**

现在使用手机炒股也很方便，投资者只需下载手机证券客户端即可使用手机实现随时随地炒股和查看最新行情资讯。

# 制定你的持股方案

在股票市场选中一只上涨的股票并不是靠运气，选股是有"门道"的，投资者了解这些选股的方法可以帮助自己更好地构建自己的持股方案，让自己在股市中能够获得满意的收益。

## NO.038
### 选一只炒作题材的股票

有炒作题材的股票被称作题材股，通常指由于一些突发事件、重大事件或特有现象而使部分个股具有一些共同的特征（题材）。比如，近年来云计算、移动互联网以及大数据发展迅速，而一些互联网企业、计算机信息企业就成为炒作题材，称为计算机概念股，有关上市企业的股票包括银河科技、用友软件等就会备受关注，成为可以炒作的对象。

题材股往往是被市场引爆的，投资者只要能够把握当前热门的题材，会大大提高自己投资股票的收益。下面来看看如何选热门题材股。

**关注新闻动态选题材**

2016年8月，股市中最火的题材莫过于PPP概念股了，PPP是英文Public-Private Partnership的缩写，指政府和社会资本合作，是公共基础设施中的一种项目融资模式。

PPP概念股之所以会火，与其发生的事件有关，截至2016年7月底，国家发改委公开推出的两批PPP项目中，已有619个项目签约，总投资达10019.1亿元。

在资产荒和脱虚入实背景下，PPP模式逐渐成为政府解决基建设施融资的重要途径。由于2016年PPP项目加速推进，使得与PPP有关的行业迎来了大机遇。

同时，发改委发布的《关于切实做好传统基础设施领域政府和社会资本合作有关工作的通知》也为PPP概念地带来了利好消息，在这一背景下与PPP题材有关板块的股票也集体爆发，园林工程、环保工程、海绵城市等板块出现较大幅度上涨。

由此可见，题材被炒作主要与政策、热门事件以及技术革新等有关，而这些事件的驱动常常会使之成为热门题材。投资者要想选出热门题材就要多关注新闻动态，了解当前的政策、热门事件等，一个好的题材往往包含政策、新闻和市场这三方面，因此最好选择与政策相关且新闻广泛报道的题材,再看看股市对这些热门事件的反映。

最直观的就是看该板块是否上涨,之所以要看板块是否上涨是因为板块的上涨才能说明行业的整体情况,如果只是个股上涨可能和上市公司本身有关,如图3-4所示为PPP模式板块2016年5月~9月走势图,可以看出8月~9月上涨比较明显。

图3-4　PPP模式板块2016年5月~9月走势图

找出热门的题材后,投资者还要从中选择一只题材股,投资者可以从以下方面来选择和操作。

◆ **看涨幅**:在同一题材中选择题材股,最好选择涨幅较明显的股票,也就是排名在前列的股票,因此题材股炒作常常会强者越炒越强。

◆ **看价格**:价格低的题材股涨幅有时会比较明显,因此在选择时投资者还可以从价格的角度出发来选择,选价格较低的。

◆ **快进快出**:题材股的上涨主要是由于当前事件驱动,事件有发酵期也有淡忘期,投资者投资题材股要做到快进快出,因为题材如果没有继续上涨助推的动力，会逐渐回归平常，当潮水退去之时该题材可能就不再备受关注。

## NO.039
## 买 ST 的股票有条件

投资者在行情软件中查看股票时，会发现某些股票名称前有"ST"和"*ST"这一前缀，如图 3-5 所示。

| ▽ | 代码 | 名称 | 涨幅% | 现价 | 涨跌 | 买价 | 卖价 | 总量 | 现量 |
|---|------|------|-------|------|------|------|------|------|------|
| 71 | 000301 | 东方市场 | 0.43 | 4.65 | 0.02 | 4.64 | 4.65 | 102156 | 2995 |
| 72 | 000333 | 美的集团 | -0.07 | 27.21 | -0.02 | 27.20 | 27.21 | 201339 | 2188 |
| 73 | 000338 | 潍柴动力 | -0.66 | 9.10 | -0.06 | 9.10 | 9.11 | 193320 | 833 |
| 74 | 000400 | 许继电气 | 0.33 | 15.31 | 0.05 | 15.30 | 15.31 | 78761 | 1207 |
| 75 | 000401 | 冀东水泥 | 1.74 | 10.51 | 0.18 | 10.51 | 10.52 | 127974 | 256 |
| 76 | 000402 | 金融街 | 0.26 | 11.68 | -0.03 | 11.67 | 11.68 | 297572 | 2449 |
| 77 | 000403 | ST生化 | | | -0.53 | 33.10 | 33.13 | 25512 | 325 |
| 78 | 000404 | 华意压缩 | 1.42 | 10.75 | 0.15 | 10.74 | 10.75 | 82915 | 2979 |
| 79 | 000407 | 胜利股份 | | | — | — | — | 0 | 0 |
| 80 | 000408 | *ST金源 | | | 0.29 | 16.43 | 16.48 | 26433 | 444 |
| 81 | 000409 | 山东地矿 | | | — | — | — | 0 | 0 |
| 82 | 000410 | 沈阳机床 | -0.65 | 15.22 | -0.10 | 15.21 | 15.22 | 86595 | 2544 |

图 3-5 　"ST" 和 "*ST" 股票

ST 是英文 Special Treatment（特别处理）的缩写，当上市公司财务状况或其他状况出现异常，证券交易所就会对该上市公司的股票进行特殊处理，为股票名的前缀加上"ST"标识，旨在提醒投资者，该股票存在风险。虽说此类股票的风险会很大，但收益也很大。

### 案例

ST 生化（000403）2016 年 2 月~ 8 月的上涨

ST 生化是一只 ST 股票，虽然该股票的上市公司连续两年亏损，但在 2016 年 2 月 ~ 8 月该股票仍迎来了上涨，如图 3-6 所示。

图 3-6　ST 生化 2016 年 2 月～ 8 月走势图

从上图可以看出，ST 生化从 2016 年 1 月 14 日的 20.76 元，到 2016 年 8 月 29 日已上涨到了 35.5 元，涨幅约 71%。由此可见，ST 股票也有上涨的潜力。

在实际投资中，投资者要对 ST 股票区别对待，虽说此类股票的上市公司有经营性亏损，短期内很难扭转盈亏，但有的 ST 股在进行资产重组后常常会具有较大潜力。

由于 ST 股需要进行特殊处理，因此其交易规则与其他股票有所不同，具体的交易规则如下所示。

◆　股票日涨跌幅限制在 5% 以内。

◆　正在进行特殊处理的上市公司的中期报告必须经过审计。

◆　股票名称在原股票名称前加上"ST"前缀。

★ST 股票是指该股票有退市风险，与 ST 股票相比，★ST 股票的公司出现经营上的连续三年亏损，而不是两年。

## NO.040
## 具备高送转条件的股票

高送转是指送红股或者转增股票的比例很大，高送转以后公司股本总数扩大了，但公司的股东权益并不会因此而增加。那么，为什么高送转的股票仍能吸引众多投资者呢？

### 案例

**为什么高送转股票能受到关注**

高送转几乎是股票市场中每年必炒的主题之一，在股市中每当高送转预案公布后，就会出现上涨。如图 3-7 所示为财信发展（000838）2015 年 12 月～ 2016 年 1 月走势图。

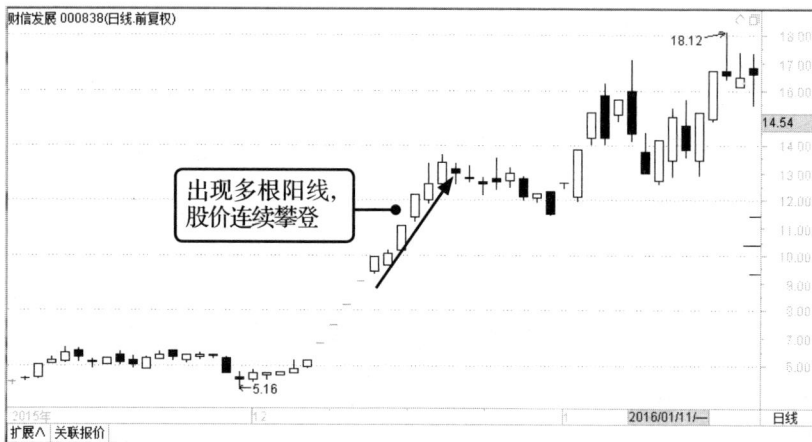

图 3-7　财信发展 2015 年 11 月～ 2016 年 1 月走势图

2015 年 12 月 8 日是财信发展高送转预案的公布日，随后财信发展出现连续上涨。

财信发展之所以会在高送转预案公布后出现连续上涨，是因为上市公司发布高送转方案后，有以下利好。

◆ 上市公司发布高送转方案表现公司管理层对公司业绩增长有信心，同时也会增强投资者投资的信心。

◆ 并不是所有的上市公司都具备高送转条件，因此，高送转股票具有一定的稀缺性。

◆ 高送转股票打的是"股利牌"，在同等价格下，股利越高的股票自然会受到不少投资者关注。

高送转概念股炒作的阶段有 4 个，第 1 周期为预案公布阶段，第 2 周期为年报公布阶段，第 3 周期为除权前的抢权阶段，第 4 周期为除权后的填权阶段。其中，最为集中的阶段是第 1 和第 3 阶段，本例中便是第 1 阶段。

了解了高送转股票上涨的原因，那么投资者又应该如何投资呢？据以往经验来看，高送转股票从 11 月下旬至 12 月是炒作的黄金阶段，在选股时投资者要选经营能力好、业绩佳的公司的股票。

具体判断指标为"三高一低"，"三高"即每股资本公积金高、每股未分配利润高和每股净资产高，"一低"即总股本低。

**百科链接** *通过估值选军工股*

在股市涨幅榜中常常都可以看到军工股的身影，军工股受欢迎并不是没有原因的。在国际上，部分地区局势紧张，国内与军工有关的政策也在出台，这给了军工股较多的催化剂。个人投资者在挑选军工股时比较重要的一点要对军工股有正确估值，因为军工股在股市中是常常被高估的股票，它常常会在几年暴涨，随之又回落。投资者可以用市值、市净率和市销率这三个指标，来为自己选中的军工股估值，从而来了解军工企业的真实价值。

# 绩优股怎么选

在股市中每一个股民都希望能选到绩优股，绩优股是指从公司业绩到市场潜力都非常看好的股票，这类股票具有较高的投资价值，这也是为什么众多股民都热衷炒绩优股的原因。

## NO.041
### 根据公司品牌选股

投资者投资某只股票，实际上是投资了该股票的上市公司，该公司处于什么行业、有没有竞争优势以及是否有核心产品等，都关系着该上市公司本身是否具有投资价值。"选股还需选好公司"是投资者选股的重要方法之一，下面来看看如何通过公司品牌来选股。

案例

## 保利地产，值得投资的上市房地产企业

保利地产（600048）股票的公司名称为保利房地产（集团）股份有限公司，所属房地产行业。作为大型国有房地产上市公司，国家一级房地产开发资质企业，连续5年蝉联国有房地产企业综合实力榜首，连续两年荣膺"中国房地产行业领导公司品牌"。

公司入选"2008年度中国上市公司优秀管理团队"，2009年，公司被评为"房地产上市公司综合价值第一名"。公司完成以广州、北京和上海为中心、覆盖40个城市的全国化战略布局，拥有119家控股子公司，业务拓展到包括房地产开发、建筑设计、工程施工、物业管理、销售代理、商业会展以及酒店经营等相关行业。

2016年9月7日保利地产发布销售情况简报显示，2016年8月，公司实现签约面积111.30万平方米，同比增长12.49%；实现签约金额145.92亿元，同比增长17.63%。至此，保利地产2016年1月～8月累计实现签约面积1026.51万平方米，同比增长33.87%；累计实现签约金额1373.63亿元，同比增长40.01%。

从上述资料可以看出，保利地产经营稳健，业绩确定性较好，在行业处于领先地位，确立了自身的竞争优势，公司产品也具有竞争能力，因此公司本身具有投资价值。

从上述内容可以看出，主要对公司的产品、行业地位和技术水平等进行了分析。在实际分析中，投资者也可从这几个方面入手，通过以下指标来为自己提供分析参考。

基金

债券

股票

期货

外汇

保险

银行理财

信用卡

◆ **行业地位指标**：公司在行业中地位的高低是公司是否值得投资的重要评判，衡量公司在同行中的地位可以使用年销售额、年销售额增长率和年销售额稳定性来衡量。

◆ **产品竞争力指标**：投资者可从产品的成本优势、技术优势、质量优势和品牌战略等方面，来对公司的产品竞争能力进行分析。

**要点提示**

股票的价格与上市公司的业绩息息相关，因此在分析公司时常常还会进行财务分析，财务分析的具体指标包括收益性分析、安全性分析、成长性分析和周转性分析，通过上市公司定期公布的财务数据，投资者便可进行财务分析，在分析时要重点关注财务的变动情况。

**NO.042**

## 跟踪国际风云变幻选股

在国际贸易中汇率是重要的经济指标，它是指一国货币兑换另一国货币的比率，汇率的变动常常和股市有着千丝万缕的联系。

**案例**

**汇率对金融股指的影响**

汇率的波动会对进出口贸易造成影响，本币汇率降低，即本币对外贬值，能促进出口；反之，会抑制出口。这一波动常常会导致与进出口贸易相关的公司的股票也发生波动，如图 3-8 所示为 2016 年 2 月～5 月，美元兑人民币汇率走势图。

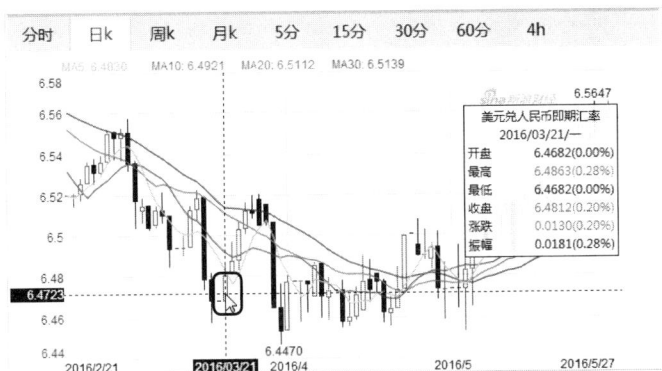

图 3-8 2016 年 2 月 ~5 月美元兑人民币汇率走势图

从上图可以看出，在 2016 年 3 月 21 日，美元兑人民币汇率收出一条大阳线，开盘价为 6.4682，收盘价为 6.4812，上涨幅度为 0.2%。

在股市中，上证金融指数（000038）也发生了反应，如图 3-9 所示为上证金融指数 2016 年 3 月 ~ 5 月走势图。

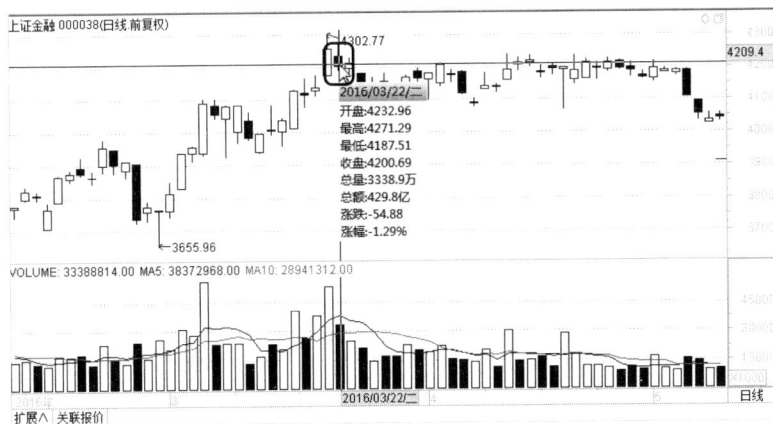

图 3-9 上证金融指数 2016 年 3 月 ~5 月走势图

从上图可以看出，在美元兑人民币汇率上涨的第二个交易日，上涨金融指数下跌 1.29%，且成交量在该时段出现放大，可见金融股下跌幅度较大。

下面再来看看深圳证券交易所 300 金融指数（399914）
的反应，如图 3-10 所示 2016 年 3 月～ 5 月 300 金融指数
走势图。

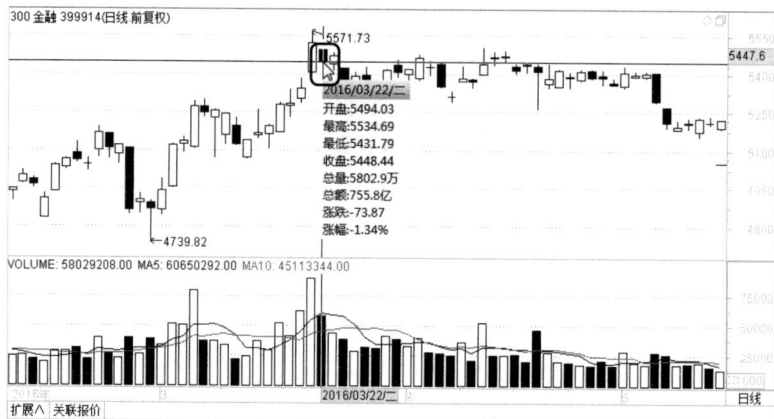

图 3-10　2016 年 3 月 ~5 月 300 金融指数走势图

从上图可以看出，300 金融指数在 2016 年 3 月 22 日由
之前的上涨转为下跌，下跌幅度为 1.34%。

通过对上述内容的分析，我们可以看出汇率的变化对股价有着深
刻的影响，他们之间的关系如下所述。

◆ 在国际贸易中，公司会将商品外销国外，如果原材料不需进口，
那么汇率提高，产品在海外市场的竞争力会下降，与之相关的
股票的股价会趋于下跌。

◆ 如果公司对外贸易依赖于原材料，那么汇率上涨会使原材料成
本降低，盈利随之增加，与之相关公司的股票的股价会上涨。

◆ 某国汇率上涨时，其他资金会涌入，其中一部分资金会流向股
市，从而引起股票行情上涨。

◆ 对银行来说，汇率上涨银行资产会升值，资产密集型产品的股
价会上涨。

由此可见，汇率对股价的影响并不是单一的，汇率的上涨或下跌对股市的影响是利弊兼有。

## NO.043

# 选择有"护城河"的股票

在股市中有类股票被叫作"护城河"股票，这类股票通常是指具有持续竞争优势的公司的股票，也就是说该公司的股票具有成长性。

行业不同，"护城河"也会不同，"护城河"股票具备其他公司无法比拟的优势，其他公司很难超越。

**案例**

**看看哪些行业最容易出现"护城河"**

根据美国晨星公司对"护城河"的研究表明，"护城河"有宽有窄，最容易出现"护城河"的行业如表3-2所示。

表3-2　最有可能出现"护城河"的行业

| 行业 | 窄护城河（％） | 宽护城河（％） | 总体护城河（％） |
|---|---|---|---|
| 软件 | 49 | 9 | 58 |
| 硬件 | 26 | 5 | 31 |
| 媒体 | 69 | 14 | 83 |
| 电信 | 59 | 0 | 59 |
| 医疗卫生服务 | 31 | 11 | 42 |
| 消费者服务 | 32 | 7 | 39 |

| 行业 | 窄护城河（%） | 宽护城河（%） | 总体护城河（%） |
|------|------|------|------|
| 商业服务 | 36 | 13 | 49 |
| 金融服务 | 54 | 14 | 68 |
| 消费品 | 32 | 14 | 46 |
| 工业原料 | 31 | 3 | 34 |
| 能源 | 55 | 6 | 61 |
| 公用设施 | 80 | 1 | 81 |

　　通过上表可以看出，最容易出现窄"护城河"的行业有公用设施、媒体、电信和能源，最容易出现宽"护城河"的行业有消费品、金融服务、媒体、商业服务、医疗卫生服务和软件，总体来看最容易出现"护城河"的行业有媒体、公用设施、金融服务和能源。

　　了解了哪些行业最容易出现"护城河"后，投资者就可从中选"护城河"股票了。一般来说"护城河"企业都是行业中知名的企业，比如消费品行业中的贵州茅台、同仁堂、云南白药和五粮液，金融服务业中的中国银行、建设银行和工商银行等。

　　"护城河"主要有四类，包括拥有无形资产，比如品牌、专利等；产品或服务让客户不能轻易放弃，企业拥有定价权；具有很强的经济规模、渠道优势明显，比如海天味业；具有成本优势，能以低于竞争对手的价格出售产品或服务。

　　对投资者来说，"护城河"企业具有品牌、成本以及规模经济等优势，这类企业能够有效抵抗其他竞争者发起的"攻击"，使企业立于不败之地，使投资者能够获得更持续的收益。

但无论多强大的"护城河"也有可能被对手攻破，因此"护城河"的宽浅并不是一成不变的，投资者也要时刻关注"护城河"企业的动向，用发展的眼光来看待"护城河"。

一般来说，如果公司长期能够维持较高的资产收益率，那么此类公司的"护城河"会比那些资产收益率不稳定的公司拥有更宽的"护城河"，因此，投资者可以从净资产收益率指标来筛选"护城河"股票。如图 3-11 所示为 2016 年 9 月 9 日上市公司净资产收益率排行。

| 排行 | 股票代码 | 股票名称 | 净资产收益率▼ | 当前价 | 涨跌额 | 涨跌幅 | 现手 | 总手 | 成交金额 | 换手率 |
|---|---|---|---|---|---|---|---|---|---|---|
| 1 | 600129 | 太极集团 | 58.86% | 20.50 | +0.46 | 2.30% | 5 | 138566 | 28395 | 3.25% |
| 2 | 000408 | *ST金源 | 48.56% | 16.35 | -0.08 | -0.49% | 315 | 15396 | 2528 | 0.61% |
| 3 | 000150 | 宜华健康 | 36.04% | 31.60 | -0.37 | -1.16% | 903 | 38498 | 12210 | 1.09% |
| 4 | 002027 | 分众传媒 | 35.10% | 15.10 | -0.07 | -0.46% | 288 | 28811 | 4374 | 0.57% |
| 5 | 300361 | 奥赛康 | 33.86% | | | | | | | |
| 6 | 002072 | 凯瑞德 | 31.27% | 22.71 | +0.69 | 3.13% | 3305 | 160527 | 36041 | 9.12% |
| 7 | 600338 | 西藏珠峰 | 31.22% | 33.51 | -0.48 | -1.41% | 54 | 52642 | 17494 | 3.32% |
| 8 | 430174 | 沃捷传媒 | 27.38% | | | | | | | |
| 9 | 300498 | 温氏股份 | 25.94% | 37.94 | -0.14 | -0.37% | 162 | 20783 | 7889 | 0.67% |
| 10 | 002720 | 宏良股份 | 25.13% | | | | | | | |

图 3-11　2016 年 9 月 9 日上市公司净资产收益率排行

**百科链接** *暴跌行情的选股法*

在暴跌行情中，各行各业的股票都普遍低迷，在此时投资者可选的股票类型有六种。第一种是负债率低，利息负担轻的公司股票；第二种是公司的固定资产较雄厚的股票；第三种是公司经营良好的股票；第四种是公司管理层结构完善的股票；第五种是公司产品具有较强竞争力的股票；第六种是有政策大力支持或在行业中处于垄断地位的公司的股票。

基金
债券
股票
期货
外汇
保险
银行理财
信用卡

# 用好量价技术，找准最佳买卖点

股票的量价关系是指成交量与股价的关系，它们两者之间的关系是判断后市走势重要的工具，下面就来看看如何利用量价关系来帮助投资者找准买卖点，从而在股市中获利。

## NO.044
### 底部抬头，看懂 5 日均量线的买入机会

在股市中成交量是指一只股票在一定的单位时间内交易的数量，股票每日成交的数量即日成交量，每月成交的数量即月成交量。利用成交量辅助选股常常会使用均量指标，一般使用的是 5 日均量线和 10均量线。下面就来看看如何利用 5 日均量线和 10 均量线的组合变化来判断股票的买入机会。

5 日均量线上穿 10 均量线——同仁堂

如图 3-12 所示为同仁堂（600085）在 2016 年 5 月～ 9 月的走势图。

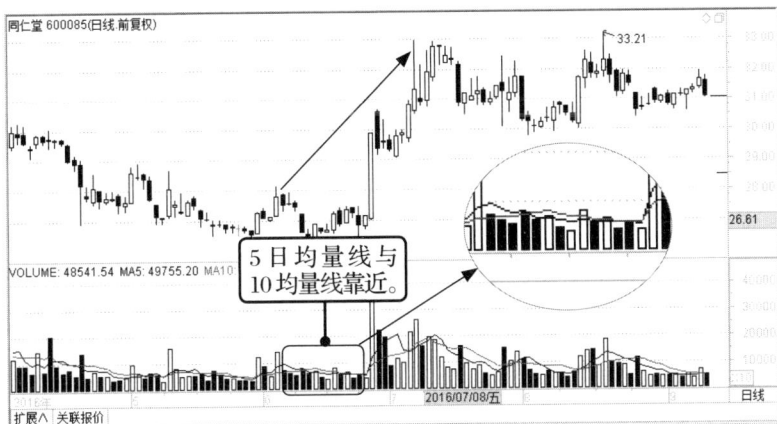

图 3-12 同仁堂（600085）2016 年 5 月～ 9 月走势图

从上图可以看出，在 2016 年 6 月 20 日，5 日均量线和 10 均量线已出现了靠近趋势，随后 5 日均量线上穿 10 均量线，出现了"5 日均量线抬头"的走势。

同时，与之相对应的同仁堂的股价出现了上涨，而成交量也出现了放量。

5 日均量线上穿 10 均量线说明买方开始发力，卖方逐渐处于弱势，放弃抵抗，这种情况表示短期内成交量出现增加，后市的上涨指日可待。此时是比较稳妥的买入时机，能够让投资者在一段时间内获得较好的收益。但要注意见好就收，因为后市被套的可能性较大。

此时，再结合分时图进行分析，可以更加准确的看出是买方主动还是卖方主动，如图3-13所示为同仁堂2016年6月20日的分时图走势。

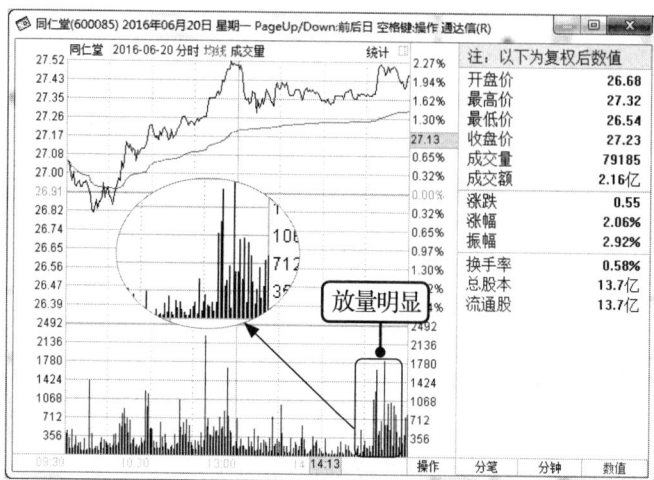

图 3-13　同仁堂（600085）2016 年 6 月 20 日的分时图走势

从上图可以看出，同仁堂在 2016 年 6 月 20 日出现过几次比较明显的拉升，在交易即将结束的一个小时同样放量明显，说明买家强劲，进场的买家较多，在成交量的刺激下，对后市来说是利好表现，股价也会相应的攀升。

**百科链接** *顶部低头，5 日均量线是卖出信号*

当 5 日均量线和 10 均量线在高位出现下降趋势时，投资者要格外引起注意，特别是当股价出现新高时，5 日均量线的回落趋势要比 10 均量线快，买卖双方都会出现对下跌的恐惧。如果前几日成交量都表现出放大量，而随后成交量快速出小量，那么有不少股民都会担心后市的下跌，在 5 日均量线还未表现出下穿 10 均量线时，投资者还可以保持观望，但如果 5 日均量线表现出向 10 均量线跌穿的趋势，投资者最好趁机出手，获利了结，等到后市有上涨趋势后再进入。

## NO.045

## 低位多次地量出现，进场的好机会

成交量有放量的时候也有缩量的时候，利用成交量的波动情况，投资者可以为自己做出投资决策提供参考。

### 案例

连续地量，买入信号——保利地产

如图3-14所示为保利地产（600048）在2016年4月～8月的走势图。

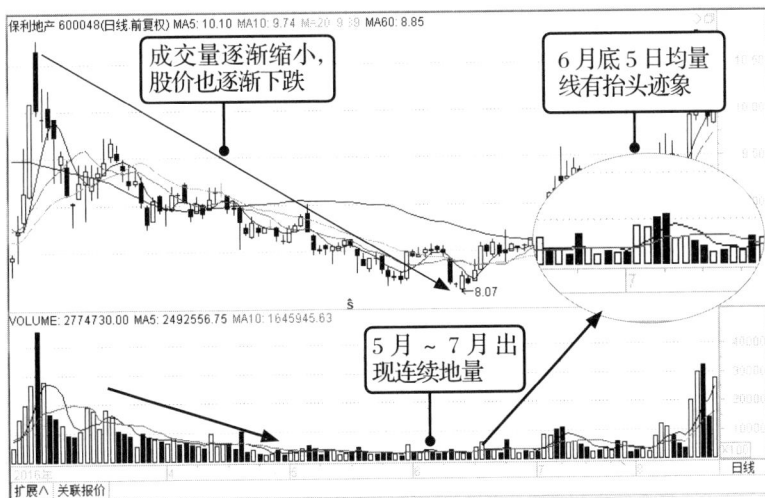

图3-14 保利地产（600048）2016年4月～8月走势图

从上图可以看出，保利地产在股价下跌的过程中成交量也在减少，在2016年7月4日成交量出现了一次放量，虽然放量的幅度不是特别大，但已经有了上涨的动力，再观察5日均量线，有抬头的迹象，此时是投资者买入该股票的好时机。

在股市中，地量是指成交量很小，如果地量多次出现，就是买入股票的好时机，这是因为股票行情会走出放量、稳定、波动、缩量以及再次放量的过程。当股价下跌到底部时，被套的投资者暂时不会卖出自己手中的股票，而其他投资者也保持观望态度。

随着成交量出现放量，进场的投资者逐渐增多，股价进入拉升状态。此时，进场买入将获得不少收益。

投资者要注意，如果地量出现在高位，那么可以视作是卖出的时机，特别是当前期成交量都比较活跃时，出现多个地量。

在高位出现地量，意味着买卖双方都进入了观望的状态。在买卖双方中，买方常常会比卖方更着急，因为他们既会担心下跌，也会担心错过追涨的时机。

高位连续地量常常是由于卖家犹豫不决，买家未果断进场而产生的。此时观察 60 日均线，如果股价与 60 日均线偏离较明显，那么此时未进场的投资者可以继续等待，对已经买入的投资者而言是较好的卖出时机。

---

**百科链接** *天量出现，把握买入时机*

天量是指成交量放量明显，在股价下跌过程中出现连续地量，在此地量中出现一根比较明显的天量，那么可以预示着后市有上涨的苗头。由于天量往往是散户带动不了的，因此很可能是机构在底部缓慢吸盘的策略。

# 看懂 K 线中蕴藏的买卖机会

K 线是反映股票价格走势的图形，它有上影线、下影线和实体组成，不同的 K 线组合背后有不同的含义，把握这些组合的含义，能够帮助投资者更加准确地分析后市的走势。

## NO.046

### 底部孕线，难得的买入机会

　　股价下跌到底部后往往会迎来新一轮的上涨，在 K 线组合中，底部孕线常常是买入信号。当股票在下跌过程中出现一根大阴线，在第二日出现一根小阳线，小阳线的实体在大阴线的内部，那么这就是底部孕线的 K 线组合形式，如图 3-15 所示。

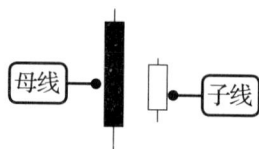

图 3-15　孕线的常见形式

**案例**

孕线预示着后市的反弹——同方股份

如图 3-16 所示为同方股份（600100）在 2016 年 1 月～7
月的走势图。

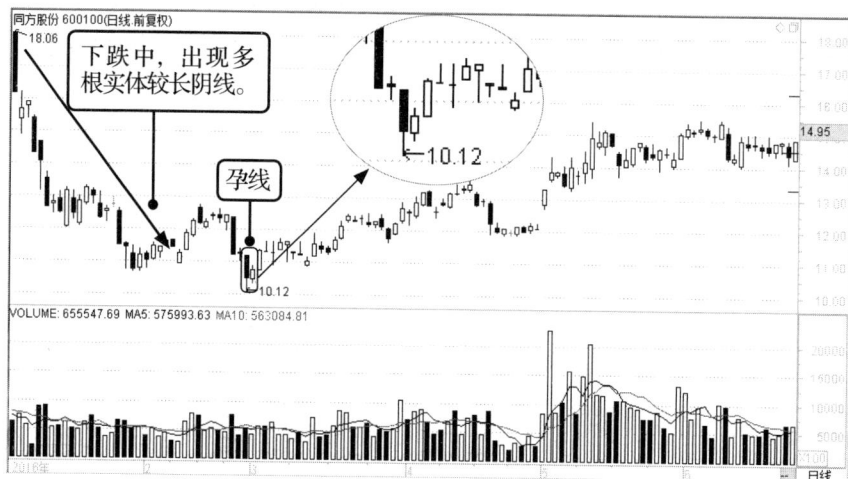

图 3-16　同方股份（600100）2016 年 2 月～7 月走势图

从上图可以看出，同方股份的股价在前期处于下跌状
态中，且出现较多实体较大的阴线。在 2016 年 2 月 19 日，
K 线继续收阴，且创出新低。

在第二个交易日，收出一根实体较小的小阳线，小阳
线包含在大阴线内部，就此孕线形成，这表明股价下跌已

经处于较低位，后市即将反弹。果然，股价随后一路上扬。

孕线的母线是由于当日买方较弱，而卖方强劲，股价迅速下落而形成的，子线的形成是由于买方看好后市开始发力，拉升股价而形成的。

在股价连续下跌的过程中，孕线出现的越晚，配合成交量的变化就会越猛烈，对应的股价反弹的力量也会越强劲，投资者在此时买入，上涨的空间较大。

## NO.047

## 三兵突击，底部形成可买进

在股市中有些阳线的组合形态是投资者可以追涨的信号，较为典型的就是三兵突击，它由 3 条或 3 条以上的阳线组成，阳线实体的大小与是否有上下影线无关，如图 3-17 所示为三兵突击的 K 线组合常见形态。

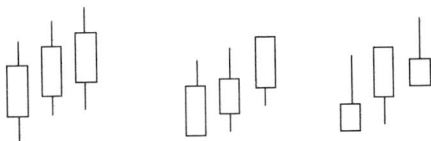

图 3-17 三兵突击常见的 K 线组合

### 案例

**三兵突击，股价止跌企稳——白云机场**

如图 3-18 所示为白云机场（600004）在 2016 年 4 月～9月的走势图。

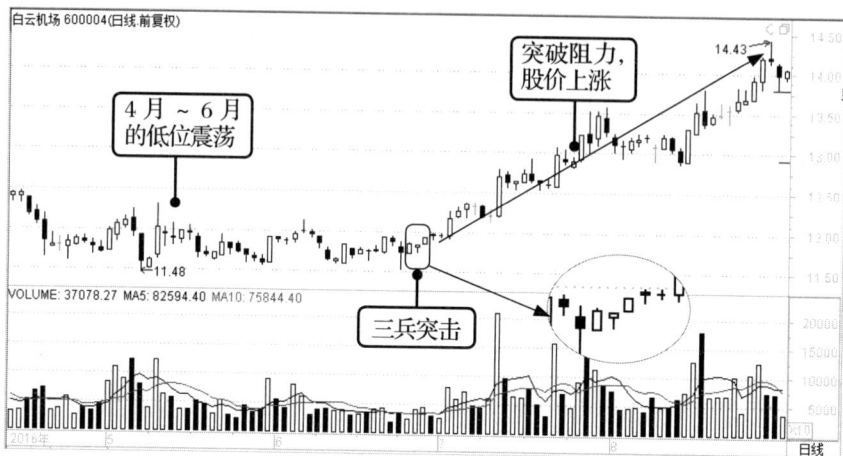

图 3-18　白云机场（600004）2016 年 4 ～ 9 月走势图

　　从上图可以看出，白云机场在前期处于低位整理行情中，在 2016 年 7 月 4 日出现了一根阳线，随后连续出现两根阳线，形成"三兵突击"形态，说明股价即将突破阻力，卖方已无力继续打压，是买入的信号。

　　再查看白云机场未来的走势，可以看出后市走出了一波高速上涨的行情。

　　三兵突击出现在底部通常说明下跌行情已见底，股价即将回暖上升，这种上涨信号常常比较可靠。对于喜欢追涨的投资者来说，三兵突击是要重点关注的，这种情况下的追涨风险较小。

　　但三兵突击也有失效的时候，它并不能保证"百发百中"。如果在高位整理行情中出现三兵突击，后市可能会被深套。因此，在利用三兵突击信号判断是否买入时，投资者也要谨慎。

## NO.048

# 双针探底，大胆进入

双针探底是由两根 K 线组成的 K 线组合形态，这两根 K 线的下影线都很长，常常预示着股价后市将反转上升，如图 3-19 所示为双针探底 K 线组合的常见形态。

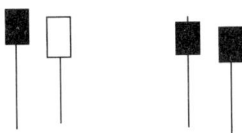

图 3-19  双针探底常见 K 线组合

**案例**

双针探底，后市回升——诺德股份

如图 3-20 所示为诺德股份（600110）在 2016 年 1 月～ 6 月的 K 线走势图。

图 3-20  诺德股份（600110）2016 年 1 月～ 6 月 K 线走势图

从上图可以看出，诺德股份在前期处于下跌行情中，在 2016 年 2 月 29 日出现一根下影线很长的阴线，且创出了新低，第二个交易日，收出下影线较长的阳线。

两根 K 线的配合发出后市上涨的信号，随后诺德股份并未再创新低，股价开始进入震荡行情，并在后市出现上涨。

双针探底是 K 线组合中后市反弹的信号，这种探底针又被称为"锤子线"，是由于市场夯实底部而形成的，表明下跌不再继续。双针探底的特征是 K 线的实体很小，但下影线却很长，实体的颜色并不是最重要的，重要的是影线的长度要比实体长。

一般来说，下影线越长，实体越短，底部反弹的信号就越明显，投资者在此时大胆买入，获利将很丰厚。

## NO.049

### 乌鸦成群，跌势难免

K 线组合形态既能给投资者的买入发出信号，也能为卖出发出信号，其中，"三只乌鸦"的出现便是常见的卖出离场信号，如图 3-21 所示为上吊线三只乌鸦 K 线组合常见形态。

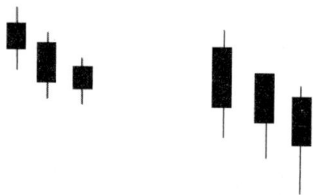

图 3-21　三只乌鸦 K 线组合形态

在股市行情中，出现连续 3 根阴线，且每根阴线都位于前一根阴线的下方，此时就出现了三只乌鸦的 K 线组合。

**案例**

高位三只乌鸦，见顶信号——波导股份

如图 3-22 所示为波导股份（600130）在 2016 年 1 月 ~ 6 月的 K 线走势图。

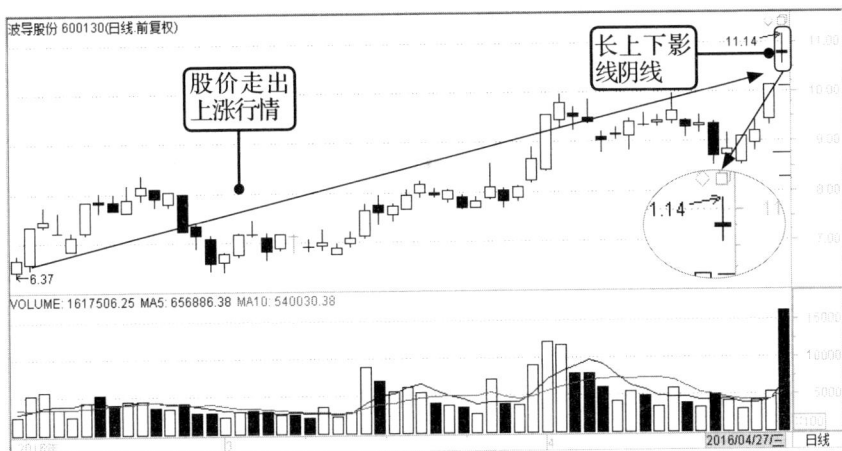

图 3-22 波导股份（600130）2016 年 1 月 ~ 6 月走势图

从上图可以看出，波导股份从 2016 年 1 月 ~ 4 月走出了一波上涨行情，在 2016 年 4 月 27 日股价在上涨途中创出新高，上涨到 11.14 元的高位，涨幅超过 74%。

虽然股价在 2016 年 4 月 17 日创出了新高，但当天以长上下影线的阴线报收。由于是在股价上涨行情中出现了此种 K 线，因此投资者需格外注意，观察后市走势，会发现随后的两个交易日出现的阴线继续拉低股价，整个重心向下移动，形成典型的三只乌鸦 K 线组合形态，如图 3-23 所示。

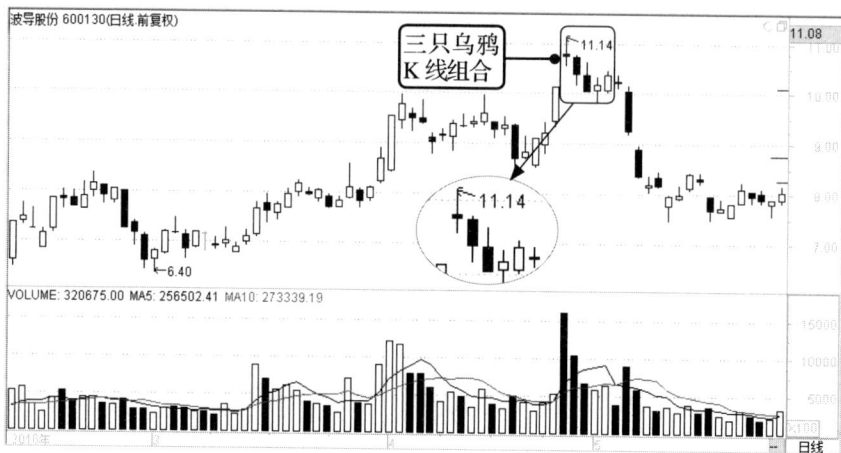

图 3-23　形成三只乌鸦 K 线组合形态

三只乌鸦 K 线组合形态形成后，股价持续被拉低，并出现多根阴线。

当在股价的高位出现三只乌鸦 K 线组合形态，则常常预示着后市将在空方的打压下持续下行，对投资者来说立即卖出股票，获利了结是比较明智的选择，因为后市下跌的概率会很大。

三只乌鸦也被称为见顶三鸦，可见它是明显的见顶信号，当股价出现一定涨幅后出现三只乌鸦，投资者就要格外注意。

**百科链接**　*阴线抱围，股价危险*

当两根 K 线组合形成一阳一阴，且第一根 K 线是实体较短的阳线，第二根 K 线是实体较长的阴线，且阴线的实体将阳线包含其中，由此便形成了大阴线抱小阳线的 K 线组合形态，此种 K 线组合出现在顶部表明买家拉升股价的实力逐渐变弱，是一个危险信号，后市可能会走低。

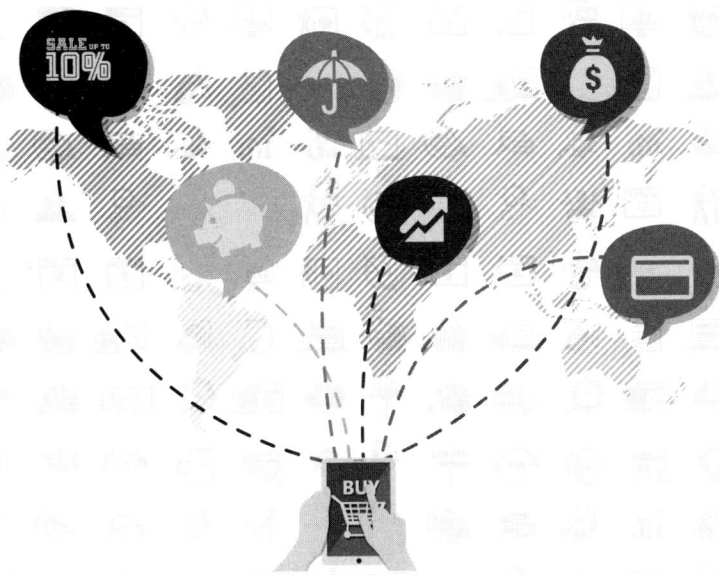

第四章
合约买卖的投资
## 期货

在各种理财工具中，期货是高风险高收益的投资品种，也正是因为这一特点使期货具有独特的魅力，但也意味着期货并不适合所有人投资。投资期货有可能"一夜大富"，也可能"一夜赤贫"。因此，在进入期货市场前，投资者必须懂得期货投资的必要知识，才有可能成为赢家。

# 制定期货投资规划

在投资期货前投资者必须选择一家期货经纪公司开户，正如股票投资前需要选择一家证券公司开户一样。有了投资账户后投资者还需对期货行情有一定了解，做好准备后再进行投资。

## NO.050
### 如何验证一家期货经纪公司是否正规

开立期货投资账户可以在期货经纪公司进行，因此选择一家正规的经纪公司对投资者来说就比较重要了。目前，市场上的期货经纪公司有很多，投资者在期货经纪公司开户前首先需要做的就是验证该期货公司是否正规。

正规的期货公司都是期货交易所的会员，因此，检验期货公司是否正规最简单的方法就是，进入期货交易所官方网站查看该期货公司是否是期货交易所的会员，下面以上海期货交易所为例。

进入上海期货交易所首页（http://www.shfe.com.cn/），在"关于期交所"下拉列表中选择"交易所会员"选项，在打开的页面中可以查看到会员名单，此时选择"会员查询"选项。如图 4-1 所示。

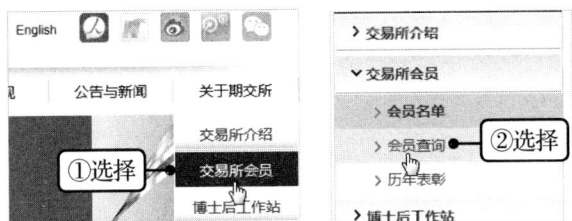

图 4-1　进入期交所官方网站

进入会员查询页面，输入需要查询的期货经纪公司名称，选中"按名称"单选按钮，单击"搜索"按钮即可查询，如图 4-2 所示。

图 4-2　进行会员查询

除了可以在期货经纪交易所查询会员外，投资者还可以在期货排名网（http://www.qihuopaiming.com/）中查询期货公司分类排名数据，了解期货公司的评级结果。

期货公司分类排名将期货公司分为 A（AAA、AA、A）、B（BBB、BB、B）、C（CCC、CC、C）、D 和 E 等 5 类 11 个级别。

## NO.051
## 解析期货标准化合约

期货的投资品种称为期货合约，期货合约是由期货交易所统一制订的、规定在将来某一特定的时间和地点交割一定数量和质量实物商品或金融商品的标准化合约。那么，一份期货合约有哪些内容呢？下面来看看。

**案例**

**上海期货交易所阴极铜标准合约**

上海期货交易所阴极铜标准合约中写明了期货的交易品种、交易单位以及报价单位等，具体内容如表4-1所示。

表4-1　上海期货交易所阴极铜标准合约

| 名称 | 内容 |
|---|---|
| 交易品种 | 阴极铜 |
| 交易单位 | 5吨/手 |
| 报价单位 | 元（人民币）/吨 |
| 最小变动价位 | 10元/吨 |
| 每日价格最大波动限制 | 不超过上一交易日结算价±3% |
| 合约交割月份 | 1～12月 |
| 交易时间 | 上午9:00～11:30，下午1:30～3:00和交易所规定的其他交易时间 |
| 最后交易日 | 合约交割月份的15日（遇法定假日顺延） |
| 交割日期 | 最后交易日后连续5个工作日 |

| 名称 | 内容 |
|---|---|
| 交割品级 | 标准品：阴极铜，符合国标 GB/T467-2010 中 1 号标准铜 (Cu-CATH-2) 规定，其中主成分铜加银含量不小于 99.95%。<br>替代品：阴极铜，符合国标 GB/T467-2010 中 A 级铜 (Cu-CATH-1) 规定；或符合 BS EN 1978:1998 中 A 级铜 (Cu-CATH-1) 规定 |
| 交割地点 | 交易所指定交割仓库 |
| 最低交易保证金 | 合约价值的 5% |
| 交易手续费 | 不高于成交金额的万分之二（含风险准备金） |
| 交割方式 | 实物交割 |
| 交易代码 | CU |
| 上市交易所 | 上海期货交易所 |

由于是标准化合约，期货合约的商品品种、数量及质量等都是既定的，投资者可以在期货交易所网站上查看或下载期货合约。期货合约除了有标准化合约外，还有合约附件。合约附件中会写明交割单位、质量规定等信息，如图 4-3 所示。

## 上海期货交易所阴极铜标准合约附件

**一、交割单位**

阴极铜标准合约的交易单位为每手5吨，交割单位为每一仓单25吨，交割必须以每一仓割。

**二、质量规定**

（1）1号标准铜（Cu-CATH-2）的各项规定，其中主成分铜加银含量不小于99.95%。

图 4-3　期货合约附件

基金

债券

股票

期货

外汇

保险

银行理财

信用卡

## NO.052
# 在财经网站获取期货行情

投资者进行期货投资前还需要查看期货行情，互联网上有许多与期货投资相关的网站，在这些网站上，投资者都可以了解到与期货有关的资讯，如图4-4所示为和讯期货2016年9月13日的行情页面。

| 品种代码 | 品种名称 | 最新价 | 涨跌值 | 涨跌幅 | 开盘价 | 最高价 | 最低价 | 昨收价 |
|---|---|---|---|---|---|---|---|---|
| HMI | 豆粕指数 | 3091.09 | -16.84 | -0.54% | 3116.35 | 3144.77 | 3090.04 | 3107.93 |
| HCUI | 沪铜指数 | 1995.22 | 20.20 | 1.02% | 1979.39 | 1999.59 | 1979.39 | 1975.02 |
| HCMI | 商品指数 | 1436.61 | -1.39 | -0.10% | 1441.46 | 1448.67 | 1436.44 | 1437.99 |
| HRMI | 菜籽粕指数 | 1419.11 | -5.02 | -0.35% | 1428.52 | 1439.18 | 1409.69 | 1424.12 |
| HAI | 豆一指数 | 1416.89 | 1.17 | 0.08% | 1418.83 | 1427.38 | 1410.67 | 1415.72 |
| HFTI | 期货交易指数 | 1363.50 | -1.48 | -0.11% | 1370.42 | 1375.53 | 1363.27 | 1364.98 |
| HPPI | 聚丙烯指数 | 1291.64 | -6.57 | -0.51% | 1303.32 | 1309.71 | 1289.08 | 1298.21 |
| HCTI | 商品交易指数 | 1200.72 | -1.30 | -0.11% | 1206.82 | 1211.32 | 1200.51 | 1202.02 |

更新时间：2016-09-13 11:34:45　　　注：点击每列数据的名称可以进行排序。例如：点击"涨跌值"可以按照涨跌值排序

**图4-4　和讯期货2016年9月13日的行情信息**

下面为投资者推荐几个常用的期货门户网站。

和讯期货：http://futures.hexun.com/

网易期货：http://money.163.com/future/

东方财富网期货：http://futures.eastmoney.com/

金融界期货：http://futures.jrj.com.cn/

新浪期货：http://finance.sina.com.cn/futuremarket/

中金期货：http://futures.cnfol.com/

金投期货：http://futures.cngold.org/

99期货：http://www.99qh.com/

# 玩转期货的套期保值与套利

投资者进行期货投资常常会利用两种投资方式，那就是套期保值和套利，这两种投资方式都是期货投资的一种避险方式，下面就来看看如何利用这两种投资方式玩转期货投资。

## NO.053

### 用买入套期保值规避上涨风险

期货的套期保值就是利用买入和卖出与现货市场数量相同但交易方向相反的期货合约，在未来再卖出或买入对应的期货合约，从而实现对冲平仓。

买入套期保值是利用期货市场多头保证现货市场的空头，从而规避价格上涨的风险，下面来看看具体的操作。

**案例**

**买入棉花期货，减少成本**

某一加工厂定期需要大量购入棉花，为避免棉花价格上涨而带来的未来成本的增加，加工厂决定买入套期保值，以规避这一风险。

在现货市场，9月1日的棉花价格较之8月有所上涨，为13500元/吨，在10月该加工厂需要购入100吨棉花。

由于前期棉花收购价较高，导致不少加工厂的成本增加，不少棉花加工厂减少了棉花的购入量，对应的棉花供给量也在减少，在期货市场棉花10月合约报价仍为13 500元/吨。

于是，该棉花加工厂在9月1日以13500元/吨的价格买入20手（5吨/手）9月份的棉花期货合约。

10月1日，棉花期货和现货价格都有一定程度上涨，但期货价格的涨幅大于现货，棉花期货报价14000元/吨，现货价格为13900元/吨。此时，该棉花加工厂在现货市场买入100吨棉花，并卖出之前的20手期货合约进行平仓。

进行以上买卖操作后，对该棉花加工厂来说是否有利呢？下面来看看不考虑手续费的情况下，此次操作的盈亏状况，如表4-2所示。

表4-2 买入套期保值的盈亏

| 日期 | 现货市场 | 期货市场 |
|---|---|---|
| 9月1日 | 13500元/吨 | 买入20手期货合约，价格为13500元/吨 |
| 10月1日 | 买入100吨棉花，价格为13900元/吨 | 卖出20手10月期货合约，价格为14000元/吨 |

通过计算，此次现货市场的盈亏为（13 500-13900）×100=
-40000元，期货市场的盈亏为（14000-13500）×20×5=50000元。
最终盈亏为50000-40000=10000元。由此可见，此次买入套期保值
获得了盈利。

买入套期保值的做法是先在期货市场上买入相关的期货合约，在
需要现货时，在现货市场上买入该现货，同时在期货市场上卖出与原
先买进相同的期货合约，从而完成套期保值。

如果投资者在未来某一时间段需要现货商品，但又担心未来价格
上涨，为保证在未来某一时间购进该商品时，其价格仍能维持在一定
水平，那么就可以利用买入套期保值来实现对冲。

## NO.054
## 用卖出套期保值规避下跌风险

卖出套期保值可以用于规避期货价格下跌的风险，它是与买入套
期保值相反的操作，下面同样来看一个案例。

### 案例

**卖出小麦期货，实现收益保值**

某小麦收购商在2月时与当地农民签订了5月底小麦
的收购合同，当时的收购价格为2500元/吨。

由于小麦价格会受小麦供给、消费季节性的影响，现
货价格会有波动，由于此次收割的小麦要到7月才能卖出，

该收购商为避免价格下跌导致小麦卖出时价格缩水，收益减少，于是决定卖出套期保值以避险。

同年5月，该收购商卖出7月小麦期货合约500手（10吨/手），价格为2540元/吨。

在7月，小麦现货价格和期货价格都出现下跌，期货下跌幅度较大。卖出5000吨小麦，其价格为2480元/吨，买入500手期货合约平仓，价格为2510元/吨。

下面来看看进行以上操作后，如果不考虑手续费该小麦收购商是否能获利，如表4-3所示。

表4-3　卖出套期保值的盈亏

| 日期 | 现货市场 | 期货市场 |
|------|---------|---------|
| 5月 | 小麦价格为2500元/吨 | 卖出7月份500手小麦期货合约，价格为2540元/吨 |
| 7月 | 卖出5000吨小麦，价格为2480元/吨 | 买入平仓500手7月期货合约，价格为2510元/吨 |

此次现货市场亏损（2480 − 2500）×5000=−100000元，期货市场盈利（2540−2510）×500×10=150000元，最终卖出套期保值获利50000元。

卖出套期保值又称为空头套期保值，它是在期货市场卖出期货合约，在现货市场卖出该现货的同时在期货市场上买进与原先卖出相同的期货合约。

卖出套期保值是为了未来在现货市场出售商品时，获得的价格能够维持在合适水平上，利用卖出套期保值来实现未来收益的保值。即使在现货市场价格下跌导致了收益为负，但在期货市场也能弥补亏损，从而消除价格下跌带来的不利影响。

在实际操作中，进行套期保值的买入和卖出都要考虑持仓费、手续费和交割费用等，投资者要注意这一点。

## NO.055
## 善用基差判断是否进行套期保值投资

并不是任何时候都可以进行套期保值投资，那么投资者要如何判断此时是否适合进行套期保值呢？其中可以利用的工具就是基差。

基差是指某一商品在某一场所和时间的现货价格与期货价格的差值，用公式表示为：

$$基差 = 现货价格 - 期货价格$$

基差可以用来确定套期保值的价值，它主要有两种基本形态，分别是现货价格高于期货价格时和期货价格高于现货价格时，其图形形态如图4-5所示。

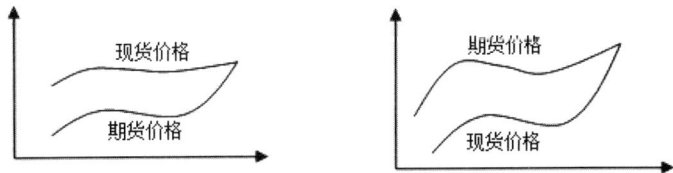

图4-5　基差的两种基本形态

基差值的变化对卖出套期保值和买入套期保值都有影响，其中对卖出套期保值有以下影响。

◆ 期货价格下跌，现货价格不变，基差走强，卖出可以获利。

◆ 期货价格下跌，现货价格上涨，基差极强，在期货和现货市场都可获利。

◆ 期货价格不变，现货价格下跌，基差走强，卖出可以获利。

◆ 期货价格和现货价格都下跌，且期货价格下跌大于现货价格下跌的幅度，卖出可获利。

◆ 期货价格和现货价格都上涨，但现货价格上涨大于期货价格上涨的幅度，卖出可获利。

◆ 现货价格从期货价格以下突然上涨，基差走强，卖出可以获利。

当基差走弱时，买入套期保值也可以获利，具体内容如下所示。

◆ 期货价格上涨，现货价格不变，基差走弱，买入可获利。

◆ 期货价格不变，现货价格下跌，基差走弱，买入可获利。

◆ 期货价格上涨，现货价格下跌，基差极弱，在期货与现货两个市场都能获利。

◆ 期货价格和现货价格都上涨，且期货价格上涨大于现货价格上涨，买入可获利。

◆ 期货价格和现货价格都下跌，但现货价格下跌大于期货价格下跌的幅度，买入可获利。

◆ 现货价格从期货价格之上向下跌破，基差走弱，最终可获利。

**要点提示**

现货价格减去期货价格的价差为整数且数值越来越大，或者基差由原来的负值转为正值，以及基差负值的绝对值变大，则称为基差走强；反之，则称为基差走弱。

**百科链接** *掌握期货套期保值的操作步骤*

在进行套期保值操作时，投资者首先要把握买卖的方向，考虑是选择买入套期保值还是卖出套期保值，投资者可以根据基差的大小来为自己的投资操作提供参考。另外，期货的套期保值也要考虑现货的出售时间，在不清楚现货的出售时间时，可选择与现货卖出相近的月份，或者选择与近期月份相近的期货合约，在此合约到期前进行冲销，同时在将该期货合约转换为下一期期货合约，直到该期货合约与现货出售月份对应。

## NO.056
### 买进与卖出套利方法

期货市场执行的是保证金交易，这就意味着较小的波动也可能带来较大的风险。对散户投资者来说期货套利更易于操作，而期货套期保值更适合大户和机构投资者。

期货套利是利用价差来实现避险和获利，下面来看看如何通过买卖进行期货套利。

**案例**

买入与卖出豆油期货获利

豆油期货的流通量大，商品率高，具有国际性特征，由于大豆供给的变化、豆油消费会有淡季和旺季，加上豆油不易储存等原因使得豆油期货价格的波动较大。

某期货投资者预测，在2016年2月初部分豆油厂还未完全开工,市场购销比较冷清,在2月底以后,市场供应企稳,且学生开学等因素会使豆油的市场回暖,消费需求将攀升。在这种情况下,该投资者认为豆油期货价格将迎来上涨,且4月上涨幅度将会比5月的高,于是该投资者决定进行套利。

在2016年1月18日,该投资者买入两手4月豆油期货,价格为5 545元/吨,同时卖出两手5月份的豆油期货,价格为5 540元/吨,以期未来在某个时点平仓获得利润。

在2016年3月18日,该投资者卖出两手4月豆油期货合约,价格为5 800元/吨,以5 750元/吨买入两手5月份豆油期货合约。此次操作,该投资者的获利结果如表4-4所示。

表4-4  买卖豆油期货的盈亏

| 日期与结果 | 操作方式 |
| --- | --- |
| 1月18日 | 买入两手4月豆油期货合约,价格为5400元/吨,卖出5月豆油期货合约,价格为5600元/吨 |
| 3月18日 | 卖出4月豆油期货合约,价格为5800元/吨,买入两手豆油5月期货合约,价格为5850元/吨 |
| 套利结果 | 获利(5 800-5 400)×2×10=8 000元,亏损(5 850-5 600)×2×10=5 000元,最终盈利8 000-5 000=3 000元 |

上述案例是典型的跨期套利方式,跨期套利又分为牛市套利和熊市套利,牛市套利是指当较近月份的期货合约的上涨幅度大于较远期合约价格时,买入较近月份的合约,同时卖出较远期月份的合约,实现套利获利。

熊市套利与牛市套利执行相反的操作,既卖出近期合约,买入远期合约,这是因为在熊市近期期货合约价格的下跌幅度要大于远期期货合约价格。因此卖出近期合约，买入远期合约套利盈利的可能性较大。

## NO.057
### 用图形分析期货套利的可行性

在实际的投资中，期货套利并不都是可行的。在进行套利前，投资者首先需要认识现货和期货之间存在套利的关系，如图 4-6 所示。

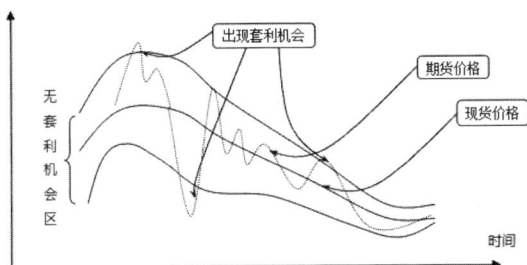

图 4-6　期货套利示意图

从上图可以看出，只有当期货价格与现货价格不同时，且期货价格突破或跌破无套利机会区间时，才是期货套利的时间段，其余的时间可能并不适合套利。建立套利模型是期货套利常用技巧，常见的模型如图 4-7 所示。

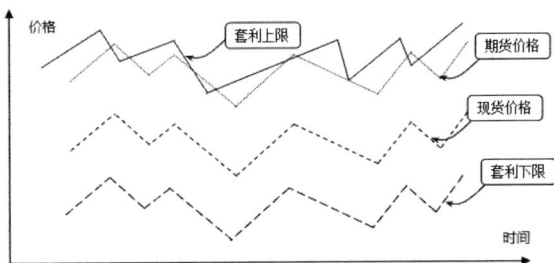

图 4-7　期货套利模型

从上图可以看出，期货价格、现货价格和套利之间的关系，期货价格与套利上限价格相互交错，而现货价格处于套利下限与上限之间。利用模型示意图可以帮助投资者找到最佳的套利空间，在这个空间内套利是可行的。

在实际投资中，要成功完成一次套利并不是很容易的事，投资者必须保持严谨的投资态度。在投资过程中需进行套利方案可行性研究，斟酌套利操作是否可行。

实际上，期货的套利就是利用价差实现获利，也正是由于套利投资是博取合约之间的价差，这决定了期货套利的获利空间较小，其中选择的两个有共性或联动性的期货合约相关性越高，获利空间也会越小，但对应的风险也会较小。

完成一次期货合约的买卖操作后，当套利区间出现时，投资者还要及时平仓，实现套利离场。

**百科链接** *掌握期货跨市套利的操作步骤*

期货的套利方式还有跨市套利，跨市套利是指在一个期货市场买入或者卖出某种期货合约时，在另一个期货市场产进行反向的操作，利用两个市场的价差来实现获利。一般来说，一种期货合约在一个国家内只在一个交易所上市，因此，期货的跨市交易是在国内交易所与国外交易所进行的。需要满足期货交割标的物的品质相同或相近、期货品种在两个期货市场的价格走势具有很强的相关性和进出口政策宽松，以及商品可以在两国自由流通这三个条件。

# 不涉及实物的期权投资

期权又称为选择权，它是一种衍生金融工具，按照权利划分可分为看涨期权和看跌期权。期权是较为复杂的衍生工具，它对投资者的要求较高，不仅要求投资者有较强的经济实力，还要求投资者拥有丰富的金融专业知识。

## NO.058
### 期权是一种衍生金融工具

期权是从期货中衍生出来的金融工具，期权的期是指未来的时间，而权是指权利，单从字面意思上投资者可能较难理解期权是什么，下面通过一个买房的案例来认识什么是期权。

**案例**

## 关于"期权"买房的故事

某投资者近期看中了一套二手住宅房，该住房的单价为 9000 元 /m²，房屋面积为 86m²。如果在此时购入该住房，投资者担心未来房价会下跌，但如果不在此时购入，投资者又担心房价会上涨，该投资者因此陷入了两难。

未来避免房价波动带来的不利影响，该投资者决定支付 10000 元定金给房主，约定在未来 5 个月内自己有权选择是否以 9000 元 /m² 的价格购入该住房。

该投资者交了定金后就相当于拥有了选择权，该定金在期权中被叫作"权利金"。

5 个月后，如果房屋价格上涨到 10000 元 /m²，那么该投资者可以购入该房屋，每平米获利 1000 元；如果 5 个月后房屋价格下跌到 8000 元 /m²，那么该投资者则可以选择不购入该房产，虽然会损失 10000 元定金，但相比当时以 9000 元 /m² 购入该房屋要划算。

从上述案例可以看出，期权并不是简单的现货买卖关系。实际上，它是权利金的买卖方式，买入期权的一方被称为买方，卖出期权的一方被称为卖方。

## NO.059

## 国内的上证 50ETF 期权

在国内，期权的起步较晚，上证 50ETF 期权于 2015 年 2 月 9 日在上海证券交易所上市，这也意味着我国的期权时代到来，已拥有全套主流金融衍生品。

期权与期货一样有着自己的合约，期权合约是由证券交易所统一制定的标准化合约，下面就上证 50ETF 期权来认识期权合约。

**案例**

**国内首只股票期权——上证 50ETF 期权**

上证 50ETF 期权是国内首只场内期权产品，这个全新的投资工具，让许多投资者感到陌生又好奇，上证 50ETF 期权合约中写明了该品种的信息和规则，其内容如表 4-5 所示。

表 4-5　上证 50ETF 期权合约基本条款

| 条款 | 内容 |
|---|---|
| 合约标的 | 上证 50 交易型开放式指数证券投资基金（"50ETF"） |
| 合约类型 | 认购期权和认沽期权 |
| 合约单位 | 10000 份 |
| 合约到期月份 | 当月、下月及随后两个季月 |
| 行权价格 | 5 个（1 个平值合约、2 个虚值合约、2 个实值合约） |
| 行权价格间距 | 3 元或以下为 0.05 元，3 元至 5 元（含）为 0.1 元，5 元全 10 元（含）为 0.25 元，10 元至 20 元（含）为 0.5 元，20 元至 50 元（含）为 1 元，50 元至 100 元（含）为 2.5 元，100 元以上为 5 元 |
| 行权方式 | 到期日行权（欧式） |
| 交割方式 | 实物交割（业务规则另有规定的除外） |
| 到期日 | 到期月份的第 4 个星期三（遇法定节假日顺延） |

| 条款 | 内容 |
|---|---|
| 行权日 | 同合约到期日,行权指令提交时间为9:15 ～ 9:25,9:30 ～ 11:30,13:00 ～ 15:30 |
| 交收日 | 行权日次一交易日 |
| 交易时间 | 9:15 ～ 9:25,9:30 ～ 11:30(9:15 ～ 9:25为开盘集合竞价时间)<br>13:00 ～ 15:00(14:57 ～ 15:00为收盘集合竞价时间) |
| 委托类型 | 普通限价委托、市价剩余转限价委托、市价剩余撤销委托、全额即时限价委托、全额即时市价委托以及业务规则规定的其他委托类型 |
| 买卖类型 | 买入开仓、买入平仓、卖出开仓、卖出平仓、备兑开仓、备兑平仓以及业务规则规定的其他买卖类型 |
| 最小报价单位 | 0.0001 元 |
| 申报单位 | 1 张或其整数倍 |
| 涨跌幅限制 | 认购期权最大涨幅 = max｛合约标的前收盘价 ×0.5%,min[(2× 合约标的前收盘价 − 行权价格),合约标的前收盘价 ]×10%｝<br>认购期权最大跌幅 = 合约标的前收盘价 ×10%<br>认沽期权最大涨幅 = max｛行权价格 ×0.5%,min[(2× 行权价格 − 合约标的前收盘价),合约标的前收盘价 ]×10%｝<br>认沽期权最大跌幅 = 合约标的前收盘价 ×10% |
| 熔断机制 | 连续竞价期间,期权合约盘中交易价格较最近参考价格涨跌幅度达到或者超过 50%,且价格涨跌绝对值达到或者超过 5 个最小报价单位时,期权合约进入 3 分钟的集合竞价交易阶段 |
| 开仓保证金最低标准 | 认购期权义务仓开仓保证金 = [ 合约前结算价 +Max(12%× 合约标的前收盘价 − 认购期权虚值,7%× 合约标的前收盘价)]× 合约单位;认沽期权义务仓开仓保证金 = Min[ 合约前结算价 +Max(12%× 合约标的前收盘价 − 认沽期权虚值,7%× 行权价格),行权价格 ]× 合约单位 |
| 维持保证金最低标准 | 认购期权义务仓维持保证金 = [ 合约结算价 +Max(12%× 合约标的的收盘价 − 认购期权虚值,7%× 合约标的的收盘价)]× 合约单位;认沽期权义务仓维持保证金 = Min[ 合约结算价 +Max(12%× 合标的收盘价 − 认沽期权虚值,7%× 行权价格),行权价格 ]× 合约单位 |

从上证 50ETF 期权合约可以看出，该期权与股票交易有相似之处，比如交易时间、涨跌幅限制，但又比股票交易复杂得多。

## NO.060
# 进行外汇期权投资

投资者目前进行期权交易可以在银行、国外交易系统、期货经纪公司或其他期权经营机构进行，在期货经纪公司进行的一般是商品期权交易。

在银行进行期权投资主要是进行外汇期权的投资，目前在工商银行、建设银行、交通银行及招商银行等都可以进行外汇期权交易，不同银行的外汇期权业务有各自的特点，下面以交通银行"期权宝"为例。

**案例**

### 期权宝——个人外汇期权交易

"期权宝"，又称"个人外汇期权交易"，投资的对象是"外汇期权"，投资者作为权利的买方将获得在未来约定日期或一定时间内，按照约定的汇率向作为权利卖方的银行买进或卖出约定数额外币的权利。

要取得上述权利，投资者需要向银行支付一定费用，即期权的价格，称为期权费。

交通银行"期权宝"业务提供的是欧式看涨期权和欧式看跌期权的买卖。实行"先买后卖"的交易模式，即客户只能先买入期权，再对已购入的期权合约进行平仓。

通过买入看跌期权，投资者可对冲所持有货币的汇率下跌风险；通过买入看涨期权，可锁定需要购入货币的汇率上涨风险。

期权合约到期后，系统将自动执行行权清算，无需进行本金交割，如有盈利将自动记入投资者的期权交易账户。

通过对"期权宝"的了解可以看出，银行的外汇期权的一些特点。首先，银行外汇期权只能买入而不能卖出，其次交易对象是外币，这就要求投资者具备一定的外汇交易经验和背景知识。在银行的网上银行可以 24 小时进行期权交易，这使得期权交易更方便。

不同银行提供的外汇期权交易币种有一定差别，部分银行外汇期权交易币种如表 4-6 所示。

表 4-6　银行外汇期权币种

| 银行 | 交易币种 |
|---|---|
| 交通银行 | 欧元兑美元、美元兑日元、英镑兑美元、澳元兑美元 |
| 中国银行 | 美元、欧元、日元、英镑、澳大利亚元、瑞士法郎、加拿大元、黄金、白银，现钞或现汇均可 |
| 建设银行 | 美元、欧元、日元、澳大利亚元、英镑、加拿大元、瑞士法郎，目前只涉及各币种与美元之间的外汇期权交易 |
| 招商银行 | 欧元兑美元、英镑兑美元、美元兑日元、澳元兑美元 |

**要点提示**

农业银行除提供外汇期权业务外，还提供利率期权交易和信用期权交易。利率期权是一项与利率变化挂钩的期权。买方支付一定金额的期权费后，在到期日或期满前，获得以协定利率借入或贷出一定金额货币的权利；信用期权交易是指买方在规定期限内有权按双方约定的价格从卖方购买一定数量的特定信用体标的物的业务，适用于有特定信用风险的投资者。

基金

债券

股票

期货

外汇

保险

银行理财

信用卡

# 怎么从基本面看期货价格的变化

在期货市场，期货价格的变动受多种因素的影响，比如货币政策、心理预期以及经济状况等，对这些影响因素进行分析就是期货的基本面分析。

## NO.061
### 从供求关系看期货的价格变化

在经济学中，供求关系是决定价格的重要因素，从短期来看市场的供求是影响决定市场价格的直接因素，它使价格围绕市场价值或生产价格上下波动，商品的价格最终反映的是供求双方力量均衡点的价格。

就期货市场而言，供求关系对商品期货有重要的影响，下面来以供求关系图来看看供求如何对期货价格产生影响。

**案例**

**通过供求关系图认识供求对期货价格的影响**

供给与需求之间的关系可以用如图4-8所示的图示来表示。

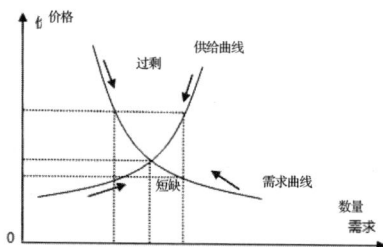

图4-8　供求关系图

从供求关系图可以看出，价格与供给成反比关系，即供给的增加（供给曲线右移），会导致价格的下降；价格与需求成正比关系，即需求的增加（需求曲线右移）会导致价格的上涨。

由此可见，在其他条件不变的情况下，供给和需求的变化都会导致价格的变化。通过对上述供求关系对价格的影响，不难理解供求关系对期货价格产生的影响。

当期货商品的本期产量、期初存量和本期进口量发生改变时（即供给发生改变），期货的价格也会发生偏移，而期货商品的国内消费量、国际市场需求量、出口量发生变化时（即需求发生改变）也会影响期货的价格。

在现实的市场中，供求变化会影响价格，同时价格也会影响供求。因此，在利用供求关系分析期货价格的变动还要考虑到价格的反向作用，当价格上升时，供给增加，需求减少；价格下降时，供给减少，需求增加，供求与价格是互为因果的关系。

另外，期货价格的变化还受其他基本面因素的影响，因此，在具体分析时还需要结合其他因素进行分析。

**百科链接** *从汇率分析期货价格*

期货市场是开放性的市场，期货价格与国际商品价格有密切的联系，而汇率是一国货币兑换另一国货币的比率，汇率的变化会对进出口商品价格产生影响，因此，汇率的变化也会影响相应商品的期货价格。如果国内商品依靠进口，汇率下跌就会导致商品期货价格的上涨；汇率的上升会对近期和远期合约产生影响，近期合约价格会表现坚挺，而远期合约价格会收到打压。如果汇率上升，国内商品价格可能下跌，国内外比价将出现缩减。

**NO.062**

## 从 GDP 数据分析期货价格

GDP（Gross Domestic Product）又称为国内生产总值，它是国民经济核算的核心指标，也是衡量一个国家或地区总体经济状况的重要指标，下面来看看 GDP 如何影响期货价格。

**案例**

GDP 对期货价格的影响

根据国家统计局数据显示，2015 年前三个季度，国内生产总值数据如图 4-9 所示。

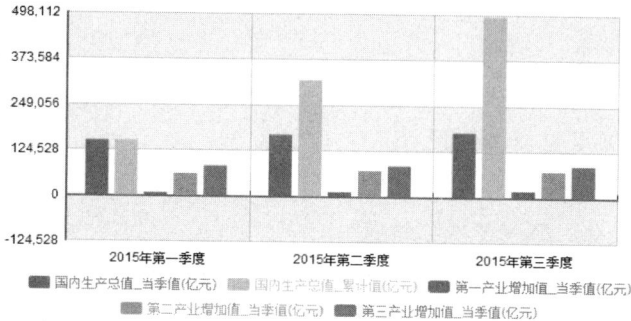

图 4-9  2015 年前三个季度国内生产总值数据

各指标的具体数值如表 4-7 所示。

表4-7  2015 年前三季度国内生产总值数据

| 指标 | 2015 年第三季度 | 2015 年第二季度 | 2015 年第一季度 |
|---|---|---|---|
| 国内生产总值－当季值（亿元） | 175 616.0 | 167 651.2 | 149 987.7 |
| 国内生产总值－累计值（亿元） | 493 254.9 | 317 638.9 | 149 987.7 |
| 第一产业增加值－当季值（亿元 | 18 089.9 | 12 488.5 | 7 771.5 |
| 第二产业增加值－当季值（亿元） | 71 292.3 | 70 773.8 | 60 394.0 |
| 第三产业增加值－当季值（亿元） | 86 233.8 | 84 388.9 | 81 822.2 |

与同期 GDP 增速相比，2014 年第一季度增速为 7.3%，第二季度为 7.4%，第三季度为 7.2%，第四季度为 7.2%，2015 年第一季度为 7.0%，第二季度为 7.0%，第三季度为 6.9%。

2015 年第三季度 GDP 增速首次跌破 7%，可见经济增速有一定回落。再观察第一产业、第二产业和第三产业状况，第二产业和第三产业增速有所改善，第一产业增速持续低迷。

　　3 个季度 GDP 数据结构性的变化，表明经济结构调整
仍在继续，工业生产仍然低迷，这对大宗商品会带来影响。
其中，与第二产业密切相关的螺纹钢、煤炭等商品价格会
出现下跌，如图 4-10 所示为焦煤主力 2015 年 8 月～ 11 月
走势图。

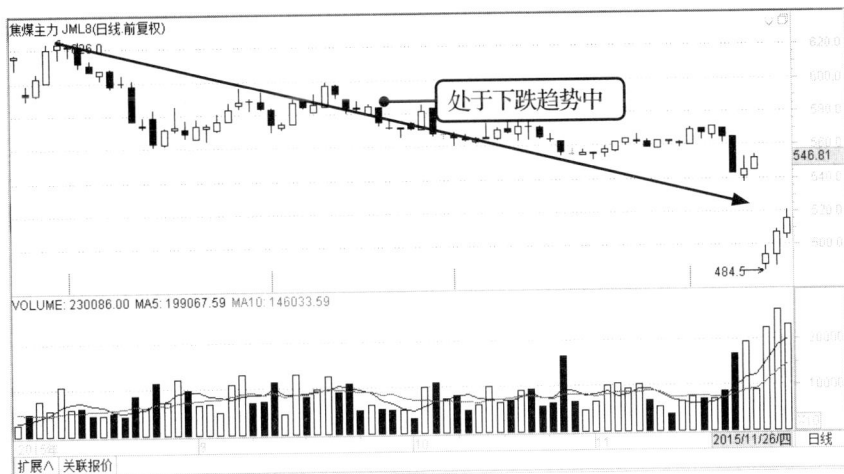

**图 4-10　焦煤主力 2015 年 8 月～ 11 月走势图**

　　从上图可以看出，焦煤主力在 2015 年 8 月～ 10 月继续
走弱，这也表明焦煤的需求疲软。

　　期货价格受国内经济波动的影响，一般来说，GDP 的增长为正，
表示该地区的经济处于扩张上升阶段；增长为负，表示该地区的经济
进入衰退时期。当经济处于衰退和萧条期时，期货价格的上涨速度也
会变缓。

　　GDP 的增速下调对期货来说总体为利空，其中，与之相关产业的
会受到更为直接的不利影响。投资者认真观察和分析经济波动状况，
能够帮助自己更准确地把握期货市场价格走势。

# 提升期货投资技术的必会技巧

在期货投资过程中，掌握一些投资技巧对投资者来说是非常有必要，作为一种高风险的投资工具，把握好投资时机才能保证在投资中获利。

## NO.063
### 10% 止损法则

在期货投资中，投资者难免会因为投资决策失败而导致亏损，如何将亏损降到自己可以承受的范围内也很重要。科学的止损能够帮助投资者规避风险，保住本金。

在期货市场中，投资者如果决策失误最好的做法就是果断离场，否则可能会爆仓出局，下面来看看在期货市场中如何科学止损。

**案例**

## 进三退一止损法

　　某投资者为避免在期货市场中损失过大，在投资前为自己设置了止损点，同时为保证盈利设置止盈点。该投资者设置的止损、止盈点如表4-8所示。

表4-8　设置止损、止盈点

| 价格 | 期货A | 期货B | 期货C |
|------|------|------|------|
| 初始价格 | 20 | 30 | 40 |
| 止损价格 | 18 | 27 | 36 |
| 止盈价格 | 26 | 39 | 52 |

　　该投资者为自己设置了的止盈价格为在初始价格上上浮30%，止损价格为在初始价格上下浮10%。

　　通过以上设置，该投资者能够保证自己在期货投资中止损出局，同时也能保证利益。

　　在设置止损止盈点时，投资者可以根据个人实际风险承受能力来设置，最简单的止损止盈设置方法就是上述投资者使用的方法——定额止损法。

　　这种方法将亏损额设置为一个固定的比例，一旦亏损大于该比例就及时平仓，比如本例中的比例为10%。定额止损法的比例根据两个数据来设置，一是投资者能够承受的最大亏损，二是盈利预期。一旦止损止盈比例设置完成后，投资者可以避免随机的行情波动，导致自己做出错误的投资决策。

百科链接 *如何管理资金并避免追加保证金*

在期货投资中，投资者需要对自己的持仓资金进行管理，避免自己频繁的追加保证金。为了将损失降到最小，每一次投资都要设置止损点，当某次交易出现亏损时，投资者不能过分在意，而应将注意力转移到下次投资中。当此次投资已经获利，且获利较多时，投资者也可相应提高自己的止损点。另外，在投入资金时，投资者也要量力而行，将投资规模控制在可以承受的范围内，尽量使用闲钱进行投资，避免自己承受过大心理压力。

## NO.064
## 通过仓单数量了解库存量

在期货市场，不同合约的成交量是不同的，对新手投资者来说可以选择成交量更大的合约，在持有某一期货合约后，投资者还可以查询买入的仓单数量，了解期货品种的库存量，下面以上海期货交易所交易品种为例来看看不同品种的成交量数据。

**案例**

在上海期货交易所查询期货品种仓单数量

根据上海期货交易所 2016 年 9 月 12 日 ~ 2016 年 9 年 18 日统计的期货品种成交量数据显示，其成交量数据如图 4-11 所示。

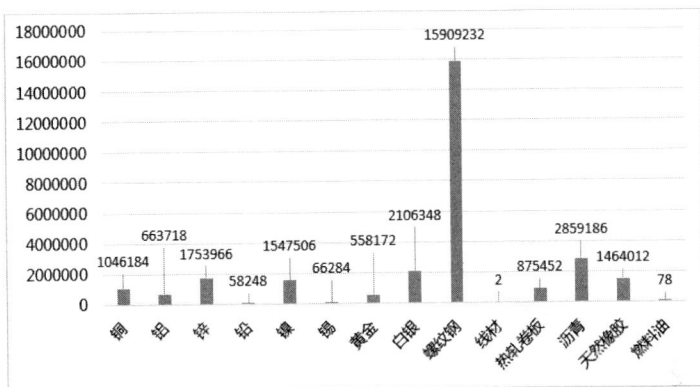

图 4-11　上海期货交易所品种成交量数据

从上图可以看出，螺纹钢的成交量最多，其次是沥青、白银。因此，新手投资者可以选择螺纹钢、沥青及白银等成交量较大的期货品种作为自己的投资标的。

在买入一种期货品种后，投资者可以通过关注仓单数量来了解该期货品种仓单的增减情况，如图 4-12 所示为 2016 年 9 月 14 日，螺纹钢增减数量数据。

| 螺纹钢 | | | 单位：吨 |
| --- | --- | --- | --- |
| 地区 | 仓库 | 期货 | 增减 |
| 上海 | 宝钢物流 | 0 | 0 |
| 广东 | 广物物流 | 0 | 0 |
| 江苏 | 中储无锡 | 0 | 0 |
| | 惠龙港 | 42887 | 14672 |
| | 期晟万林 | 0 | 0 |
| | 金驹物流 | 0 | 0 |
| | 中储南京 | 16766 | 0 |
| | 合计 | 59653 | 14672 |
| 浙江 | 浙江康运 | 0 | 0 |
| | 康运崇贤库 | 1173 | 0 |
| | 康运宁波库 | 0 | 0 |
| | 合计 | 1173 | 0 |
| 天津 | 中储南仓 | 0 | 0 |
| 总计 | | 60826 | 14672 |

图 4-12　螺纹钢增减数量

期货标准仓单是由期货交易所统一制定的，交易所指定交割仓库在完成交货商品验收、确认合格后发给货主的实物提货凭证，其具有期货合约交割、质押抵现的功能。标准仓单是期货库存数据的重要组成部分，如表4-9所示为螺纹钢仓单2016年9月5日～9月9日数量。

表4-9　设置止损、止盈点

| 品种 | 9月5日 | 9月6日 | 9月7日 | 9月8日 | 9月9日 |
|------|--------|--------|--------|--------|--------|
| 螺纹钢 | 2388 | 14154 | 0 | 12 | 1794 |

观察螺纹钢2016年8月18日～9月13日走势图，可以发现在9月6日，螺纹钢库存量较多，对应的仓单数量也较多，如图4-13所示。

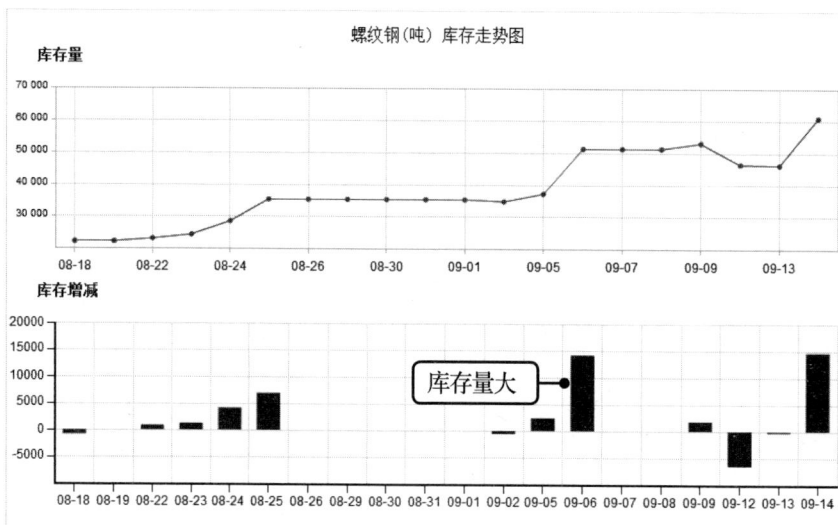

图4-13　螺纹钢库存走势图

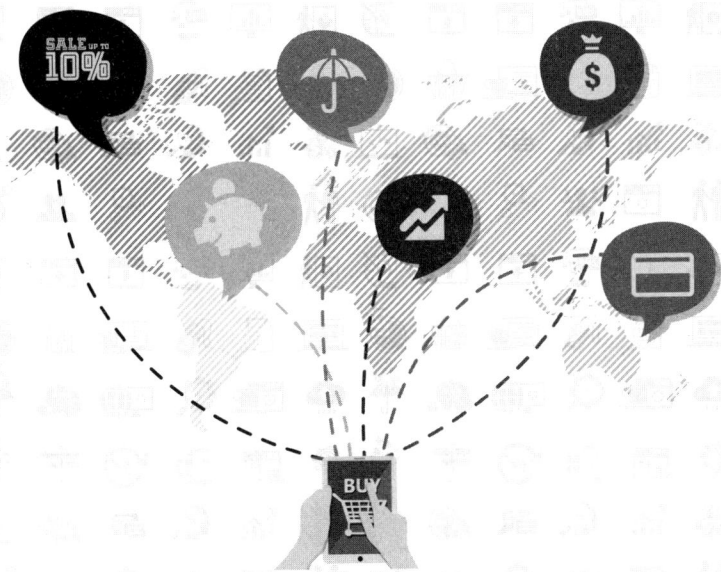

第五章
利用货币来投资
**外汇**

外汇市场是一个 24 小时交易的全球市场，这就允许
投资者在不同的时间段都可以进行外汇投资，合理安
排自己的时间，这也是外汇投资受到许多投资者青睐
的原因。

# 外汇交易的必备知识和技术

投资外汇前，投资者需要对外汇有一定的了解，认识外汇是什么、查询最新外汇牌价以及清楚外汇的交易币种等，下面就一起来简单认识外汇。

## NO.065
### 简单认识外汇投资

我们都知道不同国家或地区使用的货币制度不同，为了使国际清算顺利进行，就必须解决各国货币彼此之间的兑换问题，由此出现了外汇买卖，而外汇的买卖需要场所，外汇市场因此形成。

在外汇市场，主要的货币符号包括人民币 CNY、美元 USD、日元 JPY、欧元 EUR、英镑 GBP、瑞士法郎 CHF 及加拿大元 CAD 等。

外汇投资之所以可以 24 小时都进行交易，那是因为国与国之间存在时差，而该时差使国内投资者即使在入睡前也能完成一笔外汇投资。如表 5-1 所示为外汇交易时间表。

表 5-1　外汇交易时间

| 名称 | 本地时间 | 北京时间 |
|------|----------|----------|
| 惠林顿 | 9：00 ～ 17：00 | 4：00 ～ 12：00 |
| 悉尼 | 9：00 ～ 17：00 | 6：00 ～ 14：00 |
| 东京 | 9：00 ～ 16：00 | 8：00 ～ 15：30 |
| 新加坡 | 9：00 ～ 17：00 | 9：00 ～ 16：00 |
| 中国香港 | 9：00 ～ 17：00 | 9：00 ～ 17：00 |
| 法兰克福 | 9：00 ～ 17：00 | 15：00 ～ 23：00 |
| 伦敦 | 8：30 ～ 17：30 | 15：30 ～ 23：30（夏令时）<br>16：30 ～ 24：30（冬令时） |
| 纽约 | 9：00 ～ 16：00 | 20：00 ～ 3：00（夏令时）<br>21：00 ～ 4：00（冬令时） |

## NO.066
## 查看工商银行最新外汇牌价

银行是投资者进行外汇投资的重要的渠道，在银行查询外汇牌价是必要的，外汇牌价是外汇指定银行外汇兑换挂牌价，反映了各种外币与人民币之间的买卖价格。

外汇牌价实时在发生变动，因此投资者在不同日期查询外汇牌价会发现有所不同，下面来看看如何查询工商银行最新外汇牌价。

**案例**

查询 2016 年 9 月 14 日工商银行外汇牌价

　　进入工商银行官网首页（http://www.icbc.com.cn/），在"个人业务"下拉列表中单击"外汇"超链接，在打开的页面中的"人民币外币牌价"栏中单击"更多"超链接，如图 5-1 所示。

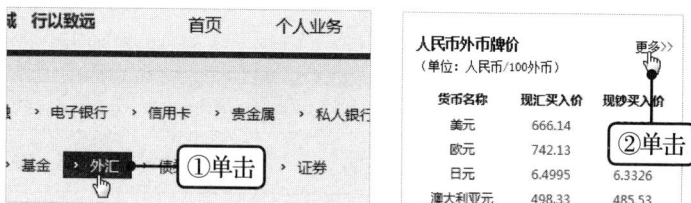

图 5-1　进入工商银行首页

　　在打开的页面中输入查询起始和截止日期，单击"查询"按钮，如图 5-2 所示。

图 5-2　查询外汇牌价

　　如果投资者手中有一定量的外币，想得知在其可兑换为多少金额的人民币，可以使用外汇兑换计算器来计算。如果投资者想要了解不同币种的买卖金额可以使用外汇买卖计算器来计算，如图 5-3 所示为工商银行提供的外汇兑换计算器和买卖计算器。

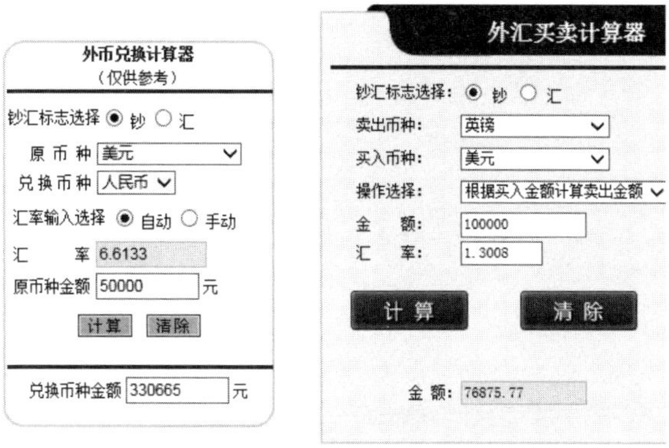

**图 5-3　工商银行外汇兑换和买卖计算器**

　　如果投资者要进行结售汇，可以直接进入各大银行的个人网上银行或在银行柜台进行。其中，结汇指个人将外汇卖给银行，而售汇指银行向个人出售外汇。

　　结汇时，银行根据当前人民币外汇牌价中相应币种汇率（现钞或现汇买入价）付给客户等值人民币；售汇时，银行根据当前人民币外汇牌价中相应币种汇率（卖出价）向客户收取等值的人民币。

---

**百科链接** *选择买现钞还是现汇*

在查看银行外汇牌价时我们可以看到两个价格，一个现汇价格，另一个是现钞价格，那么投资者到底是持有现钞更好还是现汇呢？实际上现汇和现钞就好比我们手中的存款和现金，如果是为了出国便于使用，那么持有现钞更好，而如果是进行国际结算，那么现汇更方便，因为可以进行电子结算，因此，投资选择买现钞还是现汇要根据个人的实际需要来定。

基金

债券

股票

期货

外汇

保险

银行理财

信用卡

# 不同交易类型的外汇怎么投资

进行外汇投资，并不是简单的进行币种的买卖，投资者可以投资的外汇类型有多种，包括外汇实盘、外汇保证金、外汇期货和外汇期权。这几种投资方式有不同的特点，下面分别来看看如何进行这几种外汇类型的投资。

## NO.067

### 外汇实盘的报价、指令、交易清算及流程

外汇实盘是最为直接的外汇投资方式，投资者只需进行简单的买卖便可完成投资。外汇实盘交易可在商业银行进行，目前大多数银行都提供了柜台交易、自助终端交易、电话交易、网上交易和手机交易多种交易方式，供投资者灵活选择。下面就以工商银行外汇实盘为例来认识外汇实盘。

案例

## 工商银行外汇实盘交易

　　工商银行提供的外汇实盘交易币种主要有美元、欧元、英镑与日元等。在进行外汇实盘交易时，投资者要注意看清外汇是实盘的标价，外汇实盘的标价一般有买入价、卖出价、最新价与最高价等，如图5-4所示为工商银行2016年9月18日16:27时的外汇实盘标价。

| 币种对 | 走势 | 涨跌 | 银行买入价 | 银行卖出价 | 中间价 | 最高价 | 最低价 | 关注 |
|---|---|---|---|---|---|---|---|---|
| 美元/日元 | | — | 102.14 | 102.44 | 102.29 | 102.47 | 102.28 | ☆ |
| 美元/加拿大元 | | — | 1.32 | 1.323 | 1.3215 | 1.3228 | 1.3201 | ☆ |
| 瑞士法郎/港币 | | — | 7.905 | 7.917 | 7.911 | 7.9245 | 7.9017 | ☆ |
| 瑞士法郎/新加坡元 | | — | 1.3933 | 1.3963 | 1.3948 | 1.3972 | 1.3945 | ☆ |

图 5-4　工商银行外汇实盘报价

　　另外，在银行进行外汇实盘交易是有时间限制的，在工商银行个人网上银行进行外汇实盘买卖交易时间为周一的 7:00 ～周六的 4:00。

　　同时，外汇实盘对投资者有交易门槛的限制，交易起点一般不低于等值 50 美元。外汇实盘交易的方式有多种，工商银行提供的有实时交易、获利挂单、止损挂单、双向挂单、追加挂单、循环挂单、一对多挂单及触发挂单等。

通过对工商银行外汇实盘的了解，可以看出外汇实盘交易方便且交易方式灵活，可以满足不同投资者的投资要求。

　　国内的商业银行具有完善的资金保障和监管体系，值得投资者信任，对大多数投资者来说进行外汇实盘投资是不错的选择。

**要点提示**

外汇实盘又分为直接盘和交叉盘，直接盘是指以美元兑换其他币种，比如美元／日元、欧元／美元等。交叉盘是指除美元外的两种可自由兑换的外币进行兑换，比如英镑／日元、瑞士法郎／加拿大元及欧元／英镑等。

## NO.068
### 外汇保证金的杠杆选择

除了外汇实盘交易外的另一种交易方式是外汇保证金交易，它利用杠杆将投资者的资金放大，以实现以小博大。在外汇保证金交易方式中，不管外汇是涨还是跌，投资者都可以获利。

由于外汇保证金是杠杆交易方式，因此，投资者一定要合理选择自己的杠杆比例。

**案例**

**杠杆交易如何进行**

某外汇投资者在某外汇经纪商开通了外汇账户，该投资机构提供的账户类型有 5 种，不同的账户类型对应的杠杆不同，包括 1：400、1：200、1：100、1：50 和 1：10，各杠杆对应的保证金金额如表 5-2 所示。

表 5-2　外汇杠杆保证金金额

| 杠杆 | 保证金金额 |
| --- | --- |
| 400 倍 | 需要支付的保证金是总投资金额的 0.25% |

续表

| 杠杆 | 保证金金额 |
|------|-----------|
| 200 倍 | 需要支付的保证金是投资金额的 0.5% |
| 100 倍 | 需要支付的保证金是投资金额的 1% |
| 50 倍 | 需要支付的保证金是投资金额的 2% |
| 10 倍 | 需要支付的保证金是投资金额的 10% |

该投资者选择了 1：400 的杠杆，因此在交了 1 万元的保证金后，该投资者可以用 400 万元进行外汇保证金投资。

从外汇保证金投资的杠杆方式可以看出，杠杆有高有低，对初入外汇市场的投资者来说，可选择较低的杠杆，比如 1：10 和 1：50，而对于有一定投资经验的投资者来说，可以选择 1：100，而 1：200、1：400 甚至有的经纪商还推出了 1：500、1：800 的杠杆，此类高杠杆适合超高资金净值的投资者。

杠杆越大，在一定程度上降低了投资者的投资成本，但同时投资者面临的风险也会越大。对大部分投资者来说，外汇投资本身就是风险较大的投资工具，因此不用一味追求高杠杆让自己承担高风险。

**要点提示**

在国内，外汇保证金交易还没有完善的规范体系。因此，投资者进行外汇保证金投资选择经纪商开户时，要选择信誉好、保证资金安全的经纪商，且受到该国监管的经纪商，比如英国、美国等。国内的外汇保证金交易还处于发展阶段，但随着相关政策的出台，相信在未来外汇保证金交易在国内也能开放。

基金

债券

股票

期货

外汇

保险

银行理财

信用卡

## NO.069
# 外汇期货怎么投资

外汇期货又称为货币期货，它的本质是期货，是一种在最终交易日按照当时的汇率将一种货币兑换成另外一种货币的期货合约。外汇期货的主要交易场所有英国的伦敦国际金融期货交易所 (LIFFE)、新加坡国际货币交易所 (SIMEX)、日本的东京国际金融期货交易所 (TIFFE) 以及法国国际期货交易所 (MATIF) 等。

在国际货币市场，主要的期货合约有澳元、英镑、加拿大元、欧元、日元和瑞士法郎。一般来说，两种货币中有一种货币为美元，那么期货价格会以 × × 美元每另一货币的方式来表示。

外汇期货合约的最小变动单位分别为英镑 0.0005 美元、加元 0.0001 美元、日元 0.0000001 美元、墨西哥比索 0.00001 美元、瑞士法郎 0.0001 美元。

外汇期货交易有严格的交易制度，包括竞价制度、保证金制度和每日清算制度。外汇期货不仅有外汇的特点，还有期货的特点，因此，期货的套期保值和套利操作同样适用于外汇期货投资。

外汇期货的投资对国内投资者来说最有利，因为在外汇期货投资的黄金时间正是北京时间的 20:00 ~ 24:00，汇率变动最大，因此，国内投资者有足够的时间进行外汇期货投资。

在国内进行外汇期货投资，投资者需要在一家有资质的期货经纪公司开户，有条件的投资者也可以选择在境外直接开户，开户成功后即可在网上进行外汇期货的在线交易。

## NO.070

# 外汇期权是怎么投资的

前面我们已经了解了交通银行的期权宝；对外汇期权有了一定的了解。外汇期权若按行使方式来分，在国际上通常有三种。

◆ **欧式期权**：是指期权买入方必须在期权到期日当天才能行使选择权的期权。

◆ **美式期权**：是指期权买入方可以在成交后有效期内任何一天行使选择权的期权。

◆ **百慕大期权**：是指可以在期权到期日前所规定的某些日期行使选择权的期权。

从上述内容可以看出，不同的外汇期权行使的方式不同，在期权到期后投资者可以行使选择权的日期也不同。因此在进行外汇期权投资时，投资者要了解银行提供的行使方式是什么。

外汇期权投资即可看涨也可以看跌，下面以一个案例为例看看具体的操作方式。

**案例**

在工商银行买入看涨外汇期权

某投资者拥有 10 万美元，在两个月后该投资者需要将这 10 万美元兑换成日元用于支付进口货款，为规避日元升值风险，锁定成本，该投资者愿意在工商银行支付一定的费用锁定汇率。

该投资者在工商银行购买一个美元兑日元、期限为两个月、本金为 10 万美元的欧式期权。约定的汇率为 1 美元兑换 102.04 日元，由此该投资者拥有了在将来期权到期时，以 1 美元兑换 102.04 日元的权利。

在期权到期时，市场即期汇率为 1 美元兑换 104 日元，该投资者选择不执行期权，因为按市场上即期汇率兑换日元更为有利。

相反，如果在期权到期时，即期汇率为 1 美元兑换 98 日元，该投资则可选择行使期权，要求工商银行以 1 美元兑换 102.04 日元。

看跌期权指期权的买方向期权的卖方支付一定数额的费用后，即拥有在期权合约的有效期内，按事先约定的价格向期权卖方卖出一定数量特定资产的权利，但不承担必须卖出的义务。而期权卖方有义务在期权规定的有效期内，按照期权买方的要求，以期权合约事先规定的价格买入特定资产。

因此，在投资中看跌期权执行与看涨期权相反的操作，除了看涨看跌期权外，还有平价期权、折价期权和溢价期权，其具体含义如下所示。

- ◆ **平价期权**：指执行价格与个人外汇买卖实时价格相同的期权。
- ◆ **折价期权**：指执行价格高于个人外汇买卖实时价格的看涨期权，或执行价格低于个人外汇买卖实时价格的看跌期权。
- ◆ **溢价期权**：指执行价格低于个人外汇买卖实时价格的看涨期权，或执行价格高于个人外汇买卖实时价格的看跌期权。

**要点提示**

外汇期权的执行价格即个人外汇期权到期时，投资者选择执行外汇期权时的外汇买卖交易价格。

基金

债券

股票

期货

外汇

保险

银行理财

信用卡

# 各大银行的外汇投资业务怎么投

在国内，外汇保证金交易和外汇期货交易还没有规范体系的情况下，选择在银行进行外汇投资是比较方便且安全的选择。银行提供的外汇投资服务很丰富，下面就来看看不同银行外汇投资业务的特点。

## NO.071

### 中国银行外汇业务——外汇宝

外汇宝是中国银行个人实盘外汇买卖业务的简称，指在中国银行开立本外币活期一本通存折且持有外币现钞（汇）的投资者，可以按照中国银行报出的买入 / 卖出价格，将某种外币（汇）的存款换成另一种外币（汇）的存款。下面来看看如何办理中国银行外汇宝。

中国银行外汇宝支持即时买卖和挂单委托两种方式，凡持有个人有效身份证件、拥有完全民事行为能力的境内外个人，并持有中国银行外汇宝支持交易的货币，均可进行个人实盘外汇交易。

中国银行支持柜台、电话、自助终端和网上银行等多种交易渠道，投资者可根据个人需要选择。在中国银行办理外汇宝的时间为星期一的 7:00 至星期六的 5:00（除周六、日、休市和其他非交易日外）。

除外汇宝业务外，中国银行还推行双向宝业务，即个人保证金外汇买卖业务，下面来看看该业务的特点。

**案例**

**中国银行双向宝**

双向宝是中国银行推出的个人外汇保证金交易，支持的交易币种有美元、欧元、英镑、日元、瑞士法郎、澳大利亚元、加拿大元、新加坡元和港币 9 种外币，提供多种委托挂单交易方式，包括获利委托、止损委托，以及"二选一"委托、追加委托和连环委托方式等。

在进行个人"双向外汇宝"交易前，需到中国银行柜台开立个人"双向外汇宝"交易专户。

由于该业务正在推广中，有投资需求的投资者想要进一步了解中国银行的个人保证金外汇买卖业务，可以咨询当地中国银行网点或中国银行客户服务热线。

对于希望参与外汇投资，但没有过多精力关注汇市走向的投资者来说，要在中国银行进行外汇投资，可以选择省心的理财方式——中银汇市通理财计划，让银行代其理财。

## NO.072

## 工商银行外汇业务——汇市通

工商银行的个人外汇买卖业务被称为汇市通，通过工商银行汇市通投资者可以实现以下目的。

◆ **外汇币种转换**：将手中持有的外币直接换成另一种所需的外币。

◆ **赚取汇率收益**：根据外汇市场上的每日汇率变动进行买卖操作，从而赚取汇差收益。

◆ **资产保值增值**：将一种利率较低的外汇转换成另外一种利率较高的外汇，从而获得利差收益。

对于想要在工商银行网上银行进行汇市通交易的投资者来说，首先要指定外汇交易专户，才能在网上银行中进行外汇买卖交易，可指定为外汇买卖交易的账户必须是多币种的活期账户，包括理财金账户卡、工银灵通卡的多币种基本账户，以及卡内下挂的多币种活期账户。其中，信用卡、贷记卡、国际卡等账户，不能指定为交易专户。

在工商银行网上银行进行外汇买卖时，投资者要注意牌价的显示方式，工商银行提供的牌价显示方式有基本盘、交叉盘、所有盘和自定义盘，如图5-5所示。

图5-5 工商银行外汇牌价显示方式

## NO.073
### 招商银行外汇业务——外汇通

招商银行的外汇买卖业务被称为外汇通，服务对象为所有在招商银行申请了"一卡通"或财富账户，并存有外币存款的个人客户。外汇通业务提供了 37 种交易汇率，具体内容如表 5-3 所示。

表 5-3　外汇通提供的交易汇率

| 汇率类型 | 种类 |
|---|---|
| 基准汇率 9 种 | 美元 / 港币（USD/HKD）、美元 / 日元（USD/JPY）、欧元 / 美元（EUR/USD）、英镑 / 美元（GBP/USD）、澳元 / 美元（AUD/USD）、美元 / 瑞郎（USD/CHF）、美元 / 新加坡元（USD/SGD）、美元 / 加元（USD/CAD）、纽元 / 美元（NZD/USD） |
| 交叉汇率 28 种 | 日元 / 港币（JPY/HKD）、欧元 / 港币（EUR/HKD）、英镑 / 港币（GBP/HKD）、澳元 / 港币（AUD/HKD）、加元 / 港币（CAD/HKD）、瑞朗 / 港币（CHF/HKD）、欧元 / 日元（EUR/JPY）、英镑 / 日元（GBP/JPY）、澳元 / 日元（AUD/JPY）、加元 / 日元（CAD/JPY）、瑞朗 / 日元（CHF/JPY）、英镑 / 欧元（GBP/EUR）、欧元 / 澳元（EUR/AUD）、欧元 / 加元（EUR/CAD）、欧元 / 瑞朗（EUR/CHF）、英镑 / 澳元（GBP/AUD）、英镑 / 加元（GBP/CAD）、英镑 / 瑞朗（GBP/CHF）、澳元 / 加元（AUD/CAD）、澳元 / 瑞朗（AUD/CHF）、瑞朗 / 加元）CHF/CAD）、新加坡元 / 港币（SGD/HDK）、新加坡元 / 日元（SGD/JPY）、澳元 / 新加坡元（AUD/SGD）、英镑 / 新元（GBP/SGD）、加元 / 新加坡元（CAD/SGD）、瑞郎 / 新元（CHF/SGD）、欧元 / 新加坡元（EUR/SGD） |

在招商银行进行外汇买卖，交易委托的起点金额为日元 1000 元，港币 78 元，美元等其他币种均为 10 元，单笔卖出委托金额上限为日元 4000 万元，港币 400 万元，美元等其他币种均为 50 万元。

交易时间为星期一的 8:00 ~ 星期六的 5:00，委托指令方式为即时委托、挂盘委托、止损委托、二选一委托、追加委托和撤单委托六种。

# 不同的基本面怎么分析外汇价格

在外汇投资中，对基本面的分析同样很重要，不同的基本面因素对外汇的影响会有所不同。学会分析外汇的基本面有助于投资者预判后市走向，从而做出正确的投资决策。

## NO.074
### 看懂 GDP 与外汇的变化关系

GDP 作为重要的经济指标，对外汇市场有重要的影响，它被看做衡量经济走向的晴雨表，反映着一国经济增长的快慢，下面以我国为例看看 GDP 与外汇的关系。

案例

## 我国 GDP 增长，人民币升值、美元贬值

根据国家统计局公布的数据显示，2005 年～ 2014 年我国 GDP 走势如图 5-6 所示。

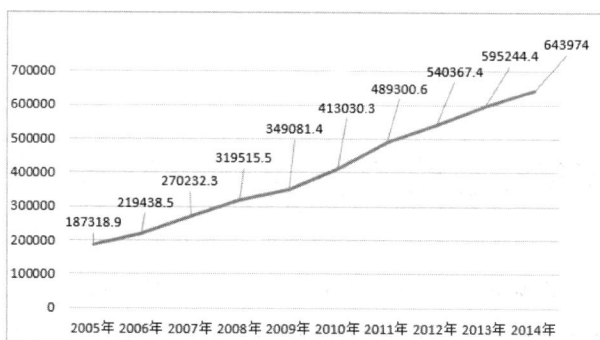

**图 5-6　2005 年～ 2014 年 GDP（亿元）走势图**

从上图可以看出，2005 年～ 2014 年我国 GDP 整体走势为上涨。下面再看看美元兑人民币 2005 年～ 2014 年汇率走势，如图 5-7 所示。

**图 5-7　美元兑人民币 2005 年～ 2014 年汇率走势**

从上图可以看出，美元兑人民币的整体走势为下跌，

可见美元在逐渐贬值而人民币在逐渐升值。

从上述案例可以看出，GDP 与外汇之间的关系是一国 GDP 增速较快，一定程度上可以表明该国经济发展速度快。一般来说，经济的发展对该国货币来说是利好，会增强该国货币的吸引力，拉动该国货币的升值，从而使该国货币汇率上升。

在本例中可以看到，在 2009 年下半年到 2010 年上半年美元兑换人民币走势平稳，人民币进入了小幅升值通道，这与当时经历了金融危机后，国际金融市场流动性趋缓等因素的影响有关。这也告诉我们在分析 GDP 对外汇的影响时还要考虑其他因素，综合进行分析。

经济的增长对汇率的影响并不是单一的，从另一方面说，经济增长会使本国需求提高，如果本国进口需求量大，会导致国际贸易收支逆差，这样反而会使本国货币汇率下跌。如果本国是出口导向型国家，国际贸易收支为顺差，那么会促进本国汇率的上升。

## NO.075
### 黄金储备对外汇的影响

黄金作为硬通货，各国长期以来都将黄金储备作为平衡国际收支，维持和影响汇率水平的重要工具。黄金储备是国际储备的主要形式之一，它在稳定国民经济、抑制通货膨胀以及提高国际资信等方面有着特殊作用。

当一个国家黄金储备发生较大的变动时，外汇投资者就需要引起注意，因为这一变动对本国货币有重要影响。

**案例**

**我国黄金储备的两次变动**

2008 年 1 月～2015 年 8 月我国黄金储备走势图，如表 5-8 所示。

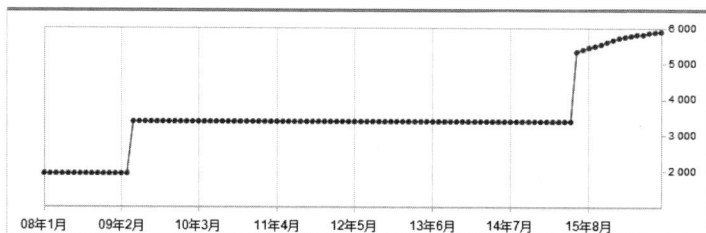

**图 5-8　2008 年 1 月～2015 年 8 月我国黄金储备走势图**

从上图可以看出，我国黄金储备基本上维持在平稳状态，在 2009 年 4 月和 2015 年 6 月分别出现了较大的变动，2009 年 3 月的黄金储备量为 1929（万盎司），而 2009 年 4 月的黄金储备量为 3389（万盎司）。

2016 年 5 月的黄金储备量为 3389（万盎司），而 2016 年 6 月的黄金储备量为 5332（万盎司）。

由此可见，我国的黄金储备量在 2009 年 4 月和 2016 年 5 月出现了较大的增长。

美元与黄金的关系密不可分，在布雷顿森林体系下，美元与黄金直接挂钩，这对美元取代英镑成为主要储备货币发挥了重要作用。在布雷顿森林体系解体后，美国仍然拥有世界最大的黄金储备，由此可见黄金储备对一个国家的重要性。

从上述案例中可以看出，我国黄金储备在逐渐增长，而黄金储备的逐步增加可以增强市场对持有人民币的信心，进一步提升人民币储备货币的地位，这对稳定人民币汇率具有重要作用，从上期来看会进一步推动人民币汇率企稳。

**百科链接** *国际局势怎么影响外汇价格*

国际局势的变动也会影响汇率，国际、国内局势稳定时，汇率也会相对稳定。相反，国际、国内局势出现动荡，汇率会出现下跌。比如，在第二次世界大战以后，由于受到战争的影响，英国的经济与金融出现衰落，这使英镑不断贬值，汇率下跌。因此，投资者在进行外汇投资时还要关注国际局势，包括国际关系、动乱以及局部冲突等。

## NO.076
## 怎么运用不同的利率进行套利

在各基本面因素中，利率的变动对汇率的影响比较大，由于各国存款利率不同，因此，汇率的变化也会不同，利用这种变化，投资者可以实现套利。

**案例**

**不同利率套利**

假设 A 国货币与 B 国货币之间的兑换比率为 1A=2B，A 国货币的存贷利率都为 2%，而 B 国货币的存贷利率为 5%。在不考虑其他变动因素的情况下，进行以下操作可以实现套利。

1. 在 A 国贷款 10000 A 货币。

2. 将在 A 国贷款得到 10000 A 货币兑换为 B 国货币，可以得到 20000 B 货币。

3. 在 B 国将 20000 B 货币存为一年定期存款，到期后获得本息 21000 B 货币。

4. 将 21000 B 国货币兑换为 A 国货币，可以得到 10500 A 货币。

5. 在 A 国支付贷款本息 10200 A 货币，最终赚取收益 10500-10200=300A 货币。

从上述案例可以看出，利用两国之间不同的存贷利率，可以实现套利。但这种套利只是假设，在实际金融活动中，各国的汇率在不断发生变化，而利率也会在一定时期发生改变，这就使得上述的假设案例在现实中不会成立。在市场中，汇率与利率之间是相互影响、相互制约的关系，那么利率对汇率来说有哪些影响呢？下面来看一个案例。

**案例**

**利率对汇率的影响**

2015 年中国人民银行下调了 5 次存款基准利率，如表 5-4 所示。

表 5-4　2015 年存款利率的 5 次调整

| 日期 | 活期存款 | 定期存款 | | | | | |
|------|---------|---------|------|------|------|------|------|
| | | 三个月 | 半年 | 一年 | 二年 | 三年 | 五年 |
| 2015.03.01 | 0.35 | 2.10 | 2.30 | 2.50 | 3.10 | 3.75 | —— |

续表

| 日期 | 活期存款 | 定期存款 | | | | | |
|---|---|---|---|---|---|---|---|
| | | 三个月 | 半年 | 一年 | 二年 | 三年 | 五年 |
| 2015.05.11 | 0.35 | 1.85 | 2.05 | 2.25 | 2.85 | 3.50 | —— |
| 2015.06.28 | 0.35 | 1.60 | 1.80 | 2.00 | 2.60 | 3.25 | —— |
| 2015.08.26 | 0.35 | 1.35 | 1.55 | 1.75 | 2.35 | 3.00 | —— |
| 2015.10.24 | 0.35 | 1.10 | 1.30 | 1.50 | 2.10 | 2.75 | —— |

下面再来看看2015年人民币汇率走势情况，如图5-9所示。

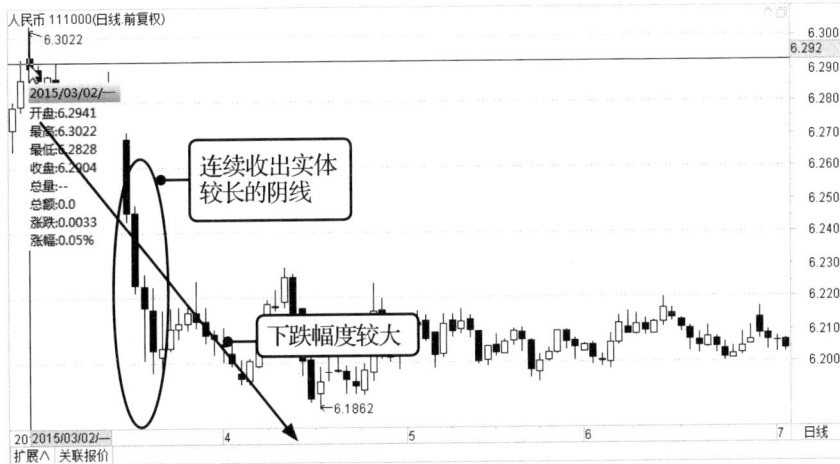

图5-9　2015年人民币汇率走势图

从上图可以看出，在央行第一次下调存款基准利率的第二日，人民币汇率收出了上下影线都较长的阴线，随后在2015年3月16日～3月20日，连续收出了实体较长的阴线，人民币汇率出现较大幅度的跌幅。随着央行下调利率的影响变小，人民币汇率在经历较大跌幅后，缓慢走低，在小幅范围内出现波动。

从上述案例可以看出，国家利率的下调会加剧本国货币的贬值压力，相应的本币汇率也会出现下跌。利率的变动常常与政府政策有关，比如我国央行 2015 年的 5 次降准降息。因此，投资者在分析利率对汇率的影响时，要关注相关政策动态，及时了解最新的政策动态。

## NO.077
### 政府政策干预对外汇价格有哪些影响

政府的货币政策、财政政策等会对外汇价格变动产生影响，前面我们已经知道了利率政策的变动对本币汇率的影响，下面就来看看哪些政策会对外汇价格产生的影响。

◆ **汇率制度**：不同的国家都会对本国的汇率制度做出安排，汇率制度可分为两大类型，包括固定汇率制和浮动汇率制。在固定汇率制下，汇率有可能保持不变，也可能在小范围内出现波动；在浮动汇率制下，汇率由市场确定。目前，有的国家汇率制度在浮动汇率和固定汇率之间。

◆ **外贸政策**：国家在进行对外贸易时，如果本国货币在外汇市场中的价格较低，那么对出口来说将会有利，有时为了防止贸易顺差过大，被他国抓住"把柄"，国家会进行外汇市场的干预，从而使外汇价格有所调整。

◆ **抑制通货膨胀**：在浮动汇率制度小，如果某国货币汇价长期低于均衡水平，那么就会刺激出口，导致贸易顺差，从而使本国物价上涨，对通货膨胀产生上涨压力。为抑制过高的通货膨胀，货币当局有时会通过干预外汇市场来进行调控，从而使外汇价格发生变动。

一个国家的货币当局在外汇市场买进或卖出外汇，同时在国内债券市场卖出或买进债券，从而使汇率变化而利率不变化，这种做法便是干预外汇价格常用的手段。

**案例**

### 通过外汇买卖对汇率进行干预

假设在外汇市场中，美元兑人民币汇率持续走高，为了抑制人民币的过快升值，央行采取买入美元抛出人民币的手段，构成了对美元的需求，使市场上人民币流量增加，导致人民币的货币供应量上升，这使人民币利率呈现出下降趋势。

为了抵消外汇买卖对人民币利率的影响，央行在国内债券市场销售债券，使国内市场的人民币流量降低，进一步使利率呈现下降趋势，以此抵消外汇买卖对利率上升的影响。

除了利用外汇买卖的方法对外汇价格进行干预外，政府还会通过发表声明等方式来释放即将干预外汇市场的"信号"，这些信号释放后，外汇市场会首先做出反应，比如央行释放人民币贬值的信号，那么为了应对人民币贬值风险，市场上的投资者会纷纷持有美元、欧元等货币以应对该风险。

基金

债券

股票

期货

外汇

保险

银行理财

信用卡

# 与外汇有关的金融业务的投资技巧

外汇不仅仅是投资者可用于投资的工具，在实际生活中，出国留学、旅游等都需要将本国货币兑换成外国货币以方便使用，下面就来看看如何办理与外汇有关的金融业务。

## NO.078
### 如何通过网上银行存入外币定期存款

大多数投资者在银行存入定期存款，存入的货币都是人民币，随着国际间联系的日益密切，人们手中持有的外币也在增长，因此，外币存款也被越来越多的投资者认识。

外币存款是指以可兑换外国货币表示的银行各种存款，包括外币活期储蓄存款和外币整存整取定期储蓄存款。下面以建设银行为例看看如何在银行存入外币定期存款。

**案例**

**在建设银行存入外币定期存款**

建设银行外币储蓄存款支持的币种有美元、欧元、港币、日元、英镑、加拿大元、瑞士法郎以及澳大利亚元等，外币整存整取定期储蓄存款期限有1个月、3个月、6个月、1年和2年，利用建设银行个人网上银行，投资者即可快速办理外币储蓄存款业务。

登录建设银行个人网上银行，在打开的页面中单击"转账汇款/定活互转/活期转定期"超链接，如图5-10所示。

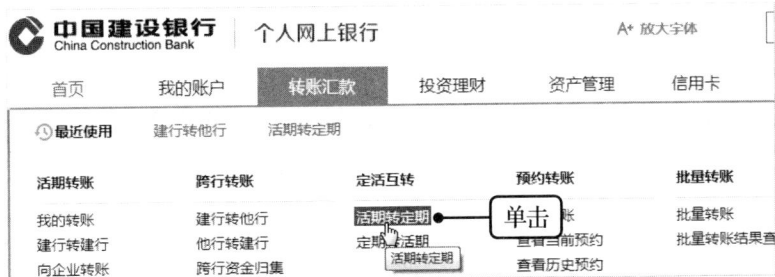

图 5-10　登录建设银行个人网上银行

进入"活期转定期"页面，在"一年外币整存整取"栏中单击其后的"存入"超链接，如图5-11所示。

图 5-11　选择存款类型

进入填写信息页面，选择是否卡内转账，输入转账金额，单击"下一步"按钮，如图 5-12 所示。

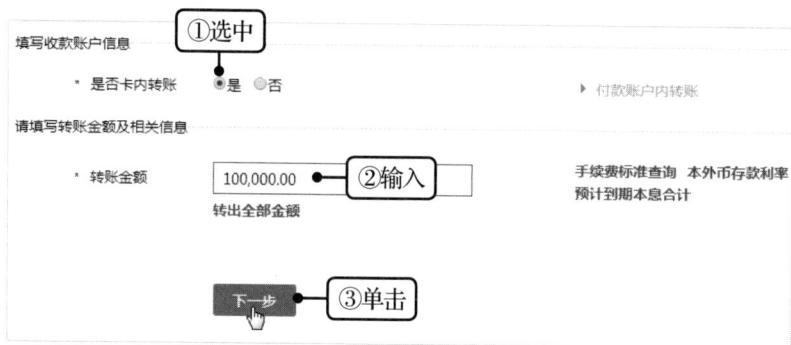

图 5-12　填写转账信息

完成以上步骤后，再确定转账信息，完成支付即可完成一笔外币定期存款的存入。

投资者如果银行卡中没有外币，那么需要先将人民币通过购汇的方式按银行的即期汇率兑换成等值外币后，才能在网上银行存入外币存款。另外，不同银行的外币存款利率是不同的，投资者要学会"货比三家"，如图 5-13 所示为中信银行 2016 年 8 月 5 日起生效的外币存款利率表。

单位：年利率（％）

| 货币 | 活期 | 七天通知 | 一个月 | 三个月 | 六个月 | 一年 | 二年 |
|---|---|---|---|---|---|---|---|
| GBP（汇/钞） | 0.0500 | 0.0500 | 0.1000 | 0.1000 | 0.1000 | 0.1000 | 0.1000 |
| JPY（汇/钞） | 0.0001 | 0.0005 | 0.0100 | 0.0100 | 0.0100 | 0.0100 | 0.0100 |
| *EUR（汇/钞） | 0.0001 | 0.0005 | 0.0100 | 0.0100 | 0.0100 | 0.0100 | 0.0100 |
| USD（汇/钞） | 0.0500 | 0.0500 | 0.2000 | 0.3000 | 0.5000 | 0.8000 | 0.8000 |
| CAD（汇） | 0.0100 | 0.0500 | 0.0500 | 0.0500 | 0.3000 | 0.4000 | 0.4000 |
| HKD（汇/钞） | 0.0100 | 0.0100 | 0.1000 | 0.2500 | 0.5000 | 0.7000 | 0.7500 |
| AUD（汇） | 0.2500 | 0.3000 | 1.2500 | 1.3875 | 1.5075 | 1.5750 | 1.5750 |

图 5-13　中信银行外币存款利率表

## NO.079
# 个人结售汇的购买技巧

办理个人结售汇可以选择个人网上银行、手机银行以及银行网点等方式办理，但有时会发现办理起来并没有想象中的顺利。

### 案例

**无法办理的个人结售汇**

张先生一家最近准备出国旅游，目的地是美国，于是他来到就近的工商银行网点，准备办理个人购汇业务，将人民币兑换为美元，可是该网点的工作人员却告诉他，该网点目前不支持兑换外币，张先生需要到指定的外币兑换网点进行兑换。

于是张先生去到了另一家银行网点进行办理，虽然该网点可以办理购汇，但是张先生还是没有成功办理。银行工作人员告知张先生，由于张先生当年已累计购汇了5万美元，超过了购汇金额，若还需办理，需提供相关证明材料。

上述案例告知投资者，个人购汇是有条件限制的，投资者在办理购汇时要注意以下几点。

◆ 境内个人年度购汇总额等值5万美元及以下的，可凭本人有效身份证件在银行办理。

◆ 境内个人当年累计购汇金额超过5万美元的，需提供本人有效身份证件、标有明确真实费用金额的需求凭证，经银行审核成功后才能办理购汇。

◆ 境外个人当日累计兑换不超过等值500美元（含），以及离境前在境内外场所当日累计不超过等值1000美元（含）的兑换，凭本人有效身份证件办理。

## NO.080
## 如何向境外汇款

对于有子女在国外留学的家庭，或在国外工作的人来说，他们常常需要办理外汇汇款，外汇汇款分为国外汇入汇款和汇出汇款。

办理外汇汇款同样可以在银行进行，外汇汇款适用于各种款项和各种业务的国际、国内结算。相对于现金结算，通过银行网上银行或手机办理汇款的费用低、速度快，且安全方便，如图 5-14 所示为建设银行个人网上银行境外外汇汇款页面。

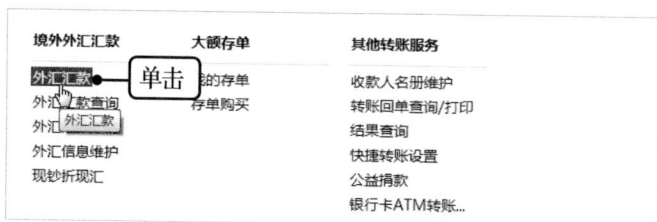

图 5-14　建设银行个人网上银行境外外汇汇款页面

如果个人没有现汇外币账户，那么可以通过直接购汇或钞折汇后再进行汇款。如果汇款账户开户名为英文，则要填写英文姓名，收款人账号必须为境外账号。

在填写收款人开户行代码时，优先填写 SWIFT 代码。但汇往加拿大的加元和澳大利亚的澳元除外，务必优先填写地区清算代码（加拿大为 9 位 Transit 号，澳大利亚为 6 位 BSB 号）。

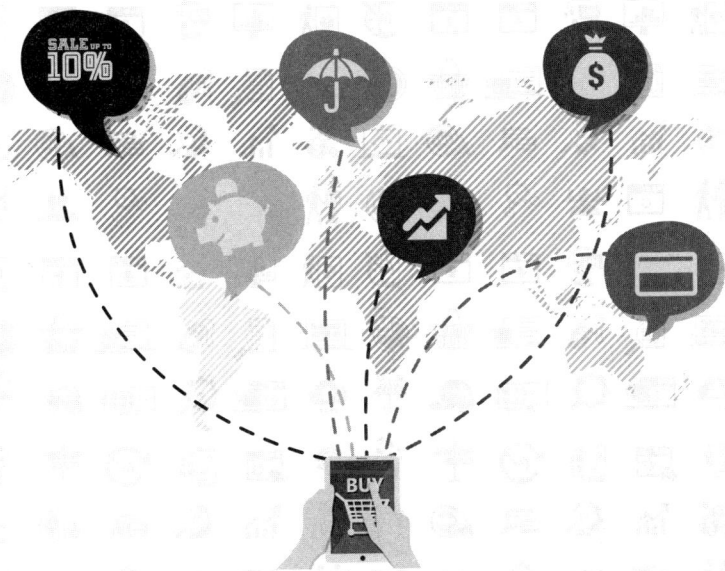

# 第六章
## 保障与投资并存
# 保险

在进行投资理财规划时，保险都是不可或缺的重要工具，它能保障个人以及家庭在面对人生不确定风险时不会因此而陷入困境，仍能维持现有生活。保险除具有保障功能外还具有理财功能，目前市场上有许多理财型保险，使投资者保障与理财两不误。

# 保险专栏，快速认识保险

对保险不太了解的投资者可能会认为保险与理财没有任何关系，投保是一笔不必要的开支，这样的想法并不正确。投资者进行投资理财是为了规避风险，实现财富增值，而在进行投资理财过程中存在许多不可预测的风险，这些风险都需要保险来做支撑。

## NO.081
### 保险与理财的重要关系

基金投资、股票投资及期货投资等投资工具，由于收益的获取方式是显而易见的，因此，许多投资者认为此类投资工具才是投资理财的重要组成，而保险则被忽视。

实际上，合理的理财资产配置中，保险也是不可或缺的一部分，且用于购买保险的资金要做到专款专用，下面以标准普尔资产象限图为例，看看保险与理财的关系。

**案例**

**保命的钱，要做到专款专用**

标准普尔曾调研了全球 10 万个资产稳健的家庭，分析了他们的理财方式，由此得到了标准普尔资产象限图，该图被公认为是最合理最稳健的资产分配方式，如图 6-1 所示为标准普尔资产象限图。

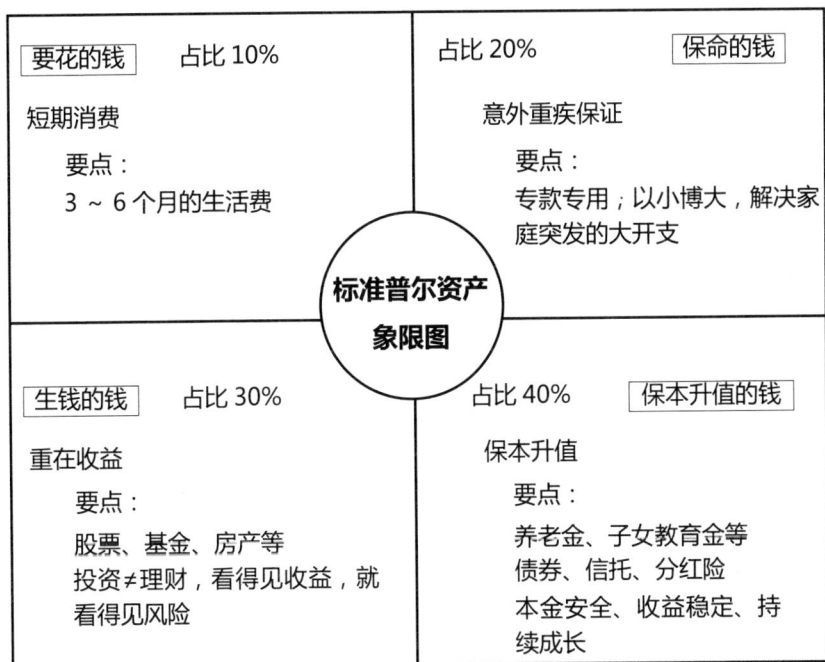

| 要花的钱　　占比10% | 占比20%　　保命的钱 |
|---|---|
| 短期消费 | 意外重疾保证 |
| 要点：<br>3～6个月的生活费 | 要点：<br>专款专用；以小博大，解决家庭突发的大开支 |
| 生钱的钱　　占比30% | 占比40%　　保本升值的钱 |
| 重在收益 | 保本升值 |
| 要点：<br>股票、基金、房产等<br>投资≠理财，看得见收益，就看得见风险 | 要点：<br>养老金、子女教育金等<br>债券、信托、分红险<br>本金安全、收益稳定、持续成长 |

（中间圆圈：标准普尔资产象限图）

图 6-1　标准普尔资产象限图

标准普尔资产象限图将家庭资产分为 4 个账户，包括现金账户、保障账户、储蓄账户和投资账户。其中，保障账户中的资产占比为总资产的20%，且这笔资金要做到专款专用，其所用渠道为保险，目的是为了避免意外变故给个人或家庭带来的财务缺口。

通过上述案例可以看出，保险是家庭资产配置中不可缺少的一部分，如果没有准备"保命的钱"，家庭的资产配置是不平衡的，会使家庭资产随时面临不可预知的风险。

保障账户看似不起眼，但在关键时刻却能保障个人不因意外变故缺钱，从而变卖房、汽车等固定资产。

**百科链接** *既是保障，又是生财之道*

在众多保险产品中，有类保险产品被称为理财险，这类保险产品既具有保障功能，又具有理财功能。保险公司在收取投保人的保费后，利用自己的投资优势，为保户争取最大的投资利益。另外，保险也是养老、解决子女教育问题的重要理财工具，运用好保险理财手段，投资者能够改善自己的生活质量，同时也能保障个人的经济利益。

**NO.082**
## 解读保险专业术语

投资者在购买保险的过程中，可以看到许多与保险有关的专业术语，认识这些专业术语有助于投资者更好的进行保险理财，常见的保险专业术语如表6-1所示。

表 6-1 常见保险专业术语

| 术语 | 释义 |
|------|------|
| 保险人 | 又被称为"承保人",指与投保人订立保险合同,并承担赔偿或者给付保险金责任的保险公司 |
| 投保人 | 与保险人订立保险合同,并按照保险合同负有支付保险费义务的人 |
| 被保险人 | 指根据保险合同规定,受保险合同保障,在保险事故发生后,拥有保险金请求权的人,很多情况下投保人就是被保险人 |
| 受益人 | 指人身保险合同中由被保险人或者投保人指定的享有保险金请求权的人,投保人、被保险人可以为受益人 |
| 保险主体 | 指保险合同的主体,包括投保人与保险人 |
| 保险事故 | 指保险合同约定的保险责任范围内的事故 |
| 投保年龄 | 指投保时被保险人的年龄,投保年龄以周岁计算 |

基金

债券

股票

期货

外汇

保险

银行理财

信用卡

不同的保险产品还有其特殊的专业术语,比如医疗保险中会有意外伤害、医院以及住院医疗费用等名词。对这些名词保险合同中有明确的释义,投保人也应对其进行了解,因为很多时候个人所理解的含义与保险合同中的释义会有偏差,比如某医疗保险条款中,关注住院医疗费用有以下释义。

住院医疗费用指被保险人住院期间发生的医疗费用,包括以下两种。

◆ 床位费:指被保险人住院期间使用的医院床位的费用。

◆ 药品费:指住院期间实际发生的合理且必要的,由医生开具的具有国家药品监督管理部门核发的药品批准文号或者进口药品注册证书、医药产品注册证书的国产或进口药品的费用。

在上述内容中,药品费不包含中草药费用。而在投保过程中,投保人如果不清楚该内容就可能误认为药品费也包含中草药费。

## NO.083

## 为什么赴香港买保险这么火热

近年来，很多人都纷纷去香港买保险，"香港保险"这个词汇也成了热词，下面来看看香港保险究竟有多热。

**案例**

内地赴港投保金额快速上升

根据香港保险业监理处公布的数据，在 2010 年～ 2015 年香港保费收入中，内地访客新增数据如图 6-2 所示。

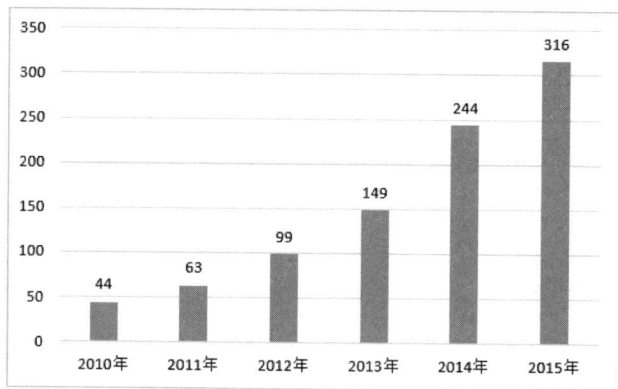

图 6-2　2010 年～ 2015 年内地访客新增保费数据（亿港元）

根据 2016 年 8 月 31 日公布的数据显示，2016 年上半年长期有效业务的保费收入较 2015 年同期上升 14%。其中，内地赴港投保保费高速增长，达到创记录的 301 亿港元，占 2016 年上半年个人业务总新造保单保费的 36.9%，接近 2015 年全年的 316 亿港元。

从上述内容可以看出内地赴港投保的热情日益高涨，这也展现了香港保险的魅力，为什么香港保险这么火热呢？

主要有以下几点原因。

◆ **更实惠**：与内地相比，相同保险金额的保险产品，香港保险的保费比内地低 25% 左右。而相同保费的产品，保险金额则要高出 30% 以上，这意味着投保人可以用更少的保费获得更多保障。

◆ **保障功能强**：香港保险的保障功能更强，主要表现在可保疾病更全面，许多内地不予承保的疾病，香港保险却可以承保。除此之外，香港保险免责条款少，疾病定义宽松。

◆ **投资回报更高**：香港保险公司的分红水平普遍高于内地保险，这使得投资者投资香港保险能获得更高的收益。

◆ **理赔简单**：香港保险公司林立，各保险公司竞争激烈，各保险公司为留住客户会提供更人性化和优质的服务，在理赔方面，也会提供便捷高效的服务。从退保率上来看，香港保险 2013 年的退保率为 3.4%，而内地保险退保率在 5.5% 以上。

## NO.084
### "互联网 + 保险" 的新玩法

根据中国保险行业协会发布的《2015 年度保险市场运行情况分析报告》显示，2015 年互联网保险保费收入达 2234 亿元，比 2011 年增长近 69 倍，互联网保险正在异军突起。

在互联网保险快速发展的同时，各互联网保险平台也在逐渐增加。互联网保险的发展为投保人投保提供了更便捷的新渠道，投保人在互联网上进行投保可以通过以下几个渠道。

基金

债券

股票

期货

外汇

保险

银行理财

信用卡

（1）互联网保险公司

目前，各大保险公司都拥有自己的官方网站，投保人利用保险公司提供的网络平台即可实现在线投保或在线理赔。以泰康在线为例，它是由泰康保险全资发起成立的大型互联网保险公司，全面提供一站式网上保险服务。

在泰康在线（http://www.tk.cn/）网站上，投保人可在线投保理财险、意外险、健康险、养老险、少儿险、旅游险以及财产险等，如图6-3所示为泰康在线产品分类。

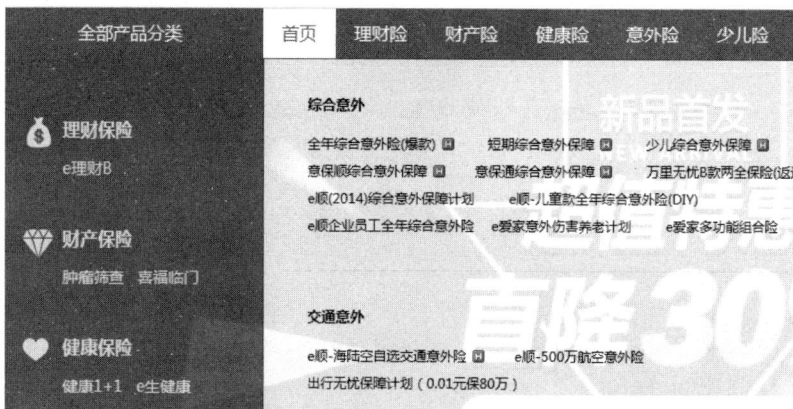

图6-3 泰康在线产品分类

（2）第三方保险中介平台

保险中介平台充分利用互联网的优势，将投保人与保险公司紧密联系起来，常见的保险中介平台有慧择网、向日葵网以及中民保险网等。第三方保险中介平台会提供多家保险公司的产品供投保人选择，另外，第三方保险中介平台还会提供其他服务，包括风险评估、理赔协助等，这能让投保人网购保险更轻松，理赔更顺畅。

（3）其他互联网平台

在互联网保险市场中，不少其他领域的大佬也纷纷进军互联网保险，包括腾讯、淘宝网、京东、网易以及携程网等。这些熟悉的互联网平台开始兼业代理保险产品，由于拥有大量流量，且投保方便，因此吸收的保费也很惊人，如表6-2所示为腾讯理财通提供的保险理财产品。

表6-2　腾讯理财通2016年9月27日提供的保险理财产品

| 产品名称 | 收益（近7日年化） | 万份收益 | 理财期限 |
|---|---|---|---|
| 国寿嘉年天天盈 | 3.1460% | 0.8567 | 随买随取 |
| 平安养老富盈5号 | 3.4794% | 0.9511 | 随买随取 |
| 太平养老颐养太平1号 | 3.7710% | 1.0371 | 随买随取 |

**百科链接** *保险的分类方式*

保险产品根据不同的分类方式可以分为不同种类，按照保障范围可分为人身保险、财产保险、责任保险和信用保证保险；按照保险人是否承担全部责任可分为原保险和再保险；按照保险经营性质可分为政策性保险和商业性保险；按保险实施方式可分为自愿保险和强制保险；按保险主体还可分为个人保险与团体保险；按保险标的是人还是物分为人身保险和损害保险两大类。

# 保障与理财，让人生更美好

不同的投保人对保险的需求是不同的，在进行保险理财时投保人也要根据个人需求，量身定制适合自己的保险理财规划，下面就来看看如何在种类丰富的保险产品中选购适合自己的保障型保险产品。

## NO.085
### 低保费，高保额的意外险

在现实生活中，最难以预知和控制的就是意外了，在意外事故还未发生前，我们都会认为意外离我们很远。但根据资料显示，全球范围内每年有约 350 万人死于意外伤害事故，约占人类死亡总数的 6%，可见意外风险发生的概率并不低，它是隐藏在每个人身边的"定时炸弹"。

面对意外风险最有效的防范手段之一就是购买保险，在众多保险产品中，意外险是保费最低，而保额却很高的品种。下面以平安一年期综合意外险为例来认识意外险。

**案例**

平安一年期综合意外险

平安保险推出的一年期综合意外保险承保年龄为 1～65 岁，承保期限为一年，提供的保障方案如表 6-3 所示。

表 6-3　平安一年期综合意外险保障方案

| 保障 | 内容 |
| --- | --- |
| 意外身故、伤残 | 包含综合意外身故伤残和交通工具意外身故伤残保障金，其中，综合意外身故伤残保障金保额最高可达 50 万，公共交通工具意外身故伤残保障金保额分别高达 800 万、100 万、100 万和 30 万 |
| 意外医疗费用 | 赔付因意外伤害事故门诊或住院治疗发生的医疗费用，赔付区间为事故发生后 180 天内的医疗费用，赔付内容为当地社保部门规定可报销的、必要的和合理的医疗费用，超过 100 元人民币的部分 100% 赔付，最高赔付金额以投保保额为限 |
| 住院津贴 | 因意外伤害事故入院治疗，将按照住院天数给付（津贴额度每天最高可达 100 元），补贴金额为住院天数 × 投保的津贴额度，累计给付天数上限多达 90 天 |
| 救护车费用 | 赔付因意外伤害事故使用救护车实际支付的救护车车费，最高可达 2000 元 |
| 医疗服务（赠送） | 包含电话咨询服务、费用垫付服务及意外发生出院后体检服务 |

通过对平安一年期综合意外险的了解，我们可以发现意外险具有以下特征。

◆ **保障内容**：意外险提供的基本保障为身故和伤残，意外死亡给付和伤残给付是意外伤害保险的基本责任。

◆ **期限**：平安一年期综合意外险的承保期限为一年，可以看出期限较短。实际上，大多数意外险的承保期限都不长，一般为几天、一个月或两个月等，较长的一般为两年或三年。

◆ **附加其他保障：** 许多意外险不仅会提供身故和伤残基本保障，还会附加其他意外保障，比如平安一年期综合意外险附加了意外医疗、住院津贴等保障。

意外险的保费是根据保险金额损失率来计算的，不同职业对应的价格以及可投保的保额不同，被保险人的职业、工种以及所从事活动的危险程度越高，保费就越高，反之越低。在投保时，投保人要按照实际从事的职业进行投保，可通过查看保险公司提供的职业分类表来了解自己的职业等级。

**百科链接** *更快获得意外险理赔金*

在发生意外险保险标的范围内的意外事故后，要想尽快获得意外险理赔金，需要在保险事故发生后及时向保险公司报案，并妥善保管相关单据，比如意外事故证明、伤残鉴定报告、门诊或住院病历、门诊或住院费用收据原件及明细清单、被保人身份证明以及受益人身份证明等，如果有关的证明和资料不完整将会影响理赔进度。同时，申请人也要积极配合保险公司的工作，让意外险理赔顺利进行。

## NO.086
## 你的健康需要重疾险来守护

不同年龄阶段的人都需要一份健康保障，因为每个人都不可避免会生病，且患重大疾病的人群在逐年增长。投保健康险能够保证个人在遭受疾病时得到赔偿金，缓解医疗费用支出的压力。

对于普通的疾病，一般家庭通常都有能力承受，但重大疾病却不同，它常常会使一个家庭无力承担巨额医疗费。因此对普通投保人来说，在保费支出有限的情况下，投保健康险应优先考虑重疾险。下面以泰康健康1+1-高额重大疾病保险为例来认识重疾险。

**案例**

### 健康1+1-高额重大疾病保险

泰康健康1+1-高额重大疾病保险的承保年龄为满30天~55周岁（含），保险期限为至被保险人65、75或100周岁，以该险种的最高赔付为例，被保险人可以获得以下保险利益，如表6-4所示。

表6-4　健康1+1-高额重大疾病保险保险责任

| 保险责任 | 保障金额 | 保障范围 |
| --- | --- | --- |
| 重大疾病（42种） | 50万 | 含第一大杀手癌症（肺癌、肝癌与乳腺癌等），急性心肌梗塞、尿毒症以及严重类风湿性关节炎等。一旦确诊，立即赔付 |
| 轻度疾病（10种） | 一次30%（仅限1次） | 原位癌也能保，10种轻度疾病，可赔付30% |
| 身故保障 | 50万 | 不在42种大病范围内的疾病，若不幸身故，同样可获得保额赔付，因意外事故（车祸、自然灾害等）而离世，赔付保额 |
| 已交保（满期返还） | 累积保费数额×130% | 只要没有赔付（大病、身故），给付130%生存金，赔了轻症照样给，如每年交2000元，连续交20年，保到75岁，如未发生大病赔付，则在76岁时，给付5.2万元生存金 |

从上述内容可以看出，健康1+1-高额重大疾病保险可保的重大疾病为42种，轻症有10种，这属于健康险中的疾病保障，保险金的给付方式一般为确诊后立即一次性给付保险金额。

基金

债券

股票

期货

外汇

保险

银行理财

信用卡

另外，有的健康险还提供医疗费用保险、收入保障保险和护理保险等，在疾病险的基础上附加此类险种可以为被保险人提供更全面的保障，在投保时投保人可根据个人需求选择。

在本例中健康 1+1- 高额重大疾病保险还提供了无理赔保费返还服务，这也是目前许多疾病险的特点，能使投保人在获得保障的同时不至于因为没有发生理赔而使保费白交。

重大疾病险作为健康险的一大险种，在进行理赔时要注意理赔限制，并不是所有的重大疾病都可以理赔，且对于不同的重大疾病保险合同条款都有特定定义，比如本例中的健康 1+1- 高额重大疾病保险对于恶性肿瘤，以下下列疾病不在保障范围内。

◆ 原位癌。

◆ 相当于 Binet 分期方案 A 期程度的慢性淋巴细胞白血病。

◆ 相当于 AnnArbor 分期方案 I 期程度的何杰金氏病。

◆ 皮肤癌（不包括恶性黑色素瘤及已发生转移的皮肤癌）。

◆ TNM 分期为 T1N0M0 期或更轻分期的前列腺癌。

◆ 感染艾滋病病毒或患艾滋病期间所患恶性肿瘤。

**百科链接** *不让个人财富成徒劳*

房屋、汽车等可以说是个人的固定资产，为了让这部分财产能够得到保障，投保人可以选择家财险作为"避风港"。家财险能够弥补自然灾害或意外事故造成的财产损失，它的保障范围是个人家庭财产，包括房屋、室内财产以及房屋装修等。

基金

债券

股票

期货

外汇

保险

银行理财

信用卡

# 量身定制投资理财险

对于有长期投资需求的投保人来说，要想利用保险理财让自己的保费尽可能的保值甚至增值，投资理财型保险是不错的选择，它能让闲钱逐渐积累成一笔不菲的资金，同时让自己获得长期的投资收益。

## NO.087

### 分红险，稳健理财的首选

分红险是投资理财型保险中的一个险种，投资分红险的风险较低，且收益稳健，下面就以祥瑞年年放心养老分红险为例，来认识分红险的特点及其投资收益的获得方式。

### 祥瑞年年放心养老分红险

祥瑞年年放心养老分红险是平安保险公司为 18～50 岁承保人推出的分红险，该产品的保费缴纳期限为 10 年，可保障至被保险人 80 岁，交费方式可以选年交和月交。

假设某 30 周岁的男性投保人为自己投保该产品，基本保险金额为 1 万元，交费方式选择年交，每年所交金额为 2133 元，交费期限为 10 年，以中档分红为例（4.5%），该投保人可获得以下保险利益，如表 6-5 所示。

表 6-5　保险利益演算表

| 保单年度 | 保险费 | | 生存总利益 | 身故总利益 | 当年红利 | 累计红利 |
| --- | --- | --- | --- | --- | --- | --- |
| | 期交保费 | 累计保费 | | | | |
| 1 | 2133 | 2133 | 827 | 2160 | 27 | 27 |
| 2 | 2133 | 4266 | 2035 | 4360 | 67 | 94 |
| 3 | 2133 | 6399 | 3454 | 6604 | 108 | 205 |
| 4 | 2133 | 8532 | 5141 | 8893 | 150 | 361 |
| 35 | 0 | 21330 | 36280 | 55610 | 634 | 25661 |
| 45 | 0 | 21330 | 77452 | 87452 | 376 | 40254 |
| 50 | 0 | 21330 | 111974 | 101974 | 230 | 48206 |

从上表可以看出，该分红险的红利分配方式有当年红利和累计红利两种，这也体现了分红险红利分配的两种方式，包括现金分红和累计生息。

现金分红指以现金的方式将盈余分配，累积生息指红利留存在保险公司，按照每年确定的利率储存生息，到申请退保或保险合同终止时领取。

　　分红是分红险特有的特点，其分红收益的多少根据保险公司分红保险业务的实际经营状况来确定，这也说明了分红收益是不确定的。除分红收益，分红险还会提供其他理财功能。本例中祥瑞年年放心养老分红险提供了养老理财功能，如下所示。

◆ 61 周岁保单周年日开始，每年到达保单周年日仍生存，每年给付 2000 元养老保险金至被保险人年满 80 周岁的保单周年日零时止。

◆ 80 周岁的保单周年日，一次性领取 10000 元祝寿金。

◆ 被保险人 61 周岁的保单周年日前身故，按所交保费和被保险人身故是保险合同的现金价值较大值给付身故保险金。

◆ 被保险人于 61 周岁的保单周年日及之后身故，按 40000 元减去已领取养老保险金额的差额给付身故保险金，但不超过保险合同的所交保险费。

　　可见分红险在提供分红收益时，还会提供其他保险金给付，比如生存金、祝寿金等，这就使被保险人即使在没有分红收益的情况下，也能定期获得一笔收入。

## NO.088

### 万能险，稳妥的保本收益

　　分红险的的分红收益是不确定的，对于想要获得稳妥投资收益的投保人来说，万能险可能更适合，为什么这么说呢？下面来看看国寿鑫E两全保险（万能型）保险。

**案例**

**国寿鑫E两全保险（万能型）**

国寿鑫E两全保险（万能型）是中国人寿保险公司推出的一款万能险，该产品投保年龄范围为18～60岁，保险期间为5年。

假设某30周岁男性投保人为自己投保该产品，选择一次性交纳保费100000元，在保险期间该投保人可以获得以下保险利益，如表6-6所示。

**表6-6　保险利益演算表**

| 保单年度 | 累计保费 | 初始费用 | 进入个人账户价值 | 最低保证利率2% | | |
|---|---|---|---|---|---|---|
| | | | | 个人账户价值 | 身故保障 | 意外身故 |
| 1 | 100000 | 800 | 99200 | 101202 | 121442 | 202404 |
| 2 | 100000 | — | — | 103245 | 103894 | 206490 |
| 3 | 100000 | — | — | 105329 | 126395 | 210658 |
| 4 | 100000 | — | — | 107455 | 128946 | 214910 |
| 5 | 100000 | — | — | 109624 | 131549 | 219248 |

从上表可以看出，进入投保人个人账户价值的资金只有99200元，这是因为万能险会扣除一部分初始费用，用于风险保障费和各项费用支出，扣除初始费用的部分会进入个人账户享受投资收益。

该万能险提供的最低保证年利率为2%，也就是说2%的保本收益率是确定的，观察该产品2016年5月～9月的结算利率，可以看出比最低保证利率高出很多，如表6-7所示。

表 6-7　国寿鑫 E 两全保险（万能型）历史结算利率

| 公告月份 | 日结算利率（万分之） | 折合年结算利率（百分之） |
|---|---|---|
| 2016 年 08 月 | 1.474 | 5.38 |
| 2016 年 07 月 | 1.474 | 5.38 |
| 2016 年 06 月 | 1.474 | 5.38 |
| 2016 年 05 月 | 1.474 | 5.38 |

为什么会出现这种情况呢？这是因为万能险的收益率由两部分组成，包括固定收益率和浮动收益率，浮动收益使得投资者能获得比固定收益更高的收益。

万能险在提供投资收益的同时还会提供保障，以本例为例，提供的保险责任如下所示。

◆ **满期保险金**：保险期间届满的年生效对应日的个人账户价值给付满期保险金。

◆ **身故保险金**：被保险人在保险期间内身故，按被保险人身故当时本合同个人账户价值的 120% 给付身故保险金。

◆ **客运交通工具和自驾车意外伤害身故保险金**：按当时本合同个人账户价值的 120% 给付身故保险金，同时再按被保险人身故当时本合同个人账户价值的 80% 给付客运交通工具或自驾车意外伤害身故保险金。

万能险可以说是储蓄型保险产品，其投资收益按月复利滚存计算，这使投保人能稳健投资和稳妥保障两不误。

基金

债券

股票

期货

外汇

保险

银行理财

信用卡

## NO.089
## 投连险，获得更高收益

与万能险和分红险相比，投连险的投资风格可攻可防，其投资功能更加明显，这使投保人更有可能获得高收益，下面通过一个案例，来看看投连险如何让投保人获得更为理想的投资回报。

### 案例

**泰康 e 理财 B 款投连险**

e 理财 B 款投连险是泰康人寿保险公司推出了投资连结险，该产品支持 18 ~ 70 岁年龄的人投保，该保险的保险期间为被保险人终身。

保费的交纳方式为不定期交，投保人可选择一次性交保险费、定期追加保险费和不定期追加保险费。该产品提供身故保障，身故保险金数额为收到领取身故保险金申请书及保险合同条款中约定的其他材料后的下一个资产评估日的保单账户价值。

从 2003 年 1 月 30 号成立日至 2016 年 6 月 30 日，e 理财 B 款投连险单位净值累计涨幅 2662.44%，单位净值累计涨幅 2662.44%，单位净值累计涨幅 2662.44%，如图 6-4 所示为截止至 2015 年 12 月 31 日的涨幅情况。

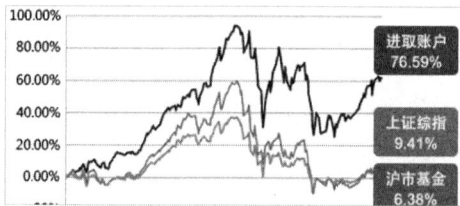

图 6-4　截至 2015 年 12 月 31 日的涨幅数据

通过上图可以看出，该投连险的进取账户的长期收益高于上涨综指和沪市基金的收益，收益是客观的。

不少投资者可能会对进取账户存有疑问，实际上不同的投连险在设立时，都会设置不同的账户，供投保人灵活选择和转换，以 e 理财 B 款投连险为例，该产品配置了两个账户供投资者选择，如下所示。

◆ **进取型投资连结账户**：主要投资于基金、股票以及监管部门未来批准的其它权益型证券，部分投资于银行大额协议存款、国债等，其中投资于股票市场的比例通常不低于 60%，最高可达 100%。

◆ **货币避险型投资账户**：投资于现金、货币市场基金、债券回购、剩余期限在一年以内的存款、国债、政策性金融债、企业债、短期融资券、央行票据等短期债券，以及法律法规允许或者监管部门批准的其他流动性投资品种。

从进取账户的投资策略可以看出其风险较高，但高风险也意味着获得高收益的可能性更高，这也是为什么该进取账户能取得较高收益的原因。

不同的投连险提供的账户类型是不同的，投保人可根据个人风险承受能力来选择账户类型。比如本例中，风险承受能力较强的投资者可选择进取型账户，而低风险投资者则可以选择货币避险型账户。

另外，根据市场行情的变化投资者也可以灵活地分配账户投资比例，比如股市行情不佳时，投资者就可将进取型账户中的资金转移到货币避险型账户中，将其作为临时保值场所。由此可见投连险灵活可变，投保人可对资金进行有效地组合和运用，使资金发挥更大的效率。

基金

债券

股票

期货

外汇

保险

银行理财

信用卡

# 明明白白买保险

在人生的不同阶段，每个人对保险的需求是不同的，在选择保险产品时，有时会因为碍于人情或保险公司的宣传等原因，而买到不适合自己或自己不需要的保险，下面就来看看如何为自己以及家人量身打造定制化保险。

## NO.090
### 看看你需要哪些保险

不少投保人之所以会买到不需要的保险，主要是因为对个人保险需求认识不足。目前，利用各大互联网保险平台，投保人可在线进行保险需求测试，了解个人对保险的需求状况。下面以向日葵保险网为例，看看如何进行保险需求测试。

**案例**

### 在向日葵保险网进行保险需求测试

进入向日葵宝保险网保险需求测试页面（http://www.fangxinbao.com/baoxianceshi/），根据自身情况填写测试问题，再单击"下一步"按钮，如图 6-5 所示。

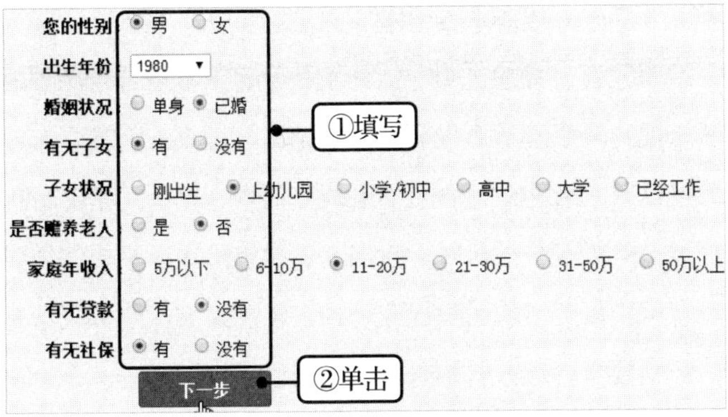

图 6-5　填写需求测试内容

在打开的页面中即可看到分析结果，如图 6-6 所示。

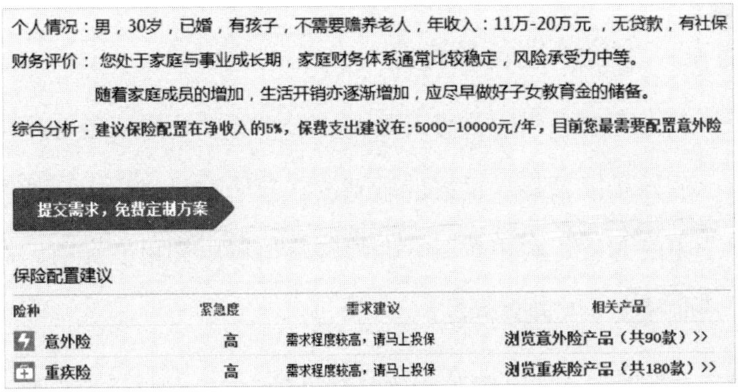

图 6-6　查看分析结果

投保人除可以在向日葵保险网进行保险需求测试外，还可以在以下平台进行需求测试。

◆ **中国人民人寿保险需求测试**：其地址是 http://www.picclife.com/insuranceEstimates.jhtml?judge=lc。

◆ **平安保险需求测试**：其地址是 http://insurance.pingan.com/analysis/index.shtml。

◆ **慧泽网保险需求测试**：其地址是 http://www.huize.com/。

> **百科链接** *投资理财险都适合哪些人*
>
> 投资理财型保险有自身的优势，但并不是所有人都适合投保理财型保险。一般来说，分红险适合没有时间和精力打理个人财富，有定期稳定收入的投保人；万能险适合有养老规划需求、拥有一定财富积累以及希望通过保险投资分散风险的投保人；投连险适合希望实现财富增值，且愿意承担投资风险的投保人。这三种理财型保险都属于长期投资工具，因此要求投保人有中长期投资需求。

## NO.091
## 育儿之家，为孩子准备教育金

子女教育问题是当前许多父母都比较重视的问题，每一位父母都希望自己的孩子能够接受良好的教育。在孩子成长过程中，教育支出是一笔不小的开支，利用教育金保险的父母可以为孩子提前做好教育保障，从而解决子女教育问题。

教育金保险属于少儿保险中的特殊险种，它针对孩子教育而设定，能够让孩子在重要的教育阶段获得稳定的资金支持，下面以鸿运英才少儿教育金（分红型）为例，来看看教育金保险的特点。

**案例**

### 鸿运英才少儿教育金（分红型）

鸿运英才少儿教育金（分红型）是平安保险公司为出生满 28 天～10 岁少儿推出的教育金保险，该产品的交费期限为 8 年，可选年交和月交（9、10 周岁仅可选年交），保险期限为至被保险人 25 岁，可选保险金额为 3 万～30 万元。

假设以投保人为 2 岁儿子投保该产品，选择 10 万元保障金额，附加 2 万元意外伤害医疗保障，选择交费方式为月交，每月交纳保费为 2902.9 元，累计所交保费为 280406.4 元。

在交纳上述保费后，被保险人在 15～21 周岁时共可以领取 22 万元教育金，25 周岁时可以领取 10 万元婚嫁创业金，合计为 32 万元，且每年还可以享受分红收益。

从上述案例可以看出，15～21 周岁一般为孩子高中和大学教育阶段，而该教育金保险能让子女在该教育期限年年领取教育金，这就为孩子教育费用支出提供了保证。根据上述教育金保险保险条款约定，高中和大学教育保险金的领取标准如下所示。

- ◆ **高中教育保险金**：被保险人成长至 15、16 与 17 周岁的保单周年日，每年按基本保险金额的 20% 给付"高中教育保险金"。
- ◆ **大学教育保险金**：被保险人成长至 18 周岁的保单周年日，一次性给付大学教育保险金。每万元基本保险金额对应的大学教育保险金金额为 15407.21 元；被保险人成长至 18、19、20 与 21 周岁的保单周年日，每年按基本保险金额的 40% 给付"大学教育保险金"。

一般来说，子女到了一定的年龄就要上学，因此，教育金保险金的领取时间也和孩子受教育的时间段相关，不同的家庭可根据子女受教育水平的高低来选择合适的险种和保险金额。另外，孩子成长过程中意外、疾病等保障也比较重要，因此，投保人可在教育金保险的基础上附加意外、医疗等险种。

## NO.092
### 适合女性的关爱女性险

对女性来说，她们承担着多种角色，包括妻子、女儿或母亲，家庭和事业的双重压力也使不少女性身体健康状况不容乐观，女性为自己购买一份保险既能为自己提供保证，又可以为自己理财。由于常常会面临一些特有疾病，因此，女性为自己投保，既要有共性，也要有个性。

目前市场上有许多针对女性的保险，此类保险更适合女性投保，下面以 i 她女性特定疾病保险为例。

### 案例

**i 她女性特定疾病保险**

i 她女性特定疾病保险是新华保险为 18 ~ 55 岁女性量身定制的一款疾病保险，该产品保险期间为一年，交费方式为趸交，保障金额为 5 万 ~ 50 万元。

假设一个 30 岁女性为自己投保该险种，一次性交纳保费 440 元，保险期间为一年，保险金额为 20 万元，该女性投保人可以获得以下保险利益，如表 6-8 所示。

表 6-8　i 她女性特定疾病保险保险利益

| 保险责任 | 保险金额 |
| --- | --- |
| 初次发生女性特定癌症或女性特定重大疾病 | 90 日外，给付保险金 20 万元，合同终止 |
| 初次发生女性特定原位癌、特定骨折 | 90 日外，给付保险金 2 万元，本项保险责任终止，本合同继续有效 |
| 因意外伤害发生 III 度烧伤或因意外伤害所致的面部整形手术 | 给付保险金 2 万元，本项保险责任终止，本合同继续有效 |

上表中所指的癌症包括乳腺癌、子宫癌、宫颈癌、卵巢癌、输卵管癌和阴道癌；女性特定重大疾病包括系列性红斑狼疮 -III 型或以上狼疮性肾炎、严重类风湿性关节炎。

通过上述案例可以发现，女性疾病险针对的疾病类型都是女性特有的疾病，对女性来说更有针对性，去掉了一些并不适用于女性的保障功能，也降低了保费支出。

不同年龄阶段的女性由于身体健康状况和收入情况不同，因此，在选择女性保险时也要量体裁衣，具体可参考以下内容。

◆ 16 ~ 22 周岁女性一般处于求学阶段，罹患重大疾病的几率较低，因此可重点考虑普通医疗保障以及教育保障。

◆ 22 ~ 26 岁女性正处于资金积累阶段，收入较少，可重点考虑纯消费保障型保险，此类保险保费低，保额高。

◆ 26 ~ 30 岁女性收入和家庭一般都比较稳定，罹患重大疾病的几率也在提高，可考虑投保期限较长的专门针对女性的重大疾病保险。

◆ 30 ~ 55 岁女性此时要开始为自己养老做准备，因此可选择理财型保险，并附加意外、疾病等保障。

# 如何省保费，享高收益

对许多初次接触保险的投保人来说，他们并太懂得如何为自己节省保费。然而，从理财的角度出发，"省"也是一种理财行为，下面就来看看保险达人为自己省保费的方法。

## NO.093
### 买一份省钱的健康险

2016 年个人所得税的起征点为 3500 元，也就是说个人税前工资超过 3500 元的部分要缴纳个人所得税，合理避税是每个人都要懂的理财窍门。

其中，保险就是最为简单的避税工具，它能为有投保需求的人少缴个人所得税，下面来看看如何利用保险合理避税。

案例

### 利用保险合理避税

在个人所得税计算公式中，应纳税所得额的计算公式如下所示。

应纳税所得额＝工资收入金额－各项社会保险费－起征点（3500元）

通过公式可以看出应纳税所得额是在扣除各项社会保险费和起征点的基础上所得的金额。其中，各项社会保险费最常见的就是个人缴纳的社保，从这个方面来看购买社保可以让自己少缴所得税。

除了社保外，目前购买商业健康险也可以实现合理避税。这是因为2015年5月6日召开的国务院常务会议决定，试点对购买商业健康保险给予个人所得税优惠，对个人购买这类保险的支出，允许在当年按年均2400元的限额予以税前扣除。

这意味着购买有税收优惠的健康险，投保人可少缴部分个人所得税，降低了个人购买成本。

在政策的号召下，不少保险公司已获准经营个人税收优惠型健康保险业务，比如太平保险公司就推出了岁税康：太平养老个人税收优惠型健康保险。该款产品具有以下特点。

◆ 保费享受个税优惠。

◆ 补偿不限医保目录。

◆ 患病客户也能投保。

◆ 提供万能账户，使保费具有一定投资价值。

◆ 支持微信理赔，方便快捷。

由此可见，对有健康保障和理财需求的投保人来说，可以利用税收优惠型保险为自己节省保费，同时也可以让自己获得一定的投资收益，使自己用更低的保费获得更高的收入。

## NO.094
## 车险省费用技巧

汽车如今已成为常见的代步工具，不少家庭都拥有属于自己的爱车，每年有车一族都需要为自己的爱车投保车险。对普通家庭来说，车险保费也是一笔不小的开支，那么投保车险有没有省钱的方法呢？答案是肯定的，下面来看看车险改革后省保费的方法。

### 案例

**车险费改后的费率变化**

2016 年 7 月 26 日保监会发出了《关于商业车险条款费率管理制度改革试点全国推广有关问题的通知》，该通知表明 2016 年 7 月 1 日前，各财产保险公司应停止使用北京、河北、山西、辽宁、上海、江苏、浙江、福建、江西、海南、贵州、云南、西藏、甘肃、深圳、大连、宁波与厦门等 18 家保监局所辖地区原商业车险条款、费率，并及时启用经保监会批准的新商业车险条款、费率。

新商业车险费率与之前发生了变化，其中，无赔款优待基准费率系数有如表 6-9 所示的变化。

表 6-9　无赔款优待基准费率系数（全国推广版，除北京和厦门）

| 指标 | 原系数 | 调整后的系数 |
|---|---|---|
| 连续 3 年没有发生赔款 | 0.7 | 0.6 |
| 连续 2 年没有发生赔款 | 0.8 | 0.7 |
| 上年没有发生赔款 | 0.9 | 0.85 |
| 新保或上年发生赔款 | 1 | 1.0 |
| 上年发生 2 次赔款 | 1 | 1.25 |
| 上年发生 3 次赔款 | 1.1 | 1.50 |
| 上年发生 4 次赔款 | 1.2 | 1.75 |
| 上年发生 5 次赔款及以上赔款 | 1.3 | 2.0 |

通过无赔款费率系数的变化可以看出，车主的出险次数越多，第二年的保费就会越多，因此车主想要省保费就要尽量减少出险次数，对于一些较小的交通事故，比如小刮小蹭，如果维修费不高，尽量不要报险。除减少出险次数外，车主还可以用以下方式为自己省保费。

◆ **网上投保更优惠**：网上投保车险与在保险公司业务员处购买相比，由于减少了中间环节，使保险公司能够让利给投保人，因此在网上投保车险常常会享受到更多优惠，使保费更便宜。

◆ **看费率表**：不同的车型都有相应的赔付率，在购买新车时车主想要为自己省保费不妨看看费率表，出险率低的车型，车险费用会比出险率高的车型低。

◆ **看零整比**：费改后引入了零整比概念，零整比是指配件与整体销售价格的比值，零整比越高，车险费率可能会越高，因此在买车时还要关注零整比。

## NO.095
# 这些费用全免的保险

前面通过对国寿鑫 E 两全保险（万能型）的认识，我们已经知道了投资万能险需要支付一定的初始费用，除去初始费用的部分才能进入万能账户享受投资收益。

目前，不少保险公司也推出了纯理财型的万能险，这类万能险不会收取初始费用，使保费能够全部进入万能账户，下面以富德生命云理财 B 款年金保险（万能型）为例。

**案例**

**富德生命云理财 B 款年金保险（万能型）**

云理财 B 款年金保险（万能型）是富德生命人寿保险为 18 ~ 59 岁人群设计的一款万能险，该产品的交费方式为趸交，保险期间为终身。保费为 1000 元 / 份，5 份起售且保费应为 1000 元整数倍。该产品的初始费用和保单管理费收取标准如表 6-10 所示。

表 6-10　富德生命云理财 B 款年金保险（万能型）费用收取标准

| 费用项 | 收取标准说明 |
| --- | --- |
| 初始费用 | 一次性交纳保险费的初始费用收取比例为 0%，追加保险费的初始费用收取比例为 0% |
| 保单管理费 | 自本合同生效后次月起，每月 1 日零时从个人账户中收取当月保单管理费，保单管理费为每月 0 元 |

该产品最低保证利率为 2.5%，在保险合同保险责任开始后的有效期内，被保险人可以获得以下保险责任。

◆ **身故保险金给付**：若被保险人身故，将按被保险人身故之日的个人账户价值给付身故保险金，给付后个人账户价值即为 0，合同终止。

◆ **年金给付**：合同生效满 5 年后，若合同个人账户价值不低于 500 元，被保险人可向保险公司约定以年领或月领方式领取年金，年领按个人账户价值的 6% 给付，月领按个人账户价值的 6% 给付，若个人账户价值低于 500 元，保险公司公司将终止给付后续年金，但合同继续有效。

◆ **转换年金选择权**：被保险人可将保险合同的个人账户价值全部或部分转换为年金保险。

通过对云理财 B 款年金保险（万能型）的了解可以看出，纯理财万能险的初始费用和保单管理费为 0 元，这相当于投保人以 0 元的成本进行了投资。

纯理财型万能险大多在银行销售，体现了银保产品的特点。投保纯理财型万能险投保人要注意，这类保险如果持有期太短而提前赎回是不划算的，因为退保要收取退保手续费率，云理财 B 款年金保险（万能型）的退保手续费率如表 6-11 所示。

表 6-11 云理财 B 款年金保险（万能型）退保手续费率

| 保险年度 | 退保手续费 |
| --- | --- |
| 第一个保险年度 | 5% |
| 第二个保险年度及以上 | 0% |

从上表可以看出，投保后保单至少要持有一年及以上，退保才不会被收取退保费用。该产品的所要求的持有期并不长，有些纯理财型万能险要求的持有期会更长，比如持有 3 年或 4 年以上才免退保收费，

比如富德生命 e 理财 C 款年金保险,(万能型)就要求持有保单 4 年及以上才免退保手续费,如表 6-12 所示为费率表。

表 6-12　e 理财 C 款年金保险(万能型)退保手续费率

| 保险年度 | 退保手续费 |
| --- | --- |
| 第一个保险年度 | 5% |
| 第二个保险年度 | 4% |
| 第三个保险年度 | 3% |
| 第四个保险年度及以上 | 0% |

纯理财型万能险一般允许投保人申请领取个人账户价值,这就允许投保人在急需用钱时能及时取出,但部分领取需支付部分领取手续费。其中,部分领取手续费=部分领取申请金额 × 部分领取手续费率,云理财 B 款年金保险(万能型)的部分领取手续费率如表 6-13 所示。

表 6-13　云理财 B 款年金保险(万能型)部分领取手续费率

| 保险年度 | 退保手续费 |
| --- | --- |
| 第一个保险年度 | 5% |
| 第二个保险年度及以上 | 0% |

**百科链接** *更高收益的分红 + 万能组合*

前面我们已经知道了投保分红险能享受分红收益,而万能险能享受固定 + 浮动收益。目前,市场上还有分红险 + 万能险相结合的保险产品,能使投保人享受双重收益,比如阳光保险公司推出的富贵年年年金保险(分红型),它由富贵年年年金保险(分红型)和附加财富账户年金保险 B 款(万能型)共同组成,在获得万能险固定收益的同时可以通过分红增加投资收益。

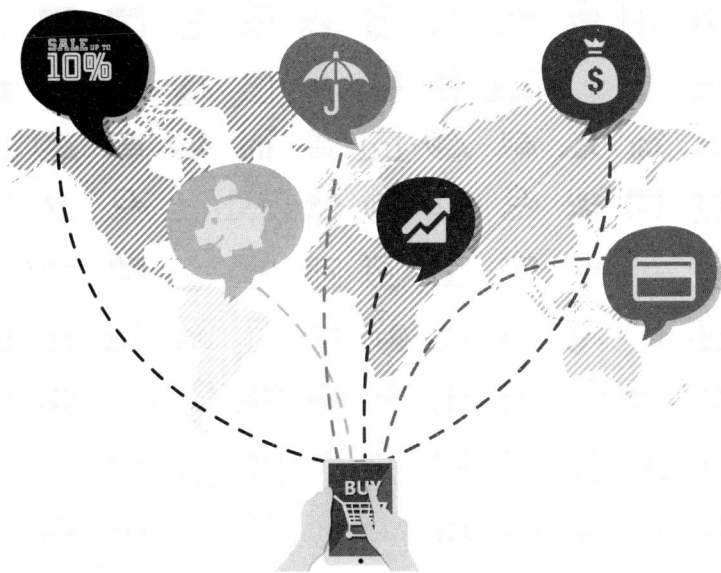

## 第七章
### 一站式投资渠道
# 银行理财

根据普益标准发布的银行理财产品排行榜显示，在 2016 年 8 月 27 日 ~ 9 月 2 日期间，在售的银行理财产品有 1145 款。除结构性产品外，有 6 款产品预期收益率在 5.00% 及以上，预期收益率达到 6.00% 及以上的产品有 1 款；331 款产品的收益率集中在 4.00% ~ 5.00% 之间；569 款产品收益率在 4.00% 及以下，其中 20 款为外币产品，549 款为人民币产品。面对种类如此丰富的银行理财产品，投资者又该如何选择呢？

# 在银行可以理哪些财

在银行的投资理财频道中，我们可以看到基金、贵金属、外汇以及国债等理财工具。在众多的理财工具中，被叫做"理财产品"的理财工具是银行自主发售的，也是银行的"明星产品"。不同银行针对不同理财需求的投资者，推出了不同的理财产品系列，下面就来看看这些能为个人打理财富的银行理财产品。

## NO.096
### 高于普通存款收益的储蓄理财

通过银行进行投资理财，人们最熟悉的理财方式莫过于储蓄理财了。在现实生活中几乎每个人都至少有一个银行储蓄账户，通过储蓄来理财并不是为了获得超高收益，而是为了在保障本金安全的前提下，通过利息收益来抵御通货膨胀。

在 2015 年，中国人民银行分别下调了 5 次存款基准利率，随着存款基准利率的下调，普通的储蓄存款为投资者带来的收益也在缩水，那么有没有一种储蓄方式能让投资者获得比普通存款更高的收益呢？答案是肯定的，那就是个人大额存单。

**案例**

## 20 万元存 3 年的不同收益

某投资者在建设银行存入一笔 20 万元的存款，选择整存整取的方式，存期为 3 年，按照 2015 年 10 月 24 日建设银行公布的存款挂牌利率表，三年期整存整取的年利率为 2.75%。那么在存期期满后，投资者可以获得利息 16500 元。

如果投资者选择建设银行的个人大额存单，根据 2016 年 8 月 18 日建设银行发售的第 72 期个人大额存单来计算，该存单的期限为 3 年，同样存入 20 万元，以存单约定的年利率 3.85% 计算得出，投资者到期后将获得 23100 元。

与整存整取相比，选择大额存单，同样的存入 20 万元，投资者可多获利 23100-16500=6600 元。

不少投资者可能对个人大额存单还不太了解，个人大额存单是银行针对存款人发行的，以人民币计价的记账式大额存款凭证。根据央行《大额存单管理暂行办法》，在 2015 年 6 月，工商银行、建设银行、农业银行、中国银行与交通银行等都发行了首期大额存单。

目前，投资者可以通过手机银行、网上银行、自助终端及银行网点等多种渠道购买大额存单，大额存单与同期普通定期存款相比年利率更高，如表 7-1 所示是 2016 年 8 月部分银行个人大额存单利率一览表。

表 7-1　部分银行个人大额存单利率一览表（年化利率）

| 银行 | 1个月 | 3个月 | 6个月 | 1年 | 2年 | 3年 |
|---|---|---|---|---|---|---|
| 建设银行 | — | — | 1.82% | 2.10% | 2.94% | 3.85% |
| 中国银行 | 1.53% | 1.54% | 1.82% | 2.10% | 2.83%（B） | 3.85%（B） |
| 农业银行 | 1.54% | 1.54% | 1.82% | 2.10% | 2.94% | 3.85% |
| 工商银行 | — | 1.54% | 1.82% | 2.10% | 2.94% | — |
| 中信银行 | 1.55% | 1.55% | 1.82% | 2.10% | 2.95% | 3.65% |

　　同一银行不同期次、期限大额存单的利率会不同，另外不同银行提供的产品期限和认购起点金额的限制也不同，一般为 10 万元或 20 万元起购。因此个人大额存单比较适合高收入高净值人群、风险厌恶者以及中老年人投资，可以获取比普通存款更高的收益。

**要点提示**

存款储蓄理财是一种最简单的理财方式，但这种理财方式也有多种方案可选择。按照存款的币种来划分，可分为人民币储蓄存款和外币储蓄存款。人民币储蓄存款又分为活期存款、定期存款、整存整取、零存整取、整存零取、存本取息、定活两便、通知存款和教育储蓄。

## NO.097
### 信托资产型理财产品

　　说到信托产品，大多数投资者可能会想到"低风险""高收益且稳健"等词汇。购买信托产品，普通投资者一般很难达到起购门槛。一般来说，信托产品的起购门槛为 300 万元，少部分产品为 100 万元，这就使普通投资者难能涉足信托投资。但通过其他渠道，投资者还是能够涉足投资信托的，比如购买银行提供的信托资产型理财产品，下面以建设银行提供的"利得盈"理财产品为例。

**案例**

**投资信托的"利得盈"理财产品**

建设银行"利得盈"理财产品包括信托资产型理财产品、债券型理财产品、新股申购型理财产品及成长基金型理财产品。以利得盈 2016 年第 51 期人民币非保本理财产品为例，该产品的产品要素如表 7-2 所示。

表 7-2　利得盈 2016 年第 51 期人民币非保本理财产品的产品要素

| 要素 | 内容 |
| --- | --- |
| 产品类别 | 非保本浮动收益型 |
| 内部风险评级 | 💡💡（两盏警示灯） |
| 适合的投资者 | 收益型、稳健型、进取型以及积极进取型投资者 |
| 本金及收益币种 | 人民币 |
| 投资期限 | 92 天 |
| 预期年化收益率 | 3.10% |
| 投资起始金额 | 5 万元 |
| 投资金额递增单位 | 1 千元 |

从上表可以看出，该理财产品的投资期限较短，投资起始金额并不是很高。由于该理财产品包括了信托资产型

基金

债券

股票

期货

外汇

保险

**银行理财**

信用卡

理财产品，因此使得普通投资者也能投资信托。

如果该理财产品涉及了资产信托计划，则受托人及信托保管人如下。

◆ **信托公司**：建信信托有限责任公司。

◆ **信托财产保管人**：中国建设银行股份有限公司。

除建设银行提供的"利得盈"理财产品会涉及信托投资外，工商银行"个人增利 40 天"理财产品会投资一部分债权类信托产品，农业银行"安心·360 天"人民币理财产品会投资于投资类信托计划（通过信托计划投资于同业存款、债券、商业票据等品种）。投资者可根据个人投资需求，选择在不同银行购买与信托有关的理财产品。

## NO.098
## 黄金投资型理财产品

黄金投资需要投资者时常跟随市场涨跌做出投资决策，对有些投资者来说，可能没有太多的精力和时间去关注黄金市场最新动态，但黄金安全、高收益的投资特点又使很多投资者不愿放弃黄金投资。

对这部分没有投资精力或没有黄金投资经验的投资者来说，选择黄金投资型理财产品将使自己省心不少。

**案例**

**收益随金价波动的"安心利得"理财产品**

农业银行安心得利如意理财产品是投资于看涨黄金和

看跌黄金的理财产品，以"金钥匙·如意组合"2016 年第 299 期看涨黄金人民币理财产品为例，该产品具有以下产品要素，如表 7-3 所示。

表 7-3 "金钥匙·如意组合"2016 年第 299 期看涨黄金人民币理财产品

| 要素 | 内容 |
| --- | --- |
| 产品类别 | 非保本浮动收益型 |
| 内部风险评级 | 中低 |
| 适合的投资者 | 谨慎型、稳健型、进取型、激进型个人投资者、私人银行客户及机构投资者投资 |
| 本金及收益币种 | 人民币 |
| 投资期限 | 62 天 |
| 预期年化收益率 | 1% ~ 5.4% |
| 投资起始金额 | 个人为 5 万元，机构为 10 万元 |
| 投资金额递增单位 | 1 千元 |
| 挂钩标的 | 黄金价格 |

从上表可以看出，该产品的预期收益率在 1% ~ 5.4% 之间浮动，那么这两者的收益是如何实现的呢？根据黄金价格的不同，会存在以下两种收益情况。

1. 如观察日黄金价格大于期初黄金价格，则到期时投资者获得 5.4% 的年化收益率。

2. 如观察日黄金价格小于或等于期初黄金价格，则到期时投资者获得 1% 的年化收益率。

由此可见，黄金价格与投资收益息息相关，当收益较好时，即投资收益率为 5.4% 时，以 10 万元人民币为例，投资者到期获得理财本金＋利息＝100000+100000×5.4%×62÷365＝100917.26 元人民币；当收益较差时，即投资收益率为 1%，投资者到期获得理财本金＋利息＝100000+100000×1%×62÷365＝100169.86 元人民币。

虽然产品到期后投资者能获得一定的收益，但两者波动较大，投资者投资此类理财产品仍需谨慎。

## NO.099
## 个人外汇投资理财产品

银行理财产品的投资币种并非只有人民币，投资英镑、美元、港币以及其他外汇的理财产品也有很多。中国银行的汇市通理财计划、建设银行的"汇得盈"、工商银行的"安享回报"以及交通银行的"汇添利"等都是投资外汇的理财产品，下面就来看看工商银行"安享回报"理财产品。

**案例**

### 购"安享回报"，选自动再投资获利更多

工商银行"安享回报"理财产品的投资币种主要以美元和欧元为主，以"安享回报"套利 98 天美元理财产品为例，该产品具有以下产品要素，如表 7-4 所示。

表 7-4  "安享回报"套利 98 天美元理财产品

| 要素 | 内容 |
| --- | --- |
| 产品类别 | 非保本浮动收益型 |

续表

| 要素 | 内容 |
| --- | --- |
| 内部风险评级 | 中等 |
| 适合的投资者 | 平衡型、成长型、进取型的有投资经验的投资者 |
| 本金及收益币种 | 美元 |
| 投资期限 | 98 天 |
| 预期年化收益率 | 0.6% |
| 投资起始金额 | 8000 元 |

该产品提供自动再投资便捷投资服务，投资者是否选择自动再投资其收益会有所不同。

假设以投资者投资该产品 8000 美元，按照美元兑人民币基准汇率为 6.15 来计算，未选择自动再投资的情况下，到期收益为 $8000 \times 0.6\% \times 6.15 \times 98 \div 365 = 79.26$ 元。

在选择自动再投资期数为 "1"，业绩基准发生调整的情况下。假设第一个投资周期，美元兑人民币基准汇率为 6.15；第二个投资周期业绩基准调整为 1.2%，美元兑人民币基准汇率为 6.17，则最终收益为 $8000 \times 0.6\% \times 6.15 \times 98 \div 365 + 8000 \times 1.2\% \times 6.17 \times 98 \div 365 = 238.32$ 元。

由此可见，在工商银行购买外汇类理财产品，选择自动再投资可让自己享受持续收益，让资金不再因为募集期而闲置，使自己获利更多。

投资者在其他银行购买外汇类投资理财产品时同样要留意银行是否有提供便捷投资服务，算一算使用这种便捷的投资方式是否能让自己可以获利更多。

基金

债券

股票

期货

外汇

保险

银行理财

信用卡

# 多种渠道选择理财产品

种类丰富的银行理财产品使投资者的选择也具有了多样性，然而优质的理财产品往往一抢而空，如何更快地抢购到适合自己的理财产品是银行理财的必备技能，接下来我们就来看看如何在几分钟内抢购到优质理财产品。

## NO.100
### 方便的网上银行和手机银行理财

在银行网点排队购买理财产品想必是每一位投资者都不愿做的事，如今在银行网上银行购买理财产品能够足不出户就买到称心如意的理财产品，那么何乐而不为呢？

网上银行中提供的理财产品种类丰富，如图7-1所示为登录建设银行个人网上银行后在理财产品页面中查看到的最新理财产品。

图 7-1    建设银行网上银行理财产品

在网上银行购买理财产品方便快捷，只需登录个人网上银行，进入投资理财页面，找到相应的理财产品，单击"购买"按钮，再按照页面提示的操作完成支付即可。

在网上银行购买银行理财产品要注意，部分银行要求必须在银行网点完成风险评估后才能在个人网上银行购买理财产品，比如工商银行，如图 7-2 所示为登录工商银行个人网上银行购买理财产品提示进行风险评估。

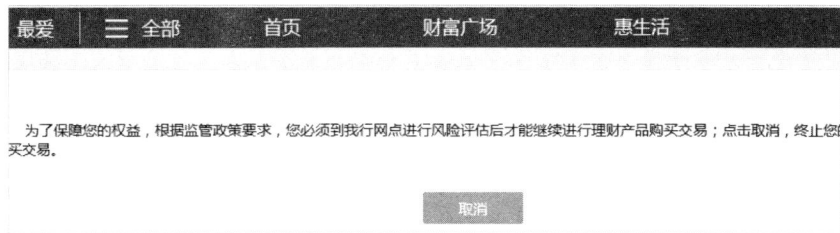

图 7-2    提示在网点进行风险评估

除了在网上银行可以在线购买理财产品外，通过手机银行仍然可以完成理财产品投资，由于手机携带方便，还可以实现随时随地进行理财。

## NO.101

# 为什么有些产品不能购买

不管是在银行网点还是在网上银行、手机银行购买理财产品，有时会遇到无法购买的情形，那么为什么会出现这种情况呢？这是因为银行发售的理财产品对地区有限制，如果投资者所处的地区不属于发行区域，那么将无法购买该产品，如图7-3所示为"乾元－私享型2016-82理财产品"的发行区域。

| 乾元-私享型2016-82理财产品 | | | |
|---|---|---|---|
| 投资期限 | 76天 | 预期年化收益率 | 3.1% |
| 是否保本 | 非保本 | 可否赎回 | 不可赎回 |
| 投资币种 | 人民币 | 风险等级 | 中等风险 |
| 发行区域 | 河北省 黑龙江 江苏省 宁波市 厦门市 青岛市 湖南省 广西省 四川省 西藏区 青海省 北京市 山西省 大连市 安徽省 江西省 河南省 海南省 贵州省 陕西省 宁夏区 天津市 内蒙古 吉林省 浙江省 福建省 山东省 湖北省 重庆市 云南省 甘肃省 新疆区 | | |

图7-3 "乾元－私享型2016-82理财产品"发行区域

除发行区域外，以下情况还有可能使投资者无法买到自己心仪的理财产品，下面来看一个案例。

**案例**

**买不到理财产品的原因**

近日，李先生在建设银行官方网站上看中了一款预期年化收益率为3.6%的非保本型银行理财产品，李先生决定在个人网上银行购买该理财产品。

但是在登录个人网上银行后，李先生并没有找到这款理财产品，此时就纳闷了，为什么在银行官方网站上能够查看到该款理财产品，而个人网上银行却没有呢？在咨询了银行客服人员后，李先生才知道原来该款理财产品的发行日期为 2016 年 7 月 26 日～ 2016 年 8 月 3 日，而现在已经是 8 月 4 日了，所以在个人网上银行无法找到该款理财产品。

经过一番筛选后，李先生决定购买另外一款在个人网上银行能够找到的理财产品，进入该款理财产品订单填写页面后，李先生发现自己仍然不能购买该理财产品。

再次咨询银行客服后，李先生才知道原来理财产品都有发行额度的限制，而该款理财产品的剩余额度为 0，所以不能购买，如图 7-4 所示。

图 7-4　剩余额度为 0

在银行购买理财产品时，投资者要注意发行区域、起购金额、发行日期和剩余额度这几个重要指标，只有同时满足这几个指标要求的条件才能买到心仪的理财产品。

**要点提示**

银行发售的理财产品还有购买渠道的限制，有些只支持银行网点购买，而有些则只支持个人网上银行或手机银行购买。另外，有些银行理财产品属于定制类产品，普通投资者无法购买。

## NO.102

# 根据投资风格选理财产品

不同的理财产品其风险大小是不同的，银行在发售理财产品时也会对不同的理财产品进行风险评估，让投资者了解产品的风险等级以及适用人群，如表7-5所示为建设银行某理财产品内部风险评级说明。

表7-5　理财产品内部风险评级说明

| 风险标识 | 风险水平 | 评级说明 | 适用群体 |
|---|---|---|---|
| 💡💡 | 较低风险 | 不提供本金保护，但本金亏损和预期收益不能实现的概率较低 | 收益型、稳健型、进取型、积极进取型 |

了解理财产品的风险评级后，投资者就可以根据个人的投资风格"对号入座"了，由于不同银行风险评级标准会有所差别，因此，投资者最好在理财产品购买的银行进行风险承受能力评测，以了解自己的风险承受能力。

比如某投资者在建设银行个人网上银行进行风险承受能力评测后得到以下结果，如图7-5所示。

| 以下是您的风险评级结果 | | | |
|---|---|---|---|
| 客户姓名 | ▓▓▓▓ | 风险承受能力评分 | 42 |
| 属于投资者类型 | 收益型 | 评级日期 | 2016-08-30 |

图7-5　风险承受能力评测结果

投资者可以在银行官网或个人网上银行进行风险承受能力评测，在评测时会进行个人投资风格、投资目的、投资经验、财务状况以及风险承受能力的测试，投资者一定要按照个人实际情况如实填写答案，否则会使测试结果不准确。

## NO.103

# 买保本理财产品有选择

银行里产品按照是否保本，分为保本和非保本两种。一般来说，投资风格为风险厌恶型和保守型的投资者会选择保本理财产品。在选购保本理财产品时要注意，保本型理财产品也有不同收益。

**案例**

**保本型理财产品的不同收益**

近日，王先生和刘先生两人都购买了银行理财产品，由于两人风险偏好不同，选择的理财产品也不同，王先生选择了某保本固定收益人民币理财产品，该产品具有以下产品要素，如表7-6所示。

表7-6　保本保收益人民币理财产品的产品要素

| 要素 | 内容 |
| --- | --- |
| 理财产品类型 | 保本固定收益 |
| 投资期限 | 365 天 |
| 预期年化收益率 | 2.8% |
| 投资起始金额 | 5 万元 |

李先生购买了某保本型人民币理财产品，该产品具有以下产品要素，如表7-7所示。

表7-7　保本型人民币理财产品的产品要素

| 要素 | 内容 |
| --- | --- |
| 理财产品类型 | 保本浮动收益 |

续表

| 要素 | 内容 |
|---|---|
| 投资期限 | 365 天 |
| 预期年化收益率 | 3.6% |
| 投资起始金额 | 5 万元 |

王先生和李先生分别投资了 10 万元购买自己心仪的理财产品，继央行连续多次降息后，各银行理财产品收益率一路下滑，王先生和李先生购买的理财产品也进入了低收益区间。

一年后，王先生和李先生投资的理财产品都到期了，由于两款理财产品的收益都不佳，在不扣除其他费用的情况下，王先生可以拿到本息 102 800 元，而李先生只能拿到本金 100 000 元。

为什么李先生购买的理财产品预期收益率更高，但到期后获得的收益反而更低呢？根本原因在于"固定"收益和"浮动"收益的区别。

对于保本浮动收益理财产品，银行能保障理财资金本金，但不会保证理财收益，而保本固定收益则既能保障本金又能保证收益。

由于市场风险、管理风险以及政策风险等多重风险的存在，导致保本浮动收益理财产品的收益波动，甚至出现收益为零的情况。因此，上述例子中的李先生才只能拿回本金。由此可见，虽然大多数保本浮动收益理财产品的风险较低，但风险是仍然存在的。

**要点提示**

从收益角度来看，保本浮动收益理财产品能在承受一定风险的情况下换取更高收益，而保本固定收益理财产品的收益率一般较低，多数只略高于定期存款。一般来说，如果市场行情较好，买保本浮动收益理财产品会更划算。

## NO.104
## 如何选超短期理财产品

手中有一笔闲钱，但短期需要使用，那么就将这笔闲钱放在银行卡中"睡大觉"吗？答案是否定的。

在银行理财产品中，有一部分产品属于超短期理财产品。如果我们有一笔，但在 7 天或 15 天内将要对其进行使用，那么就可以将这笔资金用于购买超短期的银行理财产品，获取比活期存款更高的收益。

超短期理财产品的特点就是期限短，比如招商银行日益月鑫理财计划 A 款提供的理财产品持有期限为 7 天、14 天和 21 天，投资者可根据不同的流动性需求来选择投资期限，可见超短期理财产品让投资者短期的闲置资金有了好去处。

如果投资者不清楚是 7 天还是 15 天后会使用资金，那么还可以选择购买灵活性更强的开放式银行理财产品，比如交通银行提供的部分理财产品。在交通银行提供的理财产品中，有一部分理财产品支持 7×24 小时申购，而赎回时间则支持工作日 8:45 ～ 15:29、00:00 ～ 23:59 等时间段，如图 7-6 所示。

基金
债券
股票
期货
外汇
保险
银行理财
信用卡

图 7-6　交通银行开放式理财产品

从上图可以看出，上述理财产品中有一部分还具有保本、风险低的特点，而有些风险则较高，投资者可根据个人风险承受能力选择适合自己的产品，与活期存款 0.3% 的利率相比，上述理财产品的收益明显更加可观。因此，有超短期理财需求的投资者完全可以利用这类理财产品，让自己的资金保值增值。

值得注意的是，这类理财产品一般仍有起购门槛限制，如果短期内闲置的资金太少，那么可考虑购买货币基金而不是超短期理财产品。

# 银行理财"吸金"技巧与注意事项

我们享受了银行提供的各种服务，自然要为这些服务付出"代价"，比如银行卡余额变动工本费、跨行转账费用以及银行理财产品托管费等，聪明的理财达人总是既会投资赚取收益，又懂得如何为自己省下各种费用。

## NO.105
### 微信银行，省短信通知费

对需要实时掌握资金变动确保账户安全，及时获取账户余额指导资金运作方向的投资者来说，开通手机余额变动提醒即可及时掌握账户资金变动，获取银行金融信息。然而，手机余额变动提醒并不是免费的，一般的收费标准为每账户每月两元。

在银行推出微信银行后，聪明的理财达人找到了省下这笔费用的方法。关注银行公众号并绑定个人银行卡号后，只需在微信银行中选择"账户查询"选项即可查询到自己银行卡的账户余额，如图 7-7 所为民生银行微信公众号账户查询功能，如图 7-8 所示为建设银行微信公众号账户查询功能。

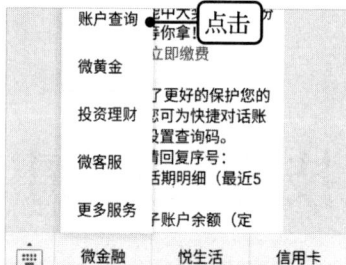

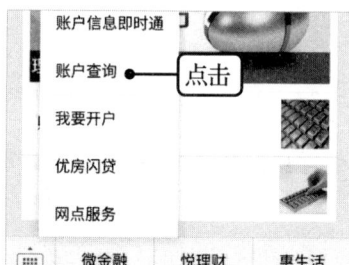

图 7-7　民生银行微信公众号　　图 7-8　建设银行公众号

目前，微信已是很多人手机中必备的聊天工具，利用微信银行提供的账户查询功能我们就能实时进行余额查询。大多数微信银行还提供动账通知功能，当余额发生变动后即可收到微信消息，这样就可以为自己省下一笔短信通知费。

将银行账户与银行微信号绑定的方法很简单，以建设银行为例，关注建设银行公众号，在推送的即时消息中点击"点击这里，绑定账户"超链接，按照提示的操作步骤提交相关信息即可完成绑定，绑定成功后会收到银行推送的绑定成功的信息，如图 7-9 所示。

图 7-9　银行账户绑定成功

微信银行除了提供账户查询功能外，不少银行还提供了丰富的个性化功能，比如微信银行在线预约取款，客户只需在微信银行中找到预期取款功能，再提交预约取款的信息即可，完成预约后可到就近银行 ATM 机中取走现金，目前开通了此个性化功能的银行有建设银行、招商银行及浦发银行等。

## NO.106
### 跨行转账不要钱

在现实生活中，资金往来是很平常的事，将自己银行卡中的资金转给他人或者通过 ATM 机将现金转给他人都是资金往来的一种方式。通过银行实现资金往来，如果是同行转同行，一般没有手续费，但是跨行转账则不同。

以建设银行为例，在建设银行个人网上银行跨行转账，收费标准如下所示。

◆ 同城每笔 5 000 元以下（含）免费，而 5 000 元以上收费 1 元。

◆ 异地转账每笔 5 000 元以下（含）免费，5 000 元~ 10 000 元（含），收费 5 元；10 000 元~ 50 000 万元（含），收费 7.5 元，50 000 元以上，按转账汇款金额的 0.015% 收取，最高收费 25 万元。

那么这笔转账费用是否能省去呢？在 2016 年 2 月 25 日，五大行联合宣布个人客户通过手机银行办理的转账、汇款业务免收手续费，这就意味着使用手机银行跨行转账将为自己省下一笔不少的费用。

除五大行可使用手机银行实现手续费免除外，招商银行、中信银行、平安银行以及华夏银行等则已实现网上转账全免费,但自助转账机、ATM 转账免费则只有部分城商行才有此优惠。由此可见,善用银行提供的网上渠道办理各种金融服务可以让自己获得更多"好处"。

## NO.107
## 新客理财享更高收益

银行之间也是有竞争的,目前部分银行为了拓展新客户,推出了"新客专属理财产品",此类理财产品与同期普通银行理财产品相比收益率更高。只不过新客理财产品一般只有一款,且需要抢购才能买到,下面来看一款新客理财产品。

### 案例

**光大银行新客理财,享专属年化收益率**

光大银行新客理财是光大银行针对阳光 e 申请新客户定制的一款专属理财产品,该理财产品的产品要素如图 7-10 所示。

| 新客理财16年33期 | | | | 产品说明书 ? |
|---|---|---|---|---|
| 产品编号 | EB3697 | 起点金额 | 5万 | 4.00%/7526万元 |
| 风险程度 | 较低 | 理财期限 | 55天 | 专享年化收益率　剩余额度 |
| 起息日 | 2016-09-01 | 到期日 | 2016-10-26 | |
| | | | 207人已购买 | 抢 购 |

图 7-10　光大银行新客理财产品

该款光大银行新客理财产品风险评级为较低,投资期限并不长，只有 55 天，而投资者却能享受专属 4.0% 的预期年化收益率，相比光大银行同期在售的其他普通理财产品，大多预期收益率在 2.7% ～ 3.8% 之间。

新客理财产品美中不足之处在于产品单一，且投资期限选择少，而普通理财产品的产品期限比较丰富，可选 1 个月、2 个月或 1 年不等。如果投资者的投资期限与新客理财产品不符，那么新客理财就难以让人满意。

**要点提示**

除新客理财能获得更高收益外，购买银行推出的"理财夜市""理财早市"中的理财产品也能获得更高收益，此类理财产品通常比同期普通理财产品预期收益率高出 0.1 个百分点。推出理财夜市、理财早市的理财产品的银行有光大银行、平安银行等。

## NO.108
## 银行理财风向标，哪些值得投

投资银行理财产品，让投资者最为头疼的莫过于选择理财产品，面对种类繁多的银行理财产品，总让投资者挑"花了眼"。在互联网时代，投资者要善于借助网络平台，帮助自己更轻松地选购银行理财产品。

**案例**

"界面"告诉你，本周哪些理财产品收益佳

界面（http://www.jiemian.com/）由中国第一大报业集

团上海报业，联手 11 家互联网、金融与传媒资本推出，是高素质人群聚集的新闻及商业社交平台。

在界面官方网站金融板块中，我们可以了解到与银行有关的最新报道，其中大部分内容与理财产品有关，如图 7-11 所示。

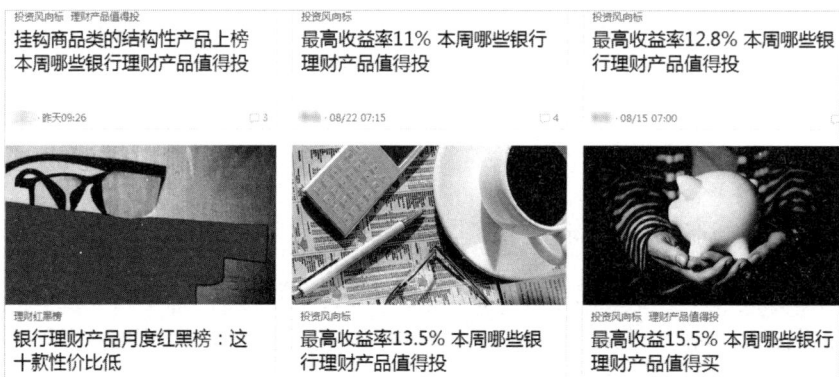

**图 7-11　"界面"金融板块银行最新报道**

从上图可以看出，这些内容都与理财产品有关。单击标题进入相应内容后，可以看到"界面"为投资者筛选出的理财产品，比如单击"挂钩商品类的结构性产品上榜，本周哪些银行理财产品值得投"后，我们会阅读到以下内容，如图 7-12 所示。

**图 7-12　界面新闻推荐值得关注的理财产品**

相比去不同银行一一筛选理财产品，关注界面推荐的理财产品，很明显可以让我们更快地挑选出值得购买的理财产品。

## NO.109
## 认清银行理财的费用

投资者在购买理财产品时，关注点往往集中在收益率和投资期限上，而对于一些隐藏的信息常常不太关注，比如银行理财产品的费用。

**案例**

### 不可忽视的隐性成本

刘女士在 2016 年 7 月投资了 20 万元某银行一款年化收益率为 3.6%，期限为 91 天的人民币非保本理财产品。到期后，刘女士按照银行公布的收益率计算了自己的投资收益，大概能获得 1844.93 元收益，可当刘女士从银行领到实际收益，发现只有 1645.4 元，刘女士表示不能理解。

银行的理财经理告诉刘女士，之所以她的到手收益只有 1645.4 元，是因为扣除了手续费。

这时，刘女士才明白，原来银行理财产品并不是零成本的投资，银行主要会收取以下几种费用。

1. 产品托管费；

2. 产品销售费；

3. 追加投资费用；

4. 赎回费用。

如果产品投资涉及信托计划，那么还会收取以下费用。

1. 信托管理费；

2. 信托保管费。

如果产品投资涉及资产管理计划，会收取以下费用。

1. 管理费；

2. 资产管理托管费。

有时银行为了促进银行理财产品的销售，对理财产品的收费细则会采取回避的态度，不会主动告知客户购买银行理财会收取哪些费用，而大多数客户也不会主动询问，这就使许多投资者出现类似本例中刘女士的情况。

银行理财产品费用的收取情况会在合同中写明，这就要求投资者在购买银行理财产品时看清楚合同细则，清楚自己投资银行理财产品的成本。

**要点提示**

在银行理财过程中，投资者还容易陷入赎回误区，认为购买银行理财产品后可以随意赎回，实际上并不是这样。按照是否可赎回，银行理财产品可分为可赎回和不可赎回，不可赎回的理财产品在投资期限未到期前都不能赎回，可赎回理财产品可在银行约定的赎回期赎回，比如工作日的 1：00~15：30。

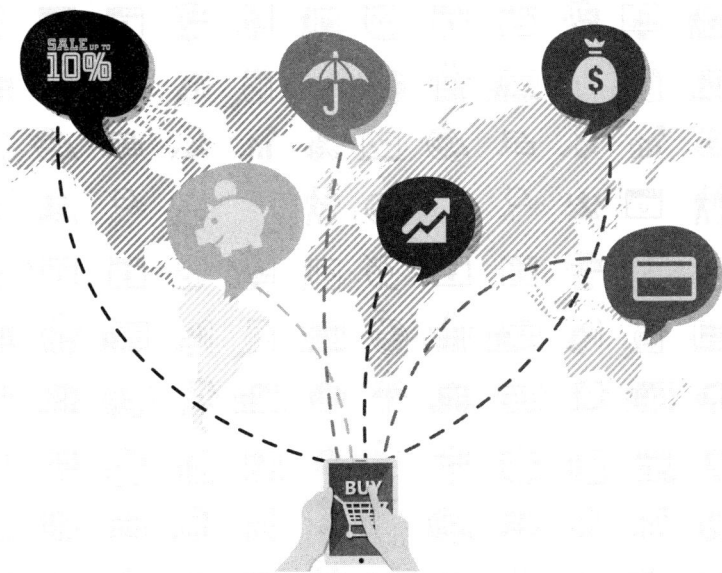

**第八章**
**提前消费的理财方式**

## 信用卡

目前信用卡的普及率正在逐年上升，它具有先消费后还款的功能，利用信用卡的这一功能持卡人可以实现"以债生财"，这使得信用卡不仅成为支付工具，还成为了理财工具。

# 信用卡，你了解透彻了吗

信用卡看似只是一张小小的卡片，但其中却包含了很多重要的信息以及丰富的功能，持卡人想要利用信用卡进行理财，首先就需要对信用卡有清楚的认识，下面就让我们一起来探索信用卡的"奥秘"。

## NO.110
### 申办一张适合自己的信用卡

不同银行都推出了不同类型的信用卡，为了让信用卡能够真正用到实处，在选择信用卡时就要选择适合自己的信用卡。比如经常出差的人可选择酒店联名卡；有车一族可以选择车主卡；爱旅游的人可选择旅游卡。

申办信用卡可以在银行官网、手机银行、微信银行以及银行网点柜台进行，下面以在交通银行信用卡中心申请信用卡为例。

**案例**

## 在交通银行信用卡中心申请信用卡

进入交通银行信用卡中心（http://creditcard.bankcomm.com/），单击"我要办卡"按钮，在打开的页面中单击"立即申请"按钮，如图8-1所示。

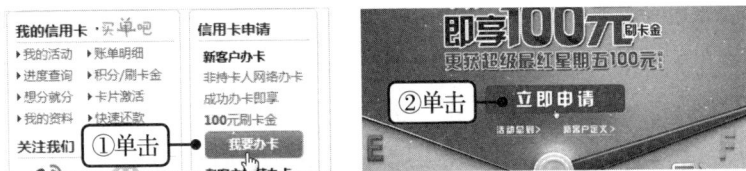

图8-1　进入交通银行信用卡中心

在打开的页面中填写个人信息，选中"本人已经阅读……"复选框，单击"确认以上信息"按钮，如图8-2所示。

图8-2　填写个人信息

完成以上步骤后会进入基本个人信息、工作及其他信息、自选服务项目填写页面，完成所有内容的填写后，再提交申请即可。

申请提交成功后，银行会进行申请人信息的审核，审核通过后银行会为申请人邮寄信用卡卡片。在等待银行审核的期间，申请人可以通过网上银行或手机银行等渠道查询自己的办卡进度，了解自己是否申请成功，以及银行是否已邮寄信用卡。

---

**百科链接** *信用卡不能马上使用*

当申请人取得银行邮寄的信用卡后，会发现该信用卡并不能正常刷卡消费，这是因为信用卡都需要激活后才能正常使用，信用卡的激活方式很简单，持卡人可以通过网上银行、手机银行或电话银行等渠道完成信用卡激活，信用卡激活后，便可使用信用卡进行消费了。

---

## NO.111
## 小小卡片包含重要信息

从信用卡的卡面看起来信用卡并没有什么特别之处，实际上信用卡的正面和反面上都有许多重要的信息，这些信息对持卡人来说具有重要意义。

（1）信用卡正面

在信用卡正面一般印有信用卡发卡银行标识、信用卡卡号、发卡组织标识、信用卡持卡人姓名和信用卡有效期。如果是芯片卡，则在正面左侧中央位置会嵌入 IC 芯片，磁条卡没有 IC 芯片。如图 8-3 所示为信用卡正面。

图 8-3　信用卡正面

（2）信用卡背面

在信用卡的背面有持卡人签名栏、个人安全码和发卡银行客服热线等信息，如图 8-4 所示。

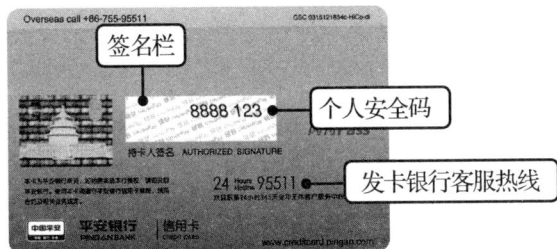

图 8-4　信用卡背面

信用卡正面的有效期和背面的个人安全码对持卡人来说是比较重要的，因此，在网上使用信用卡在线支付时常常需要填写这两个信息。

## NO.112
## 用好信用卡这些信息要清楚

持卡人在使用信用卡的过程中会涉及许多与之有关的名词，认识和了解这些名词有助于持卡人更好地使用自己的信用卡。其中，有许多名词都与持卡人消费的账单息息相关，下面就以交通银行信用卡的电子账单为例，来看看常见信用卡名词。

**案例**

**交通银行信用卡电子账单**

如图 8-5 所示为某持卡人交通银行信用卡 2016 年 9 月的电子账单。

**图 8-5　交通银行信用卡电子账单**

在上图中可以看到的名称包括到期还款日、本期应还款额、最低还款额、信用额度、取现额度和账单周期等，各名称的解释如表 8-1 所示。

**表 8-1　信用卡常见名词解释**

| 名词 | 含义 |
|---|---|
| 到期还款日 | 指信用卡发卡银行要求持卡人归还应付款项的最后日期，通俗的来讲，就是发卡银行在出了账单后，持卡人需在到期还款日前将所消费的金额还清 |
| 信用额度 | 指信用卡的可用额度，也是所持的信用卡可以使用的最大金额 |

续表

| 名词 | 含义 |
|---|---|
| 最低还款额 | 指当月账单中最低需要偿还的金额，其计算公式为最低还款额=10% 信用卡账户所有一般交易 +100% 账户内所有未结清的分期交易单期金额 +100% 上期最低还款额未还清部分 +100% 超过账户信用额度使用的全部款项 +100% 费用 +100% 利息 |
| 取现额度 | 指发卡银行授予持卡人信用额度中可用于预借现金或转账的额度，不同银行授予的取现额度会不同，大多数为信用额度的 50% |

信用卡的使用过程中还有一个重要名称需要持卡人记住，那就是账单日，账单日指发卡银行每月定期对信用卡账户当期发生的各项交易、费用等进行汇总结算，并结计利息，计算当期总欠款金额和最小还款额的日期。

了解信用卡账单日可以在发卡银行为申请人邮寄的信用卡信函中了解，在信函中会写明信用卡的账单日，同时每月银行发出的电子账单中也会写明账单日。

使用信用卡最重要的是做到按期还款，如果未能在到期还款日（含）前还清上期账单最低还款额，那么发卡银行会收取一定的滞纳金，一般以最低还款额未还部分的 5% 计算。

如果在到期还款日前置还了最低还款额，那么发卡银行将收取循环利息，自该笔账款记账日起至该笔账款还清日止为计息天数，计息利率为日息 0.5‰。

从信用卡理财的角度，这笔费用的支出是不划算的，因此在使用信用卡消费时持卡人就应该明确自己的还款能力，避免超额消费给自己带来巨大的还款压力。

# 信用卡省钱有门道

理财不仅仅指通过投资获得收益，省钱也是一种理财之道，然而省钱也不是指节衣缩食，而是在保证生活质量的情况下减少支出。信用卡作为一种消费和省钱的工具，能让持卡人在不影响日常生活的情况下省下一笔钱。

## NO.113

### 你刷卡消费，"我"免你年费

使用信用卡并不是免费的，大多数信用卡每年都会收取年费，这笔年费常常成为许多人不选择使用信用卡的原因。实际上，目前国内大多数的发卡银行都有刷卡免年费的优惠，也就是所持卡人只要每年刷卡次数满足达到了免年费的标准，那么年费是完全可以不用缴纳的，下面以交通银行为例看看如何刷卡免年费。

**案例**

### 使用交通银行信用卡如何免年费

交通银行信用卡不同卡种其年费的收取标准有相应的差别，如表8-2所示。

表8-2　交通银行信用卡年费收取标准

| 收费项目 | 收费内容 | 收费标准 | |
|---|---|---|---|
| 年费（每卡） | 主卡/附属卡 | 双币卡 | 金卡：200元/100元 |
| | | | 普通卡：140元/70元 |
| | | 人民币卡 | 金卡：120元/60元 |
| | | | 普通卡：80元/40元 |
| | | more卡 | 80元/40元 |
| | | 白金主卡 | 基本年费1000元 |
| | | 白金附属卡 | 免基本年费 |
| Y-POWER卡年费（每卡） | 主卡 | 双币卡 | 140元 |
| | | 人民币卡 | 80元 |
| 沃尔玛卡年费（每卡） | —— | 双币卡 | 金卡：150元/70元 |
| | | | 普通卡：75元/38元 |

从交通银行不同卡种年费的收取方式可以看出，除白金附属卡免基本年费外，其他信用卡都会收取年费。根据交通银行免年费规则，交通银行信用卡免首年年费，首年刷卡6次不计金额多少，即可免除次年年费。由此可见，只要持卡人在发卡日之后，刷卡6次即可不用缴纳年费。

各银行目前都有各自的免年费政策，持卡人想要了解自己手中的信用卡的免年费规则可以拨打银行客服电话或通过网上银行查询了解。但要注意的是，网购、取现一般不计入次数，也就是说刷卡一般是指在POS机上进行刷卡消费。

## NO.114
# 两卡联用，不让银行赚钱

前面我们已经知道了，使用信用卡如果为全额还款都会被收取相应的费用。在现实生活中，不少持卡人会因为工作太忙、外出旅游等原因而忘记了还款。

为了避免个人疏忽导致未按时还款被银行收取费用，持卡人可以采取两卡联用的方法来避免产生不必要的利息。

两卡联用是指持卡人同时拥有同一家银行的信用卡和借记卡，通过设置银行卡关联而实现自动转账还款，将储蓄卡与信用卡关联以后，持卡人只需保证在储蓄卡中有足额还款的金额就可避免应忘记还款而被收取多余的费用。

信用卡关联的储蓄卡最好是经常使用的，比如工资卡。将信用卡关联储蓄卡还款的操作很简单，持卡人可通过手机银行、个人网上银行完成关联，如图 8-6 所示为交通银行本行自助还款签约页面。

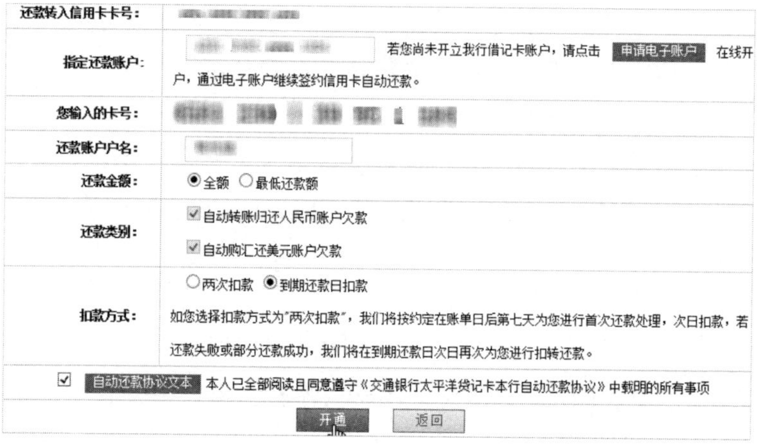

图 8-6　交通银行本行自助还款签约页面

## NO.115

# 不要钱的还款提醒

使用信用卡最让持卡人担心的就是错过最后还款日，为了避免自己忘记还信用卡，持卡人可以为自己设置免费的还款提醒。目前在微信、支付宝等手机 APP 上都可以设置信用卡还款提醒功能，并且这种还款提醒服务是不需要支付任何费用的，下面就来看看如何在微信中为自己的信用卡设置还款提醒。

**案例**

**在微信中为信用卡设置还款提醒**

登录个人微信账号后，在"我"菜单栏中点击"钱包"超链接，在打开的页面中点击"信用卡还款"按钮，如图 8-7 所示。

图 8-7　进入微信钱包页面

在打开的页面中点击"我要还款"按钮，进入新的页面中输入卡号和姓名，点击"确认绑卡"按钮，如图 8-8 所示。

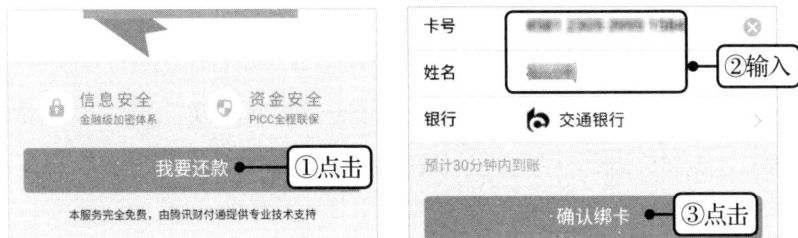

图 8-8　绑定信用卡

在打开的页面中点击"设置还款提醒日"按钮,在打开的页面中选择日期,点击"确认设置"按钮即可,如图8-9所示。

图 8-9 设置还款提醒

在微信中设置还款提醒后,在每月设置的还款日当日,微信将推送还款提醒到手机微信中,持卡人如果经常使用支付宝也可以在支付宝中设置还款提醒。

在设置还款提醒日时,持卡人最好将提醒日设置为最后还款日的前一天,以避免在最后还款日还款时因扣款失败而导致还款不成功,而被扣取了多余的费用。

---

**百科链接** *节假日如何为信用卡提额*

在节假日,不少人都会选择外出旅游、回老家或采购,导致在节假日的资金花费会比平时多,此时如果信用卡额度不能满足消费需求就会使自己不能享受信用卡的透支功能。为了让外出旅游玩得开心,信用额度能够支付节假日大额的购物款项,持卡人可以申请信用卡临时提额,临时提额的增幅一般在10% ~ 50%。虽然增加了额度可以让信用卡的可透支金额增加,但要注意将消费金额控制在自己还款能力范围内,避免超额消费无力偿还的情况出现。

基金

债券

股票

期货

外汇

保险

银行理财

信用卡

# 用好信用卡，轻松薅取大"羊毛"

使用信用卡消费相当于享受了银行提供的短期贷款服务，且这种贷款只要按时还款就不会被收取"贷款利息"，利用信用卡的这一优势，持卡人可以进行理财，轻松薅取信用的"羊毛"。

## NO.116
### 免息期，活用新进短期投资增加收益

信用卡一般有 20 ～ 56 天不等的免息期，在免息期内透支消费，不用支付任何利息，在不使用信用卡的情况下，在 20 ～ 50 天内消费的金额将使用现金支付，这就意味着个人要拿出一笔现金用于日常开支，而这笔现金并不能用于理财。

有了信用卡以后，持卡人可以将这 20 ～ 50 天内可能动用的现金

用于购买短期理财产品，以获得增值收益。下面就来看一个案例。

### 案例

**利用信用卡投资金额买短期理财产品**

李先生近日买了一台笔记本电脑，金额为一万元，在支付款项时，李先生选择的是信用卡支付。由于李先生的刷卡的日期为账单日的后一日，因此李先生可以获得 50 天的免息期。

第二日，李先生将省下的一万元用于购买了一款固定收益理财产品，该产品在锁定 30 天后即可随时取出，预期年化收益率为 3.3%。

由于这一万元是必还款项，因此李先生选择的的理财产品也是低风险的产品，在最后还款日的前一天将此次投资的一万元赎回用于还款，这样李先生也能享受 40 多天的投资收益。

通过上述的案例可以看出，只要巧妙地利用免息期，持卡人就可以将闲置的现金用于投资理财，但要注意这笔省下的现金最好用于购买稳健的短期理财产品，避免投资风险较高的产品，导致投资亏损而无法偿还信用卡。

对于每月有固定收入的上班族来说，可以在每月发工资以后预留一部分小额开支的现金，而将其他资金投资于宝宝类理财产品，日常支出更多的使用信用卡支付，在还款日前赎回部分宝宝类理财产品的资金用于还款，长期累积起来也能获得不错的投资收益。

## NO.117

# 巧妙延长免息期

信用卡的账单日并不是固定不变的，各大发卡银行都提供修改账单日的服务。通过修改账单日，持卡人就可以巧妙的延长自己的免息期，下面来看一个案例。

**案例**

**延长建设银行信用卡免息期**

罗女士有一张建设银行信用卡，该卡默认的信用卡账单日为每月 9 日。在 2016 年 6 月 10 日，罗女士进行了大额信用卡消费。

这笔消费将在 7 月 9 日出账单，最后还款日为 8 月 2 日，可享受免息期 53 天（6 月 10 日～8 月 2 日），建设银行信用卡可在每月 1 日或每月的 8～26 日选取一个日期作为新的账单日。

于是罗女士在 7 月 1 日～7 月 8 日之间申请将账单日调整为每月 25 日，这样该笔消费将在 7 月 25 日出账单，最后还款日为 8 月 18 日，那么可以享受的免息期为 6 月 10 日～8 月 18 日，共 69 天。

从上述案例可以看出，通过修改账单日可以使得免息期临时延长，银行对账单日的修改次数一般有限制条件，通常规定每半年一次、一年一次或无法修改，比如中国银行、建设银行为每卡半年一次，招商银行按户每半年一次，农业银行无法修改，而交通银行为卡有效期内可以修改一次。

## NO.118
# 如何用信用卡在超市或便利店省钱

在现实生活中，超市、便利店购物都是生活常态，生活开支中在商户刷卡消费的金额并不低，那么有没有信用卡超市购物优惠方案呢？下面就来看看使用交通银行信用卡如何获得商户购物优惠。

### 案例

**交通银行最红星期五，制定门店返刷卡金**

2016 年交通银行最红星期五活动正在进行，活动期间为 2016 年 1 月 1 日～12 月 31 日，持卡人每星期五在各城市指定合作超市店内刷交通银行信用卡（仅持有分期信用卡、Boss 卡的持卡人除外）任一单笔消费满 128 元人民币且满足活动其他参与条件的就可享受以下刷卡金返还。

1. 普通信用卡可享该笔交易 5% 刷卡金奖励。

2. 白金信用卡可享受该笔交易 10% 刷卡金奖励。

合作超市包括指定的乐天玛特门店、指定实物华润万家门店以及指定的华润苏果门店。

交通银行刷卡金奖励活动对大多数持卡人来说都是很实惠的，实实在在的返现可以让持卡人真正享受到实惠。除交通银行外，浦发银行、光大银行等也都有商户购物优惠活动。

比如在 2016 年 9 月 15 日～12 月 31 日，每周四浦发银行信用卡持卡人通过浦大喜本 APP 扫码支付或使用浦发银行信用卡 Apple Pay、Huawei Pay 和 Mi Pay 这 3 类银联云闪付在万宁指定门店消费，可享当日首笔金额满 40 元立减 20 元优惠。

不同银行合作的门店和提供的优惠会有所不同，持卡人可以关注自己信用卡发卡银行官方网站动态，因为发卡银行会在第一时间将最新优惠活动信息发布在官网上。此外，也可以通过关注发卡银行微信公众号的方式获得最新优惠活动信息，在微信公众号中银行会不定期推送信用卡优惠信息。

## NO.119

### 车主刷车主信用卡，油钱省不停

对有车一族来说，油费是汽车开支的一部分，如果拥有一张车主信用卡将为自己省下部分油钱，下面以平安车主信用卡为例。

### 案例

**平安车主信用卡，尊享加油 8.8 折**

平安车主信用卡是平安银行为私家车主精心打造的信用卡产品，该卡拥有平安信用卡"挂失前 72 小时消费损失全额保障"的安全保障，另外与车主息息相关的是持卡人在 2016 年全年每周三加油能享受加油 8.8 折优惠。

除加油优惠外，持卡人还能专享特惠，具体内容如下所示。

1. 首刷次日起即可获赠最高 110 万元全车人员意外保障（仅限持卡人本人驾驶车辆）。

基金

债券

股票

期货

外汇

保险

银行理财

信用卡

2. 首刷次日起即可申请每次 30 公里内的免费道路救援服务（含事故和非事故），每天可享一次，全年不限天数。

3. 消费积分可全额兑换平安车险保费，积分可按照 500 积分 =1 元折抵平安车险保费。

该卡的年费为 200 元，但只要持卡人每年消费满 3 万元就可免次年年费。

能够享受加油优惠的车主信用卡还有很多，下面来看看其他银行有加油优惠的车主信用卡，如表 8-3 所示。

表 8-3　能享受加油优惠的车主信用卡

| 发卡银行 | 信用卡名称 | 优惠内容 |
|---|---|---|
| 招商银行 | Car Card 汽车信用卡 | 专享指定加油站加油金额返还优惠，最高 5%。另外，持卡人还可以将私家车汽车牌照印在大卡卡片上面 |
| 广发银行 | 优游通联名信用卡和车主信用卡 | 刷卡加油可自主选择获得 5 倍积分奖励或 1% 现金返还 |
| 民生银行 | 车车信用卡卓越版 | 可享受加油消费 8% 加油返还，加油返还以民生信用卡商城电子代金券形式体现 |
| 兴业银行 | 兴油信用卡 | 享加油每升返还 0.2 元优惠，以及 24 小时非事故道路救援服务 |
| 工商银行 | 牡丹中油信用卡 | 在指定加油站刷卡加油将享受 3% 的加油补贴，加油补贴金额累计不超过持卡人购买安邦商业车险保费的 10% |
| 交通银行 | 永达汽车信用卡 | 享周五加油返 5% 优惠以及汽车年检、保险和维修等增值服务 |
| 广发银行 | 广发易车联名卡 | 享刷卡加油 3% 现金返还、保险额外 5% 补贴以及每季度 35 元汽车保养代金券 |

要了解不同卡片的费用详情、特色增值服务以及具体的活动细则等可进入各银行官方网站了解。

# 赚取积分，增加信用卡附加值

使用信用卡还有一个好处就是可以累积积分，信用卡的积分并不是"一无是处"，相反它能为持卡人带来很多实惠，比如兑换航空里程、实物礼品等，通过积累信用卡积分可以增加信用卡的附加值。

**NO.120**

## 信用卡积累积分的小诀窍

要享受到更多的信用卡积分优惠，持卡人就要学会积累信用卡积分。由于不同持卡人手中的信用卡不同，其积分规则也不同，下面就为持卡人分享信用卡积分通用的积累窍门，具体内容如下所示。

（1）选择永久积分的信用卡

不同银行提供的信用卡积分有效期是不同的，有的银行为永久有效，而有的银行则是每年清零或为有效期内有效。信用卡积分清零后将不能再使用，为了让自己的信用卡积分能够得到长期累积，在选择信用卡时不妨选择积分永久有效的信用卡。

在各大银行中，积分永久有效的发卡银行有工商银行、建设银行、农业银行、招商银行、华夏银行及民生银行等，在卡片有效期内有效的有广发银行、兴业银行及平安银行等。

（2）申请附属卡，多刷信用卡

如果家人也需要使用信用卡，那么主卡持卡人可以为家人申请附属卡，这样会使刷卡消费的金额增加，可以集家人的力量一起积累积分，让信用卡积分累积的更快。信用卡积分是通过刷卡消费累积的，因此，平时消费多刷信用卡是累积积分最简单的方法。

（3）关注积分赠送优惠

不同银行会不定期推出积分赠送活动，比如招商银行在 2016 年 9 月 1 日～9 月 30 日期间就有"推荐赚积分"活动，持卡人推荐未持卡亲友申请信用卡，亲友在成功发卡后 30 天内开卡，可送 1000 招行信用卡积分。持卡人只要多关注银行的积分活动，也可以让自己的积分不断增加。

# NO.121
## 电商平台可兑换信用卡积分，是否划算需细算

大多数持卡人的积分使用渠道都是在银行信用卡商城兑换礼品，

如今有电商平台与银行强强联合，让持卡人可以将积分换成现金，在电商平台选购商品。

这种新型的积分兑换方式使持卡人的积分兑换渠道有了更多选择，但是否划算还要细算，下面就以京东"钢镚"为例。

**案例**

### 小积分，换钢镚，当钱花

钢镚是京东用户在京东金融网站平台上参加合作商户积分兑换产生的通用积分，该积分可在消费时抵用现金。使用光大银行、民生银行、中信银行、北京银行、包商银行和上海银行的信用卡积分可以兑换钢镚。

用信用卡积分兑换钢镚只需实名认证→选择商户→填写兑换数量→确认兑换→兑换成功，这简单的 5 步就可完成，兑换的钢镚可在京东商城挑选自营商品，一钢镚相当于一元人民币。

对持卡人来说，利用信用卡积分兑换钢镚在京东商城兑换商品可使选择兑换的商品种类增加，但将积分换成钢镚是否划算呢？如表 8-4 所示为积分兑换钢镚的标准。

表 8-4　积分兑换钢镚的标准

| 银行 | 兑换标准 | 银行 | 兑换标准 |
|---|---|---|---|
| 光大银行 | 1000 积分 =1 钢镚 | 民生银行 | 8200 积分 =1 钢镚 |
| 中信银行 | 20000 积分 =10 钢镚 | 北京银行 | 6000 积分 =10 钢镚 |
| 上海银行 | 1000 快豆 =10 钢镚 | 包商银行 | 待定 |

通过积分兑换钢镚的标准可以看出，不同银行的钢镚兑换标准有所不同，有的银行兑换钢镚需要花费更多的积分，比如民生银行与光大银行相比，兑换一钢镚民生银行需要 8200 积分，而光大银行只需 1000 积分。其中，光大银行和民生银行的积分累积规则都为一元积一分，由此可见不同银行积分兑换钢镚的含金量是不同。

对不同的信用卡持卡人来说，在电商平台进行积分兑换是否划算还是要因人而异，如果持卡人刚好对电商平台上的某件商品有需求，那么将信用卡积分兑换为现金并进行购物是划算的。

## NO.122
## 如何用信用卡积分"免费"喝咖啡

作为信用卡理财达人，银行推出的信用卡优惠活动是不容错过的，因为这些活动常常能让持卡人享受到实实在在的好处，对于爱喝咖啡的持卡人来说，信用卡积分"免费"喝咖啡就是不可错过的活动。

### 案例

**用浦发银行信用卡积分兑换星巴克咖啡**

在 2016 年 12 月 31 日前，持有浦发银行信用卡的持卡人可用信用卡积分兑换星巴克咖啡，其兑换标准如表 8-5 所示。

表 8-5　浦发银行信用卡积分兑换星巴克咖啡标准

| 咖啡类型 | 兑换分数（麦兜卡除外） | 兑换分数（仅限麦兜卡） |
|---|---|---|
| 中杯手工调制饮料 | 16 000 分 | 32 000 分 |
| 大杯手工调制饮料 | 17 500 分 | 35 000 分 |
| 超大杯手工调制饮料 | 19 000 分 | 38 000 分 |

　　浦发银行此次活动的参与区域限定为江浙沪指定门店，注意兑换的饮料仅限星巴克菜单牌公示饮料品项，瓶装饮料除外。

　　除浦发银行有免费喝咖啡活动外，其他银行也有相应的活动，比如 2016 年中信银行推出的白金卡新客户畅享 5 杯星巴克礼遇活动、中国银行推出的 15 000 积分兑换大杯饮品活动等。

　　在参加银行提供的积分兑换活动时，持卡人要注意，银行的活动一般分为全国性优惠活动和区域性优惠活动，在参加活动前最好先看看银行发布的活动细则，了解有哪些活动地区，看自己是否能够享受到此次活动。

**百科链接** *信用卡积分如何兑换航空里程数*

对"空中飞人"来说，将信用卡积分兑换为航空里程是最为划算的兑换方式。一般来说，只有发卡银行与航空公司合作推出的联名信用卡或金卡、白金卡才能用信用卡积分兑换航空里程，比如广发国航、南航、东航联名卡、浦发美国运通白金卡等。将信用卡积分兑换为航空里程的操作并不难，持卡人进入银行官方网站，找到相应的兑换入口即可兑换。在兑换时要注意兑换标准，比如 2016 年建设银行南航龙卡金卡 7 元人民币 /1 美元 =1 里程、建设银行南航龙卡金卡 15 积分 =1 里程。

基金

债券

股票

期货

外汇

保险

银行理财

信用卡

# 信用卡教你玩转海外淘宝

"海淘"这一购物方式对喜欢网上购物的人来说并不陌生，作为近年来兴起的网购方式，进行海淘最常用的支付工具就是信用卡，下面就来看看使用信用卡如何玩转海淘。

## NO.123

### 羊毛薅遍世界：海淘信用卡哪家强

进行海淘的第一步是准备一张能够进行海外支付的信用卡，但并不是银行推出的每张信用卡都适合进行海淘，不少海淘人士可能会问海淘办什么信用卡好？海淘信用卡哪家强？下面就为海淘人士介绍一款适合海淘的信用卡产品。

**案例**

### 适合海淘的中国银行全币种国际芯片卡

中国银行全币种国际芯片卡是一款为有出境支付需求的人士精心设计的信用卡，该信用卡支持全币种，这就使得海淘人士在进行海淘支付时不用担心货币币种的问题。

海淘对支付的安全性要求较高，该信用卡采用国际通行 EMV 芯片标准，有效降低被伪冒与欺诈风险，且银行会提供实时交易短信提醒服务，让持卡人随时掌控用卡情况。

另外，该卡具有储蓄卡和信用卡双重优势，可让持卡人在享受存款有息的同时畅享透支消费和免息还款期的便利。如果在 2016 年 12 月 31 日前办理该卡可享受无限期豁免年费的优惠，一定程度上为持卡人减轻了用卡成本。

针对海淘还款问题，该卡还款也很方便，持卡进行的外币交易，都可自动转换为人民币入账，只需轻松归还人民币欠款即可。

通过对中国银行全币种国际芯片卡的了解，可以看出进行海淘所使用的信用卡最好选用全币种或多币种信用卡，这样可以避免币种单一所带来的购物不便，如果持卡人以某一国家或地区的海淘为主，那么也可以选择双币种卡，即"本币＋一种外币"。

另外，海淘的信用卡还要从方便实用方面进行考虑，看该信用卡的还款方式、境外机构设置、汇率结算、优惠方式以及刷卡稳定性方面是否有优势。

除中国银行全币种国际芯片卡是适合海淘的信用卡外，工商银行环球旅行信用卡、招商银行全币种国际芯片卡、中信银行全币信用卡以及建设银行全币种信用卡等都是适合海淘的信用卡。

## NO.124

## 海淘税改，用信用卡省钱的正确姿势

2016 年 4 月 8 日海淘税改新政正式执行，4 月 8 日进行跨境电商海淘购物将不再按邮递物品征收行邮税，而是按货物征收关税和进口环节增值税、消费税。海淘税改后，如何进行海淘更加划算呢？下面先来看看海淘税改后哪些商品更贵。

### 案例

**海淘税改后哪些海淘商品贵了**

海淘税改后，跨境电商零售进口商品单次限值为人民币 2000 元，个人交易年度限值为人民币 20000 元，在限值以内进口的跨境电商零售进口商品关税税率暂设为 0%，进口环节增值税、消费税取消免征税额，暂按法定应纳税额的 70% 征收。

超过单次限值，累加后超过个人年度限值的单次交易以及完税价格超过 2000 元限额的单个不可分割商品均按一般贸易方式全额征税。

同时调整原有行税政策，将原 4 档税率 10%、20%、30% 和 50% 调整为 15%（对应最惠国税率为零的商品）、30%（其他商品）和 60%（对应征收消费税的高档消费品）。

从海淘税改后的税率收取情况可以看出，超额购物会承担更多的税，从海淘商品的角度来看，在限额内将征收约 11.9 的综合税率（关税 0%+ 消费税＋进口增值税），通过表 8-6 可以更清楚地看出变化。

表 8-6　税改前后税费的变化

| 商品品类 | 价格 | 新政前 | 新政后 | 税费变化 |
|---|---|---|---|---|
| 母婴、食品、保健品 | 500 元以下 | 行邮税免除 | 11.9% | +11.9% |
| | 500 元以上 | 10% | 11.9% | +1.9% |
| 化妆品 | 100 元以下 | 行邮税免除 | 32.9% | +32.9% |
| | 100 元以上 | 50% | 32.9% | −17.1% |
| 个人洗护用品 | 100 元以下 | 行邮税免除 | 11.9% | +11.9% |
| | 100 元以上 | 70% | 32.9% | −38.1% |
| 服饰、电器、手表 | 250 元以下 | 行邮税免除 | 11.9% | +11.9% |
| | 250 元以上 | 20% | 11.9% | −8.1% |

从上表可以看出，海淘奶粉、母婴产品会更贵，而化妆品、个人洗护产品等会更便宜。

在海淘税改后，用信用卡进行海淘购物就要更加关注发卡银行推出的优惠活动，这样才能让自己进行海淘购物更加划算。在 2016 年，信用卡海淘优惠也很丰富，下面就来看看实用的海淘优惠，如表 8-7 所示。

表 8-7　2016 年部分海淘优惠活动

| 发卡银行 | 优惠活动 |
|---|---|
| 建设银行 | 2015 年 10 月 14 日～ 2016 年 6 月 30 日，龙卡信用卡万事达卡持卡人刷龙卡电子钱包海淘购物立返 20 美金 |
| 工商银行 | 截止 2016 年 9 月 30 日工银万事达信用卡持卡人，登录美国著名的海淘返利网 Extrabux 刷信用卡购物，可享品牌专享折扣及高达 20% 超值返利 |

续表

| 发卡银行 | 优惠活动 |
|---|---|
| 农业银行 | 2016 年 9 月 25 日 ~ 10 月 24 日（美国东部时间），农行 Visa 信用卡持卡人在 Saks.com 购物，结算时输入折扣码 "VISAMOON"（不区分大小写），可享至多 10% 折扣优惠（可在原有商品的折扣基础上再打折） |

**百科链接** *海淘"一键"支付，信用卡不要支付密码*

在境内网站上使用信用卡进行支付时，一般需要持卡人输入卡号、姓名和信用卡有效期等信息才能完成支付。与境内信用卡支付不同的是部分海淘网站推出了更为便捷的支付方式，那就是"一键"支付，在海淘购物支付时只要选择一键支付不用输入支付密码也能完成支付。这种支付方式虽然方便但持卡人也要注意用卡完全，对于小额支付可采取"一键"支付，而大额的支付最好采用密码、动态密码验证等更为安全的支付方式。

## NO.125
## 如何在信用卡跨境消费中省钱

2015 年我国出境游人数达到 1.2 亿，境外消费共 1.5 万亿元。其中，有 7000 亿 ~ 8000 亿元用于购物，可见境外购物的消费能力很强。不少信用卡的持卡人可能还不知道，使用信用境外购物可以让自己省钱。

**案例**

刷中信银行信用卡韩国购物享 10% 返现礼遇

在 2016 年 8 月 1 日 ~ 11 月 30 日刷中信银行美国运通

卡在韩国购物可享返现专场活动优惠，在指定的商户消费达 30 美元即获 10% 返现，活动期间单卡最高返现 100 美元。

　　此次活动覆盖的商户有百货商店、免税商店和大型零售店，携手的品牌超过 15 个，参与活动后的返现金额将于返现礼遇结束后 30 天内到账于持卡人账户。

通过上述内容可以看出，中信银行此次韩国返现活动可以让美国运通卡持卡人得到真正的实惠。

实际上，不同银行针对境外使用信用卡刷卡购物都有相应的优惠活动，比如截止 2017 年 6 月 30 日，凡持招商银行发行的 Visa 卡持卡人，在新西兰旅行期间，通过 Visa 网络在指定商户消费可享最高 15% 折扣优惠；在 2016 年 7 月 1 日～ 8 月 31 日，建设银行龙卡信用卡 Visa 卡持卡人在 Chic Outlet Shopping 九大购物村消费可在指定精品店获建议零售价最低 4 折优惠外再享 3 重惊喜，最高优惠 18%。

在境外消费时，信用卡持卡人不妨看看自己手中的信用卡是否能享受境外消费的优惠活动，参与活动将为自己省下不少的钱。

**百科链接** *美亚海淘，退款多久能到信用卡账上*

喜爱海淘的购物达人很多都在美亚（美国亚马逊）海淘网站上买过东西，在下单支付后有时会遇到退货的情况，面对海淘退货的朋友大多都比较关心退款的问题。美亚的退款是原路返回，也就是说使用信用卡支付则退回信用卡，由于海淘是跨国结算，因此，退款时间会比较长，一般会经历两周到一个月不等的时间。针对退款需要持卡人注意，如果退回的款项在账单日之前到账，那么可以抵扣账单金额；如果在账单日后到账，那么，需要按金额还款，退回的款项可用于抵扣下期账单。

基金

债券

股票

期货

外汇

保险

银行理财

信用卡

# 分期理财，高手的用卡消费经

信用卡分期是当前比较流行的理财方式，它可以减轻购物支付压力，减少现金流失且手续简单。信用卡分期并不是简单的分期付款，其中蕴含了许多理财的学问，也有许多"陷阱"需要持卡人注意。

## NO.126
### 最低还款与分期付款，哪个更划算

信用卡分期和最低还款都能减轻购物压力，对于这两种还款方式不少持卡人都不太清楚其中的优劣。因此，在不能全额还款时，总会在选择最低还款和分期付款这两种方式中难以抉择，那么这两种方式到底哪种方式更划算，下面就来算一算这两种还款方式所收取的费用，比一比两者的优劣。

**案例**

## 分期付款 VS 最低还款

某交通银行信用卡持卡人 2016 年 8 月账单应还金额为 5000 元（上期账单已还清），账单日为 8 月 11 日，最后还款日为 9 月 5 日，假设在最后还款日前选择最低还款，那么本期应还金额为 5000×10%=500 元。

但最低还款未还款金额将被收取 0.5‰的日息，并按月计算复利，那么在 9 月 11 日（下个账单日）前，该持卡人将会产生以下利息费用。

4500×0.05%×25（8 月 11 日 ~ 9 月 5 日）+4500×0.05%×5（9 月 6 日～9 月 11 日）=67.5 元。

如果该持卡人在 9 月账单中仍选择最低还款，那么早期的利息将会产生复利，利息将会越滚越多，还款压力将会越来越大，最终产生的利息将是一笔不菲的费用。

假设该持卡人选择账单分期还款，分期费率为 0.72%/月。如果选择分 3 期，那么每期应还本金为 5000÷3=1666.67 元，每期手续费为 5000×0.72%=36 元，总手续费为 108 元。

上述案例中持卡人的账单金额并不是很多，如果只是一个月无法还款，那么将不会产生复利，因此最低还款会更划算，相反选择分期会支付更多手续费。

但如果账单金额较大且长时间无法一次还清账单，那么最低还款的成本将会很高，而分期还款成本则相对较低。因此，关于选择分期付款还是最低还款哪个更划算这一问题的答案，则要根据欠款额度和欠款期限来看,最低还款适合金额较低、消费记账日离最后还款日很近,且能在较短时间内偿还的款项,分期付款适合金额大且在较长时间内无法全额还清的款项。

## NO.127

### 信用卡现金分期最划算的 3 个绝招

信用卡现金分期又称为取现分期,这种分期方式让信用卡持卡人拥有了更省利息的"套现"功能。

**案例**

**建设银行现金分期业务**

建设银行现金分期是建设银行推出的信用卡现金信贷业务,持卡人可灵活运用信用卡信用额度支取现金,还可享受 3、6、12、18 和 24 期分期还款,申请信用卡现金分期有以下条件,如表 8-8 所示。

表 8-8　申请建设银行信用卡现金分期的条件

| 条件 | 内容 |
| --- | --- |
| 申请金额 | 必须为 100 元整数倍,最低为 500 元,最高不超过持卡人可用信用额度(不含溢缴款和临时额度)且累计不超过人民币 5 万元 |
| 币种 | 仅限人民币币种 |
| 收款账户 | 在建设银行开立了借记卡、准贷记卡等人民币结算账户 |

建设银行信用卡现金分期的各期手续费率收取标准如表 8-9 所示。

表 8-9　现金分期手续费率收取标准

| 期数 | 3 期 | 6 期 | 12 期 | 18 期 | 24 期 |
|------|------|------|-------|-------|-------|
| 手续费率 | 0.81% | 0.75% | 0.75% | 0.75% | 0.75% |

通过对建设银行现金分期业务的了解可以看出，现金分期的额度还是比较高的，能够满足持卡人对旅游、购物的现金需求。但手续费也不低，那么如何进行现金分期才更为划算呢？如下所示为信用卡现金分期的 3 个绝招。

◆ **选对银行**：中信银行、工商银行或招商银行等都有信用卡现金分期业务，各银行所收取的手续费率是不同的，比如招商银行 3 期手续费率为 0.95%，比建设银行 3 期手续费率高，因此在选择现金分期的银行时最好货比三家。

◆ **选对期数**：信用卡现金分期的分期期数越长，手续费率会更低，在选择期数时申请人最好算一算手续费再进行期数选择。另外，也要根据个人对现金的需求情况来选择期数。

◆ **关注优惠**：银行会不定期的针对信用卡现金分期推出优惠活动，关注这些活动将使自己得到不少实惠。比如，在 2015 年 10 月 20 日～2016 年 3 月 31 日，办理建设银行龙卡现金分期单笔金额在 5000 元及以上，且办理期数为 3 期可享 8 折、6 期享 7.5 折和 12 期及以上享 7 折优惠。

## NO.128
## 信用卡提额的注意事项

信用卡分期能够减轻持卡人的还款压力，但如果分期额度占信拥卡额度比例过高，这对以后提额会有影响，那么信用卡分期拿出多少额度进行分期最好呢？

信用卡分期的黄金比例为30%～40%，其主要原因有以下几点。

◆ 当分期额度占信用卡额度较高时，比如80%或90%，会让银行认为持卡人很缺钱，还款压力很大，这样会给银行留下不好的印象。

◆ 分期比例过高会给银行留下"还不上钱"的不良印象，在这种情况下，为避免持卡人无法还款，银行不会轻易给持卡人提额。

◆ 如果分期比例太小，银行从持卡人身上赚不到钱，银行也不太愿意为持卡人提额。

持卡人想要信用卡提额更快捷，还要注意刷卡频率和还款方式，日常消费购物多使用信用卡刷卡支付，且保证半年内消费总金额占信用卡额度的30%及以上，在初次领卡的前3个月坚持全额还款，并经常参与银行推出的各种信用卡活动都有利于信用卡提额。

除此之外，在选择刷卡途径上也有讲究，批发类和购房、购车等大宗消费越少提额越容易，网上购物、支付宝交易及取现越少提额更快捷。

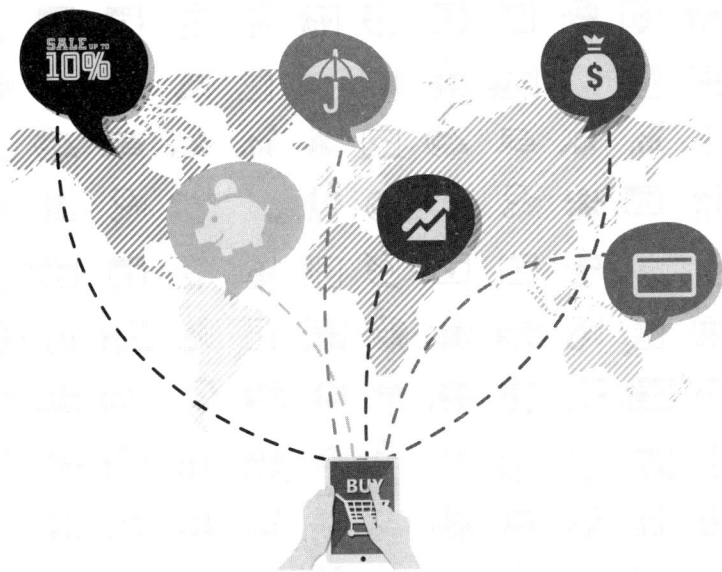

# 第九章
## 其他理财方式

前面我们已经了解了如何运用、基金、债券、股票以及保险等工具进行理财，在投资理财市场中还有许多其他理财方式，比如贵金属、原油。下面就来看看如何进行贵金属和原油投资，并运用生活中的智慧进行生活理财。

# 高价值的投资——贵金属

贵金属投资是一种投资金银的理财方式，它具有增值保值、规避风险、获利机率大和交易时间长等优势。在股市下跌提振的时期，贵金属更是以自身独特的魅力吸引了众多投资者的目光。

## NO.129
### 贵金属常见的投资品种有哪些

　　贵金属的投资品种丰富，在日常生活中比较常见的是实物贵金属，比如金条、金币等。对于有保值需求的投资者来说金条是较好的投资品种，它能体现黄金的本币价值。

　　金币可分为纪念性金币和投资型金币，投资者要进行金币投资最好选择投资型金币，因为投资型金币更具有投资性，纪念性金币更具有收藏性。

除金币、金条外，更为常见的是黄金或白银饰品，黄金和白银饰品准确的来说并不是理想的投资工具，因为他们的价格与其内在的价值存在差异，它们更适合作为有收藏性质的装饰品。

在贵金属投资中还有"看不见，摸不着"的投资品种，包括银行的纸黄金和纸白银、带杠杆的现货黄金和白银以及金银 T+D 等。不同的投资品种要在不同的平台进行投资，进行实物贵金属投资可在银行、金店及其他黄金代理机构进行，如图 9-1 所示为建设银行实物贵金属产品。

投资金条　　　　福寿金条　　　　如意福寿金　　　　呵护金条

**图 9-1　建设银行实物贵金属产品**

进行纸黄金和纸白银投资同样在银行进行，只是这种交易所涉及的贵金属份额仅在账户中体现，不提取实物，通过银行的个人网上银行即可进行纸黄金和纸白银投资。若进行现货黄金、现货白银或黄金 T+D 投资，则要在黄金投资软件上进行。在投资前，投资者需要选择一个贵金属投资机构开户。目前市场上的贵金属投资机构良莠不齐，投资者在选择时一定要选择正规的机构。

合规的投资机构都是黄金交易所的会员，因此，投资者可以通过网上查询的方式来了解该机构是否合规，下面来看看如何在上海黄金交易所查询交易所会员。

**案例**

## 在上海黄金交易所查询会员

进入上海黄金交易所官网首页（http://www.sge.com.cn/），单击“会员专区”超链接，在“会员专区”栏中选择“会员名录与查询”选项，如图 9-2 所示。

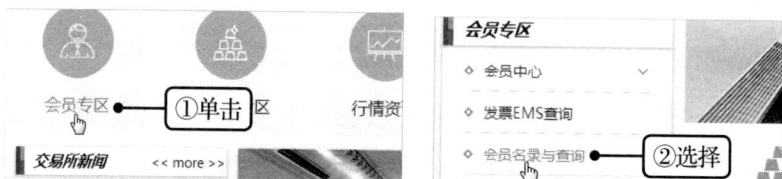

图 9-2　进入上海黄金交易所首页

在“会员与名录查询”页面中选择要查询的地区，比如单击“四川”超链接，如图 9-3 所示。

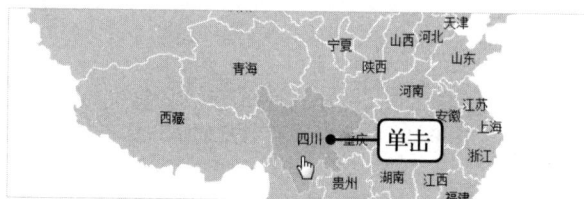

图 9-3　选择查询区域

在显示的页面下方即可查询到四川地区的会员名录，如图 9-4 所示。

| 序号 | 单位名称 | 单位英文名称 | 联系人 | 联系电话 |
|---|---|---|---|---|
| 1 | 成都高赛尔金银有限公司 | Chengdu CGS Co.,Ltd | [illegible] | 028-[illegible] |
| 2 | 成都天鑫洋金业有限责任公司 | Chengdu Tian Xin Yang Gold Industry Co.,Ltd | [illegible] | 028-[illegible]-666 |
| 3 | 四川爱心珠宝旅游产品 | Sichuan Ai Xin Jewellery | [illegible] | [illegible] |



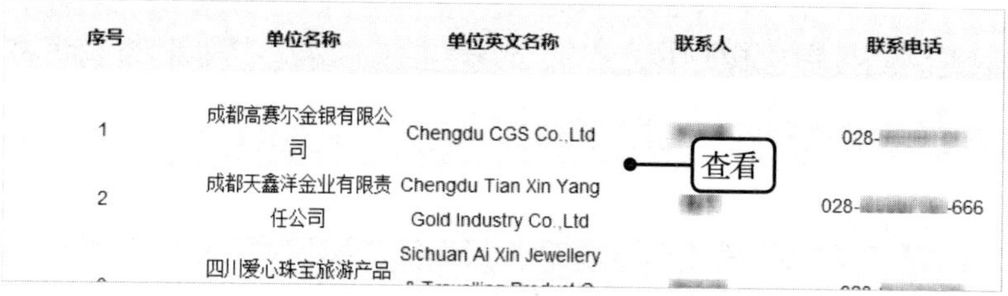

图 9-4　四川地区会员名录

## NO.130
# 就业市场状况指数对黄金 / 白银的价格影响

在 2015 年 5 次降息后，我国进入了负利率时代，在这种情况下，贵金属投资受到热捧，进行黄金和白银投资不得不关注各自的价格，而这一价格的变化常常与美国的就业市场状况指数有关。

### 案例

#### 2016 年 1 月～ 8 月美国就业市场状况指数

2016 年 2 月～ 8 月公布的美国就业市场状况指数数据如表 9-1 所示。

表 9-1　2016 年 1 月～ 8 月美国就业指数

| 公布时间 | 现值 | 前值 | 预测值 |
|---|---|---|---|
| 2016 年 8 月 8 日 | 1 | 0.1 | 0 |
| 2016 年 7 月 11 日 | −1.9 | −4.8 | 0 |
| 2016 年 6 年 6 月 | −4.8 | −0.9 | −0.8 |
| 2016 年 5 月 9 日， | −0.9 | −2.1 | −1 |
| 2016 年 4 月 4 日 | −2.1 | −2.4 | 1.5 |
| 2016 年 3 月 7 日 | −2.4 | 0.4 | 1 |
| 2016 年 2 月 8 日 | 0.4 | 2.9 | 2.5 |

从 2016 年 3 月～ 7 月公布的数据可以看出，美国就业市场状况指数都处于 0 值以下，且预期值多大于公布值，通过图 9-5 所示的折线图可以更加清晰地看出美国就业指数状况。

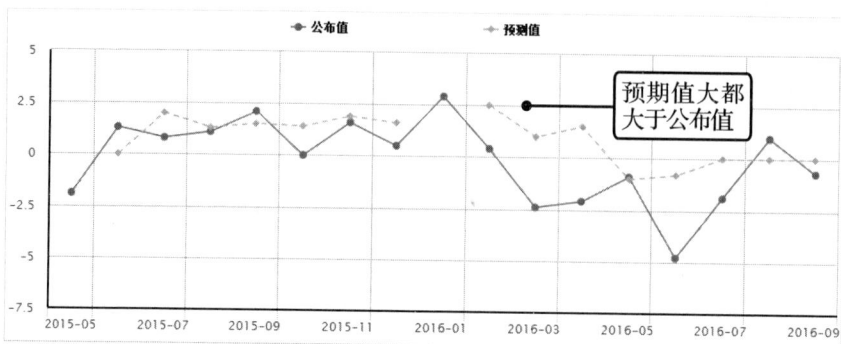

图 9-5　美国就业指数状况折线图

了解了 2016 年美国就业市场状况指数的走势情况后，那么黄金和白银的走势会发生什么变化呢，如图 9-6 所示为 2016 年 1 月～7 月现货黄金走势图。

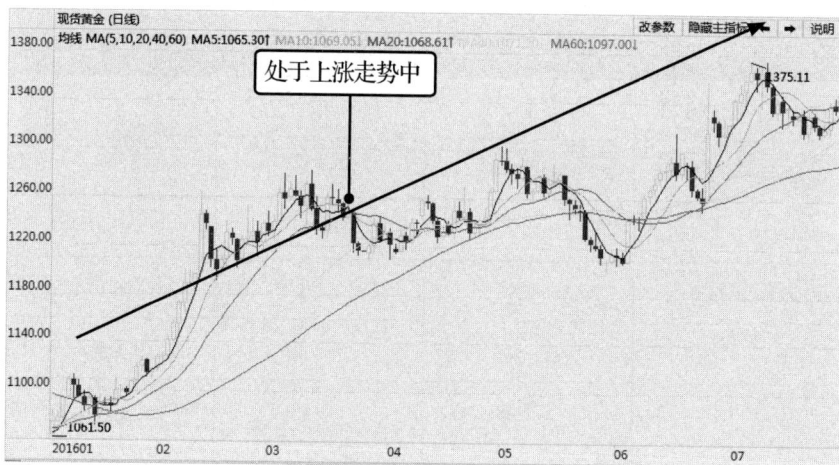

图 9-6　现货黄建 2016 年 1 月～7 月走势图

从上图可以看出，现货黄金在 2016 年 1 月～7 月呈现上涨走势，表现坚挺。美国就业市场状况指数是美国重要经济数据之一，它包括劳动参与率、工资等指标，是衡量美国就业市场实力的重要指数。如果美国就业市场指数高于 0，那么表示美国劳动力市场处于改善状况；

其他理财

互联网理财

如果为负值，那么表明美国劳动力市场处于衰退状况。

一般情况下，如果美国就业市场指数表现良好，那么证明美国经济回暖，则利空黄金和白银；如果指数表现不佳，那么证明美国经济不景气，则利好黄金和白银。

在本例中，2016 年 2 月～8 月公布的数据显示美国就业市场指数表现不佳，这将利好黄金，而现货黄金也走出了上涨趋势。如果观察现货白银的走势，也会发现 2016 年 1 月～7 月现货白银处于上涨状态中。

在分析美国就业市场状况指数对黄金和白银的影响时，还要关注公布值和预测值之间的关系，如果公布值 > 预期值，那么将利好美元，利空黄金白银。

**要点提示**

负利率是指通货膨胀率高过银行存款率，物价指数（CPI）快速攀升，导致银行存款利率实际为负，将钱存入银行反而会缩水。

---

**百科链接** *美联储加息降息对黄金／白银价格的影响*

美国作为具有全球影响力的大国，美联储加息和降息的行为常常会对黄金和白银的价格产生影响。由于黄金和白银是以美元计价的，如果美联储加息，那么美元将升值，大多数人将更愿意持有美元，流入黄金和白银市场的资金将会减少，黄金和白银价格将下跌。反之，如果美联储降息，那么美元贬值，黄金和白银会更有投资吸引力，多数资金流入黄金和白银市场会导致白银和黄金价格上涨。但投资者要明白，美联储加息和降息对黄金和白银价格的影响并不是绝对的，只能说加息可能会使金价下跌。

**NO.131**

## 美国其他指标对黄金 / 白银价格的影响

美国的各项经济指标对黄金和白银都有或多或少的影响，GDP 就是影响黄金和白银价格的重要指标。

美国 GDP 是衡量美国经济状况最重要的指标，美国经济分析局会按季和年发布 GDP 报告，美国 GDP 报告中公布的数据将反映美国经济的总体表现。美国 GDP 对黄金价格的影响主要从汇率和消费量方面来体现，具体影响如下所示。

◆ **从汇率角度来看**：美国的 GDP 越高说明其经济状况越好，那么美元将走强，黄金和白银则会走弱。

◆ **从消费角度来看**：美国的 GDP 增长说明消费开支增长，拉动美元增值，黄金和白银会受到打压。

除美国 GDP 这一指标会影响黄金和白银价格外，美国零售销售月率也会对黄金和白银价格产生影响，美国零售销售月率增长加快，表明零售销售额提升，其消费支出增加，经济状况良好或好转，美元升值，而黄金和白银则会受到打压，价格会呈现下跌趋势。

反之，如果美国零售销售月率增长放缓或下降，零售额下降，那么对美元偏向利空，利多黄金和白银价格。

美国通常会在每月 11 日～ 14 日之间公布零售销售数据，由于该数据涉及的范围很广，因此，美国会采取随机抽样的方式进行调查，投资者可在该美国公布零售销售数据的期间关注其数据的变化情况，以此来预测此次数据将利多金银还是利空金银。

## NO.132

# 定投，轻松的投资方式

在贵金属投资中，账户贵金属定投是一种比较省心的投资方式，投资者可以与银行约定日期、时点和条件，银行会按照投资者的约定买入相应的账户贵金属份额。下面以建设银行为例，来看看其提供的账户贵金属业务。

**案例**

**建设银行账户贵金属定投**

建设银行提供的账户贵金属定投产品有人民币账户金、账户银和账户铂，以及美元（钞、汇）账户金、账户银、账户铂。

人民币账户贵金属定投起点为 1 克，并以 1 克的整数倍进行定投，美元账户贵金属定投起点为 0.1 盎司，且以 0.1 盎司的整数倍进行定投。

可按月或按日进行定投，定投时间点为 2:00、8:00 和 16:00。按日定投情况下，每 N（1 ~ 28）天定投一次；按月定投情况下，每 M（1 ~ 12）月的 N（1 ~ 28）日进行定投。

通过建设银行网上银行即可完成账户贵金属定投，投资者只需登录个人网上银行，选择"投资理财 / 贵金属 / 账户贵金属"命令，进入定投页面后设置定投产品、周期、数量和终止条件，再同意相关客户须知，确认信息后即可完成账户贵金属定投。

账户贵金属定投的投资门槛低，且定投设置可按照个性化需求来进行，可以做到按需投资，与投资实物贵金属相比，账户贵金属变现方便，便于资金回笼。

在不同银行进行账户贵金属定投时，投资者要注意银行的交易限制，比如建设银行定投时间点为 2:00、8:00 和 16:00，而工商银行则在每天 15:00 ～ 17:00 之间可以制定定投计划，但不能修改或终止任何定投计划。

## NO.133
## 贵金属现货投资

贵金属现货投资现在已成为越来越火爆的投资工具，投资者可通过金银的涨跌来赚取差价，市场上最流行的现货贵金属投资方式是杠杆式贵金属现货交易。下面就以现货黄金为例，来看看新手投资现货贵金属的注意事项。

**案例**

### 现货黄金的特点

现货黄金是国际性的投资品种，有人称"现货黄金是世界第一大股票"，这是因为现货黄金每天的交易量都很大，这也决定了没有任何机构能够人为地控制现货黄金的走势。

现货黄金的价格变动可以用激烈来形容，这使投资者可以利用差价来赚取收益，只要差价具有行情，而差价越大，投资现货黄金就越好。

现货黄金采取"T+0"的结算方式，在当天可以进行多次买卖操作，且可 24 小时进行交易，杠杆效应即可缩小投资成本又可博取高收益。

通过对现货黄金的了解，可以看出贵金属现货投资具有诸多优势，但其中也蕴藏着很大的风险，新手在投资时要把握以下几点。

◆ **顺势而为**：进行贵金属现货交易一定要顺势而为，切勿逆势而行，当亏损到一定程度时尽快终止，而如果贵金属走势良好，那么尽量在获利部位持有更长时间。为避免亏损过大或在高位时没有及时了结，投资者可以设置止盈和止损点。

◆ **量力而行**：投资者应根据个人的风险承受能力来衡量投资的交易量，可根据每次交易风险不超过账户资金的 10% 这一规则来规避风险。

◆ **不能只凭运气和直觉**：在投资中投资者应逐渐形成一套适合自己的交易方式，而不应只凭运气和直觉，运气和直觉有时能够使自己获利，但这种获利具有很强的不确定性。

◆ **善于总结和学习**：失败并非毫无用处，失败后通过总结能让自己避免下次犯同样的错误，而不断的学习则是提高投资能力的有效途径。

---

**百科链接** *如何选择建仓时机*

投资现货时选择建仓时机很重要，在上涨趋势中，待价格回调到重要的支撑位上买进；在下跌趋势中，待价格反弹到重要的压力位上抛空。当价格上涨到一个重要的压力位时可以顺势抛空；当价格下跌到一个重要的支撑位时则顺势买进。当市场行情处于震荡行情时，投资者则要耐心等待，使自己避免震荡之苦，时刻准备选择好的入市时机。

# 投资能源资源——原油

原油是国际上的重要投资项目，从原油本身的属性来看，其投资前景广阔。在国外投资者对原油的关注度很高，而国内则起步较晚，近几年原油投资才在国内受到广泛关注。

## NO.134
### 原油两大投资方式

原油的投资方式有 4 种，包括现货投资、期货投资、期货指数化投资以及能源股类投资，在国内其投资方式主要是现货投资和期货投资。国内原油的现货投资虽然发展较晚，但是具有发展潜力的投资工具。

（1）现货原油投资

现货原油实行"T+0"的投资方式，即当天可以进行多笔买卖操作，与股票相比，股票必须涨了投资者才有盈利的可能，而原油可以进行双向交易，投资者买涨或买跌都可以盈利，使投资者盈利的机会更多。

进行现货原油投资首先要选择一家正规合法的机构平台进行开户，然后才能进行投资，在选择正规平台时可从以下几点来考虑。

◆ 正规平台一般会在商务部备案，拥有省级金融办或政府资质批文，因此在选平台时要查看平台的资质。

◆ 资金是否处于银行托管，与银行挂钩，出入金是否安全。

◆ 看交易软件是否安全，正规的平台一般会提供模拟交易软件供新手投资者使用，让其了解操作方式，积累操作经验。

◆ 部分不正规的原油平台的投资操作并不透明，出现员工代客操作的情况。因此，在选择平台时，一定要看自己是否能够自主地进行投资操作。

（2）期货原油投资

期货原油投资是相对于现货投资而言的一种交易方式，目前国际市场上重要的原油期货合约有纽约商业交易所的轻质低硫原油期货合约和高硫原油期货合约、伦敦国际石油交易所的布伦特原油期货合约，以及新加坡交易所的迪拜酸性原油期货合约。

其中，轻质低硫原油期货是目前国际市场上商品期货中成交量最大的一种。因此，该原油期货的价格也被看作是国际原油市场上的基准价之一。

除上述两种主流的交易方式外，国内银行也推出了账户原油，下面就来卡看工商银行的账户原油。

**案例**

## 工商银行账户原油

中国工商银行账户原油采取只计份额、不提取实物原油的方式，是以人民币或美元买卖原油份额的投资交易产品，交易品种有两种，包括账户北美原油和账户国际原油。

账户北美原油参考纽约商业交易所西德克萨斯轻质低硫原油期货合约价格报价，账户国际原油参考纽约商业交易所或洲际交易所布伦特原油期货合约价格报价。

投资者交易时可选币种为人民币和美元，美元又分为美元现钞和美元现汇，人民币买卖账户原油的交易报价单位为"人民币元/桶"，美元买卖账户原油的交易报价单位为"美元/桶"。

交易时可以选择交易类型有先买入后卖出交易和先卖出后买入交易。交易起点数量为0.1桶，交易最小递增单位为0.1桶。

在买卖工商银行账户原油时，投资者要注意交易时间，电子银行渠道的交易时间为周一的09:00～24:00；周二～周五的00:00～4:00和9:00～24:00；周六的00:00～4:00。另外，若遇国际市场假期、国家法定节假日等交易时间会进行调整。

通过对工商银行账户原油的了解可以看出，工商银行的账户原油交易方式灵活，交易起点底，交易时间较长，且支持电子银行渠道交易便捷，因此，有原油投资需求的投资者也可以考虑投资进行账户原油投资。除工商银行外，交通银行也提供了记账式原油业务。

**百科链接** *原油投资是不是骗人的*

近年来，由于现货原油投资黑平台的滋生，导致了不少投资者上当受骗，使得不少投资者认为原油投资是骗人的。实际上作为一种投资品种，现货原油本身没有问题，投资者要做的就是选对正规合法的平台，不被炒原油黑平台所误导。

## NO.135
## 原油油价时刻关注

进行原油投资，了解原油油价的变动是很有必要的，在金投网的原油板块中，投资者可以查看到不同品种的原油价格。

**案例**

**在金投网了解原油价格**

进入金投网首页（http://www.cngold.org/），在页面上方单击"原油"超链接，如图9-7所示。

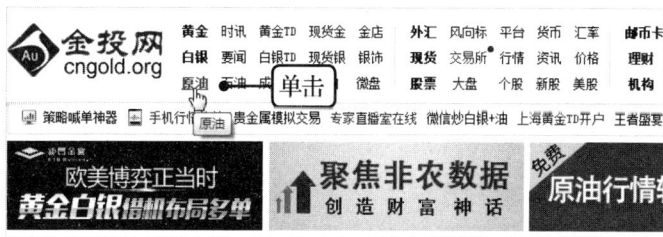

图9-7 进入金投网首页

在打开的页面中可以查看到国际油价，单击"更多"超链接，可以查看到价格详情，如图9-8所示。

图 9-8　查看原油价格详情

　　在金投网原油板块中，投资者还可以查看与原油有关的资讯信息，查看这些内容可以加深投资者对原油的了解。

## NO.136
## 掌握原油投资操作守则

　　进行原油投资，投资者要面对原油价格波动的风险，为降低风险，使自己尽可能获利，在进行投资时投资者要遵循以下投资原则。

◆ **保持清醒**：国内许多投资者进行原油交易，交易时间大都会选在下班后，由于工作后大脑可能处于疲劳状态，因此，在进行交易时投资者要确保自己处于清醒状态，避免因大脑疲劳而导致判断失误。

◆ **减少做单次数**：虽然原油投资一天可以进行多次买卖操作，但操作太过频繁对投资者来说并不是好事，特别是在行情不明朗的情况下，频繁交易更容易造成亏损。

◆ **关注市场热点**：了解市场信息，增进对市场的认知度，对投资者做出正确的投资决策是很有帮助的。因此，投资者要市场关注市场最新的热点信息，看其对原油价格有何影响。

◆ **不断学习**：投资者通过不断学习原油交易技巧，总结投资经验可以让提高自己的盈利机会。

◆ **切记勿重仓**：在投资时投资者要控制好开仓的比例，避免重仓交易，特别是在行情不明朗的状态下，重仓容易导致较大亏损，此时投资者可以采取累进投资的方式，逐渐加仓，以分散投资者的风险。

任何投资在进行投资前都需要做好投资准备，原油投资也不例外，在进行原油投资前，投资者应考虑好此次交易计划，包括止盈止损点、资金量大小等。

## NO.137
## 关注美元动态走势

美元是世界储备货币，也是国际原油价格的计价货币。美元的贬值和升值对原油价格会产生影响，下面就来看看美元指数变化对原油价格产生的影响。

**案例**

**美元指数下跌对 wti 原油的影响**

美元指数是综合反映美元在国际外汇市场的汇率情况的指标，用来衡量美元对一篮子货币的汇率变化程度。

下面来看看 2016 年 2 月～9 月美元指数的走势图，如图 9-9 所示。

图 9-9  美元指数 2016 年 2 月～9 月走势图

从上图可以看出，在 2016 年 2 月～5 月美元指数走弱，且在 2016 年 5 月 3 日创出了新低，随后进入小幅上涨阶段。下面再来看看 wti 原油在 2016 年 2 月～9 月走势图，如图 9-10 所示。

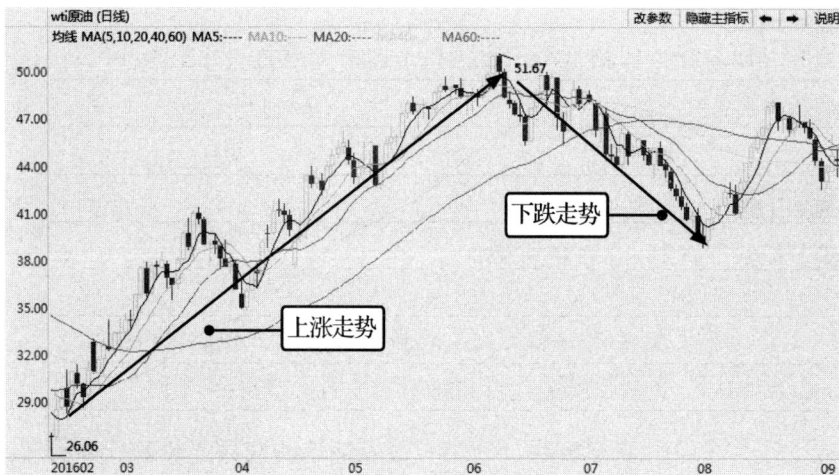

图 9-10  布伦特原油 2016 年 2 月～9 月走势图

从上图可以看出，wti 原油在 2016 年 2 月 ~ 6 月走出了上涨行情，且在 2016 年 6 月 9 日创出了新高，随后走出了一波下跌行情。

对比美元指数走势与布伦特原油走势，可以看出两者呈负相关关系，当美元走弱时原油价格上涨，美元走强时原油价格下跌。

美元之所以和原油呈负相关关系，主要是因为当美元贬值时，以美元计价的原油从其他货币的角度来看，比如欧元、人民币等，反而会更便宜，会提振原油需求国的需求，导致原油价格上涨，而对原油生产国来说为了保障自己的利益，也会采取提升原油价格的措施，使得原油价格上涨。

反之，当美元升值时，除美国外的其他国家购买原油就要支付更多的货币，这样会降低原油的需求量，导致原油价格下降。

### 百科链接 *价格变化离不开供求关系*

原油价格的变动离不开供需这一基本面因素，原油是不可再生资源，受地理环境的影响各国的原油储备是不同的，国际上的产油国主要有美国、沙特阿拉伯、伊朗和俄罗斯等。重要产油国原油产量的变动将直接影响原油的供给，另外原油的供给还受原油储备量和生产成本的影响。而中国、印度等国家对原油的需求则直接影响了原油的需求，原油供给和需求的变动会直接影响原油的价格走势。目前，不少国家都在大力发展替代性能源，如果原油的价格高于替代性能源的成本的价格时，原油的需求会降低，这也会对原油的价格走势产生影响。

# NO.138

## OPEC 与原油需求预期

在国际市场上，OPEC 成员国控制了全球大部分的石油储备，OPEC 的宗旨是协调和统一成员国的石油政策，维护各自和共同的利益，进而影响原油的价格。

根据 OPEC 公布原油需求预期报告可以了解原油预期的总需求状况，比如 2016 年 3 月公布的 OPEC 月报显示 OPEC 下调 2016 年对 OPEC 的原油需求预测，将 2016 年原油需求预测下调至 3150 万桶／日，较 2 月的预测下调了 10 万桶／日。预计 2016 年非 OPEC 国家供应量增长 18 万桶／日，2017 年增长由 15 万桶／日增加至 20 万桶／日。

通过 OPEC 对原油的需求预期可以了解到原油长期需求的变化状况，而通过美国原油协会（API）、美国能源部能源信息署（EIA）每周公布的原油库存和需求数据投资者则可以了解到短期内国际原油市场的供需状况。

投资者可以通过各大财经网站了解其公布的数据，下面来看看如何在金十数据网上查看美国原油库存数据。

### 案例

**在金十数据网查看美国当周原油库存数据**

进入金十数据网（http://www.jyh007.com／），在首页单击"数据中心"超链接，如图 9-11 所示。

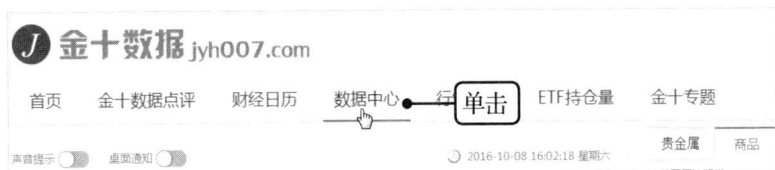

图 9-11　进入金十数据网首页

在打开的页面中即可查看到美国当周 EIA 原油库存数据，选择页面左侧"当周 API 原油库存"选项可以查看到当周 API 原油库存数据，如图 9-12 所示。

图 9-12　美国当周 EIA 原油库存数据

# NO.139

## 从政治因素分析来看原油

政治因素也是影响原油价格的重要因素之一，在地缘政治中，石油产出国国内的动乱、袭击事件以及战争等都会影响原油市场的供给，常常会导致原油价格上涨。因此，投资者进行原油投资时还要考虑国际政治局势的变动情况。

观察原油价格的历史变动原因可以发现与政治的变动分不开，比如 2002 年 4 月原油的上涨，涨幅约 42.59%，2006 年国际油价上升了近 20%，它们都与政治事件有关。

之所以政治因素会影响原油价格是因为原油不仅是重要的商品，还是重要的战略物资，所以会受到政治局势的影响。

除政治因素外，区域经济也会影响原油的价格。以我国为例，如今中国已经成为全球第二大的石油消费国，在 2013 年后，中国成为全球最大液体燃料进口国。中国经济的状况会影响燃料油的需求，如果经济增长，那么对燃料油的需求也会增加，反之，需求会减少。

燃料油需求的增加会带动燃料油价格的上涨，而需求的减少则会导致价格下跌。因此在预测原油价格未来走势时，投资者还要关注国际与国内的经济的状况，全球经济的增长与原油价格存在正相关关系。

## NO.140
### 抓住非农做原油投资

非农数据是指美国非农业就业人数、就业率与失业率这 3 个数值，反映美国非农业人口的就业状况的数据指标，前面我们已经知道了这一指标会影响黄金和白银的价格。那么，这一数据指标对原油价格又会产生怎样的影响呢？

每月第一个周五公布的非农数据对原油价格产生的是间接影响，非农数据对美元指数会产生较大影响，而美元指数又会影响原油价格，由此非农数据也会间接影响原油价格。

由于美元指数与原油价格呈反比关系，由此可知非农数据对原油价格走势的影响也呈反比关系。当非农数据表现良好时，将利好美元指数和美国经济，对石油则利空。

在进行原油投资时，投资者还会看到"小非农"和"大非农"这两个词汇，"大非农"即是指美国非农数据，而"小非农"则是美国自动数据处理公司（ADP）发布的关于美国就业的数据。

小非农数据通常比劳工部公布的官方非农就业数据提前两天公布，因此被看作是非农数据的先行指标，投资者可以运用"小非农"来预测非农数据的真实水平。

同时，投资者可以在非农数据官网（http://www.feinongdata.com/）查询非农数据和小非农数据。

## NO.141
### 新手要避开的三大投资误区

对新手原油投资者来说，避开原油投资的误区更为重要，下面就来看看常见的原油投资误区。

（1）原油可以委托交易

不少新手投资者由于缺乏投资经验，因此，更愿意相信打着"代理炒原油""专家指点"旗号的平台，让这些平台的"专家"为其代理投资，实际上这样的平台很可能就是"骗子"。投资者要明白，正规合法的平台都是禁止委托操作，那些声称可以委托操作、代管账户的平台都是打着"代管"的口号借机转移投资者账户中的资金。等到投资者发现自己被骗时，往往已悔之晚矣，因此，投资者一定要避免委托交易，要明白此类委托常常是骗局。

（2）炒原油很简单，适合所有人

进行原油投资不能在一知半解的状态下进行，有些投资者认为炒原油很简单，在对原油投资品种认识不够深入的情况下就进行投资常常会因此"栽了跟头"。

对新手投资者来说最好事先进行模拟操作，在有了一定的看盘和投资经验以后再进行实际投资。另外，并不是所有的投资者都适合原油投资，原油投资适合手中有闲钱，收入稳定且风险风险承受能力较大的投资者。

（3）寻求指导，怀疑自己

不少新手投资者常常会过于看重他人的意见，到处寻求他人的指导，认为他人的观点更正确，以致于少了自己的判断。

进行原油投资要避免盲目跟风，他人的分析或者观点只能代表个人观点并不能代表市场的走势。在实际投资中投资者应培养自我分析的能力，坚持自己的观点去把握交易策略，这样才能在原油投资中越走越远。

# 打造家庭"摇钱树"——生活理财

在日常生活中有许多理财的小窍门，这些理财的窍门能够让个人或家庭早日实现财务自由，实现理财目标。下面就来看看如何在日常生活中精打细算，为家庭生活积累每一分钱。

## NO.142

### 算一算每月需要交的五险一金

大多数上班的人每月都要缴纳五险一金，但对于每月五险一金公司要缴纳多少，自己要交多少却不太清楚。

五险一金的缴存金额为缴存基数 × 缴存比例，各地的缴存基数是不同的，要了解当地当前的五险一金缴存基数可以在当地人力资源和社会保障局的官网上查询得知。

查询到五险一金的缴存比例后，就可以计算出五险一金的缴纳金额。对个人来说，计算五险一金的缴纳金额可以弄清公司的福利状况，同时对自己工资扣除的费用做到心中有数，以便更好地进行财务规划。

使用"五险一金计算器"可以更快、更准确地计算五险一金缴纳金额。

**案例**

**使用新浪网提供的五险一金计算器**

进入五险一金计算器首页（http://finance.sina.com.cn/calc/bx_all.html），选择所在地区，输入税前工资，单击"计算"按钮即可计算出单位各个人缴纳的五险一金金额，如图 9-13 所示。

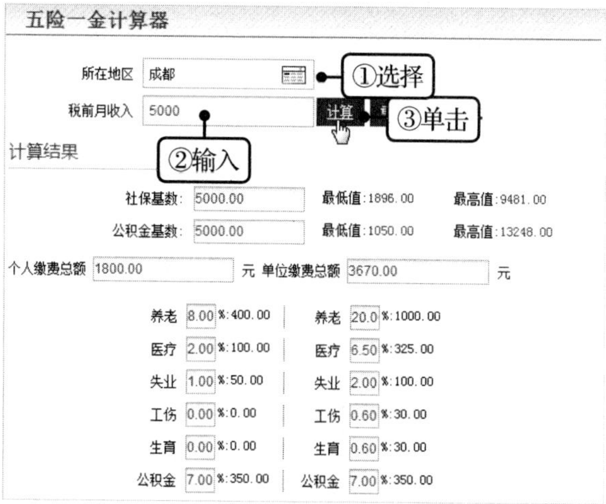

图 9-13　使用五险一金计算器

除新浪网提供的五险一金计算器外，我们还可以使用融 360、易贷网等提供的五险一金计算器来计算。

在每月领取工资时会发现领到手的工资在扣除了五险一金后，还会少一部分，那么少的钱去哪了呢？少的部分是因为被扣除了个人所得税。

每月个人实际到手的工资应该是"税前工资－五险一金个人部分－个人所得税"。因此，在计算个人实际所得的工资时不要忽视了个人所得税，对自己的纳税金额也要清清楚楚。

## NO.143
### 算一算每月需交的个人所得税

个人工资、薪金所得需要交纳一定的个人所得税，那么每月公司究竟要拿出多少钱用于交纳个人所得税呢？根据个人所得税公式，个人应交个人所得税＝（工资－五险一金个人部分－个人所得税扣除额3500元）×适用税率－速算扣除数。

目前，我国采用7级超额累进税率，应纳税额不同，对应的税率和速算扣除数都会不同，具体标准如表9-2所示。

表9-2 7级超额累进税率表

| 应纳税额 | 税率 | 速算扣除数 |
|---|---|---|
| 全月应纳税额不超过1 500元的部分 | 3% | 0 |
| 全月应纳税额超过1 500元至4500元的部分 | 10% | 105 |
| 全月应纳税额超过4 500元至9000元的部分 | 20% | 555 |
| 全月应纳税额超过9 000元至35000元的部分 | 25% | 1 005 |

续表

| 应纳税额 | 税率 | 速算扣除数 |
|---|---|---|
| 全月应纳税额超过 35 000 元至 55 000 元的部分 | 30% | 2 775 |
| 全月应纳税额超过 55 000 元至 80 000 元的部分 | 35% | 5 505 |
| 全月应纳税额超过 80 000 的部分 | 45% | 13 505 |

假设某人某月工资税前为 6 000 元，当月应交五险一金个人部分为 654 元，那么应交个人所得税为（6 000-3 500-654）×10%-105=79.6 元。

清楚了个人所得税的计算方法后，每月就可以算一算自己少的钱都去哪里了，对自己的薪金所得做到心里有数。

**要点提示**

速算扣除数是指采用超额累进税率计税时，简化计算应纳税额的一个数据。速算扣除数实际上是在级距和税率不变条件下，全额累进税率的应纳税额比超额累进税率的应纳税额多纳的一个常数。

# NO.144
## 让医疗保险享受更高报销

社保由养老保险、医疗保险、失业保险、工商保险和生育保险构成，其中，在看病就医时可以享受医疗保险提供的报销。但医保报销也是有讲究的，只有符合基本医疗保险药品目录、诊疗项目、医疗服务设施标准以及急诊、抢救的医疗费用才会予以报销，以下部分项目等不在报销的范围内。

◆ 挂号费、院外会诊费和病历工本费等。

◆ 出诊费、检查治疗加急费、点名手术附加费、优质优价费和自请特别护士等特需医疗服务。

◆ 各种美容、健美项目以及非功能性整容和矫形手术等。

◆ 各种减肥、增胖和增高项目。

在可报销的范围内，如果能让自己享受更高比例的报销就能让自己少支付一部分医疗费用，下面就以成都市为例看看如何让自己享受更高报销。

**案例**

成都市就医如何享受更高医保报销

根据 2016 年成都市居民医疗保险报销标准，成都市居民看病就医的报销比例如表 9-3 所示。

表 9-3　2016 年成都市居民医疗保险报销标准

| 险种 | 医院等级 | 起付标准（元） | 报销比例（%） | | | |
|---|---|---|---|---|---|---|
| | | | 一档 | 二档 | 三档 | 四档 |
| 居民医疗保险 | 一级医院 / 社区卫生服务中心 | 100 | 60 | 80 | 85 | 80 |
| | 二级医院 | 200 | 55 | 65 | 80 | 85 |
| | 三级医院 | 500 | 35 | 50 | 65 | 50 |
| | 乡镇卫生院 | 50 | 65 | 90 | 90 | 90 |
| 备注 | 1. 市外转诊的起付标准为 1 000 元；<br>2. 门诊支付比例为 60%，一个自然年度累计门诊限额 200 元 | | | | | |

了解了居民医保的报销比例后，下面来看看成都职工医疗保险住院报销比例，如表 9-4 所示。

表 9-4　2016 年成都市职工医疗保险住院报销标准

| 险种 | 医院等级 | 起付标准（元） | 报销比例（%） |
|---|---|---|---|
| 居民医疗保险 | 一级医院 | 200 | 92 |
| | 二级医院 | 400 | 90 |
| | 三级医院 | 800 | 85 |
| | 乡镇卫生院 | 160 | 95 |
| 备注 | 在上述基础上，年满 50 周岁的增加 2%，年满 60 周岁的增加 4%，年满 70 周岁的增加 6%，年满 80 周岁的增加 8%，年满 90 周岁的增加 10%，根据年龄增加后的报销比例，不得超过 100% | | |

从成都市医保报销标准可以看出，医院等级越高，其报销比例越低，起付标准更高，由此可见在成都市看病就医，选择小医院能够享受更高的报销。

不同地区医保的报销标准有所不同，但一般来说，在社区医院或小医院诊治都能享受到比大医院更高的报销。因此，在看病就诊时如果是小病参保人员可优先考虑社区医院和小医院，这样可以为自己省下部分医疗费用。

# NO.145
## 如何巧用公积金理财

许多缴存了公积金的参保人员都没有利用自己手中的公积金，让公积金躺在自己的账户里"睡大觉"。实际上，公积金也可以用于理财，其提供的几大功能，使公积金理财具有了现实意义，下面就来看看公积金的理财功能。

◆ **购房：**对于有公积金的人来说，利用公积金来贷款买房是比较划算的，在不贷款的情况下，可以一次性提取公积金，如果是商业贷款购房可提取公积金用于支付首付，还可用于偿还本息。由此可见，利用公积金买房可以减轻买房和还贷压力。

◆ **租房**：公积金除可以用来购房外，还可以用于租房，用公积金来支付租房房租可以减轻租房压力。

◆ **修建住房**：在农村集体土地上建造、翻建、大修自有住房且使用住房贷款的可以提取公积金。

◆ **父母给儿女买房**：如果父母可以提取公积金，那么父母可以将公积金提取为子女减轻购房压力。未使用住房贷款购买自有住房，可以直接提取父母公积金，使用商业银行个人住房贷款购买自有住房或个人住房公积金（组合）贷款购买自有住房的，在支付首付款后可提取父母公积金。

◆ **销户提取全部余额**：对于离、退休的；农业户籍职工男满60周岁，女满55周岁的；领取失业保险金的以及完全丧失劳动能力、大部分丧失劳动能力或重度残疾并与单位解除或终止劳动关系等的公积金缴存人员可以进行公积金销户并提取全部余额。

◆ **治疗重大疾病**：家庭成员（包括职工本人、配偶及未成年子女）患重大疾病或重大手术住院治疗的，职工本人及配偶可申请提取住房公积金。

从上述内容可以看出，用好公积金可以给个人或家庭带来很多好处，它既可以用于购房融资，又可以用于储蓄、子女教育和养老理财。

在使用公积金进行贷款理财时要注意，各地的公积金贷款都有最高限额标准，具体标准可在当地公积金管理中心查询。

## NO.146

# 社保 IC 卡，保障理财两不误

参加了社保的人员都会得到一张社保卡，社保卡可用于看病就医、储存养老金。过去，社保卡并未拥有太多的金融功能，随着社保金融IC卡（也叫金融社保卡）的推出，社保卡拥有了保障与理财的双重功能。下面就以工商银行金融社保卡为例，来看看其具有的功能。

### 案例

**工商银行金融社保卡**

工商银行金融社保卡是由工商银行与各地区人力资源与社会保障部门联合发行，同时具有金融功能和社保功能的联名借记卡。

金融社保卡将社保卡和银行卡合二为一，参保人可凭借金融社保卡享受养老保险、医疗保险等保障待遇，还可凭卡办理现金存取、转账、刷卡消费、投资理财及代缴水电煤气费等业务。

由此可见，持卡人可以利用金融社保卡享受更多的便捷服务，既省去了缴费的麻烦，又可以将卡中的养老保险金用于投资理财，对于注重稳健的中老年家庭来说可以购买银行提供的稳健型理财产品，让自己享受增值收益。

工商银行金融社保卡的发行地为天津、河北、山西、内蒙古、江苏、浙江、安徽、福建、江西、山东、河南、湖北、湖南、广东、广西、海南和四川等地区。

有办理金融社保卡需求的参保人员可以通过当地银行或人力资源

和社会保障部门申请办理，部分地区由当地人力资源和社保保障部门按照当地发行进度规划统一组织企业员工、当地居民办理。

## NO.147
# 这样还房贷更省钱

买房是许多家庭的理财大事，购房所花费的金额对许多家庭来说都是不小的数目，全额付款对许多家庭来说都是比较困难的，因此，贷款买房是大多数家庭的选择。贷款买房需要在支付一定金额的首付后，每月进行还款，在办理贷款时可以选择两种不同的还贷方式，分别是等额本息和等额本金，那么哪种还贷方式更划算呢？

### 案例

**等额本息 VS 等额本金**

周先生一家近期准备购入一套面积为 86 ㎡，单价为 8000 元 / ㎡的住房，周先生选择商业贷款买房，首付 3 成，按揭年数为 20 年，以 2016 年 1 月 1 日的基准利率 4.9% 计算。在选择还款方式时周先生遇到了难题，于是周先生进行了一番计算。

如果选择等额本息的还款方式，还款总额为 756 432.61 元，支付的总利息款为 274 832.61 元，每月还款金额为 3 151.8 元。

如果选择等额本金还款，还款总额为 718 567.27 元，支付的总利息款为 236 967.27 元，每月的还款金额不等，其中首月还款金额为 3 973.2 元，每月递减 8.19 元。

通过以上计算可以看出选择等额本金还款制度的总利息款会比等额本息少，每月的还款金额逐月递减，但前期的还款金额会较多，考虑到当前的还款能力较强，于是周先生最终选择的等额本金还款。

通过周先生的例子可以看出，等额本息还款每月支付的还款金额是相等的，而等额本金还款在还款前期的还款压力会很人，随着时间的推移还款金额会逐渐减少。

等额本息和等额本金还款各有优劣，从还款总额来看等额本金更划算，但如果还款前期收入不高，那么会给自己带来很大的还贷压力。一般来说，等额本息还款适合于有正常财务规划，收入稳定的家庭，比如教师、公务员以及收入还不太高的年轻人。

等额本金适合于有了一定的储蓄积累，年纪稍大的的购房者，在还款前期拥有较强的还款能力，因此不用担心还款问题，随着年龄的逐渐增大，还款金额逐渐递减，可以将还款剩下的资金用于考虑养老问题。

# NO.148
## 这样买车不吃亏

随着交通的日益便利，买车的人也越来越多，在选购车辆时也有很多省钱的窍门。一般来说，在以下几个时间段买车会让自己省下不少的钱。

◆ **车型换代时**：在车型换代的时间段，老的车型进入库存清理阶段，针对此类型的车一般会有较大幅度的优惠，此时购入老的车型将会比较划算。

◆ **节假日购买**：节假日是商家进行促销的时间段，在这一阶段商家会推出各种优惠活动以促进汽车销售，在此时购车也是不错的选择。

◆ **淡季购买**：汽车也有销售旺季和淡季，一般来说，2月、6月、7月和8月是汽车销售的淡季，在淡季时买车可以更大胆的与商家进行砍价，为自己争取更多优惠。

◆ **年底、月底或车展**：年底、月底一般是汽车销售人员冲刺业绩的时间段，为完成销售指标销售人员通常会给予购车者更高的优惠以完成冲刺目标。另外，大型的车展也会有很多优惠折扣，购车者可以在闲时逛逛车展有时会有意想不到的收获。

购车者在选到自己中意的车型以后也要学会货比三家，看看哪家的报价更低，优惠更多，在与销售人员砍价时要表明自己买车的诚意。另外，也不要太早地接受销售人员给出的优惠价格，要向销售人员传递如果再给予一定程度的优惠就可以买入的信息，让销售人员给出最终的底价。

## NO.149
### 买免税的理财产品

大多数进行投资理财的投资者可能都不清楚，购买理财产品获得的投资收益并不能全部归自己所有，其投资收益需要交纳一部分的个人所得税。

　　根据有关法律规定，投资者获得的投资收益要交纳 20% 的个人所得税，但并不是所有的理财产品都需要交税，下面就来看看需要交纳个人所得税的理财产品有哪些。

**案例**

**需要交纳个人所得税的理财产品**

　　　　在众多理财产品中，投资股票型、债券型基金需要交纳个人所得税，这是因为股票型基金实际上持有的是上市公司的股票，而债券型基金持有的是债券。

　　　　投资者通过持有股票和债券获得的股息、红利收入和债券利息收入等将由上市公司、债券发行机构向基金支付投资收益时代扣代缴 20% 的个人所得税。由此可见，投资者最终获得的基金投资收益是交纳所得税后的收益。

　　　　既然投资股票型基金和债券型基金需要支付个人所得税，那么相应的投资股票、企业债券也要交纳个人所得税。除此之外，银行存款也要计征个人所得税，由银行代扣代缴。

　　理财产品是否交税对投资者的投资收益有一定影响，为了让自己获得更多的投资回报可以选择免税的理财产品。可以免税的理财产品如下所示。

◆ **国债**：虽然投资国债获得的收益不会太高，但国债和特种金融债所获得的利息收入是免征个人所得税的。

◆ **人民币理财产品**：在银行购买人民币理财产品时不需要支付个人所得税。

◆ **保险**：保险具有保障和理财双重功能，投保人获得的赔偿免征所得税，另外购买税收优惠型健康险还能享受税收优惠。

◆ **教育储蓄**：教育储蓄是银行储蓄的一种，但这种储蓄方式免征利息税，这就使教育储蓄获得的收益要高于其他储种。

◆ **股票转让**：投资股票获得的红利和股息要收取个人所得税，但投资者通过股票买卖获得的差价收益不用支付所得税。

◆ **其他产品**：除上述理财产品外，投资信托、P2P 理财产品、债券质押式报价回购等也不需要交纳所得税。

## NO.150

# 可少交税的房贷利息抵税

我们都知道个人收入超过个税起征点 3500 元的部分，要按照一定的税率计征个人所得税。随着 2016 年个税改革方案的提交，房贷利息抵扣个税已明确，并且即将在全国推行。

房贷利息抵税的政策一旦执行，这意味着不少个人和家庭可以少交一部分个税，减轻了个人和家庭的负担。下面就来看看房贷利息抵税后一个月可以省多少钱。

**案例**

**房贷利息抵税可以省多少钱**

李先生购买的住房总价款为 768000 元，按揭成数为 7 成，按揭年数为 20 年，基准利率为 4.9%，在选择等额本息还款方式的情况下，贷款总额为 537600 元，支付总利息款为

306 789.89，每月还款本息为 3 518.29 元，利息约为 1 278 元。

李先生的税前工资为 10 000 元 / 月，在交纳五险一金的情况下，李先生需要交纳的个人所得税为：

（税前工资 – 五险一金个人部分 – 起征点）× 税率 – 速算扣除数 =（10 000 – 1 090 – 3 500）× 20% – 555=527 元。

在其他条件不变的情况下，如果房贷利息可抵税，那么所交个人所得税将在减去房贷利息的条件下再征收个人所得税，那么最终李先生所缴纳的个人所得税为（10 000 – 1 278 – 1 090 – 3 500）× 10% – 105=308.2 元。

由此可见，在房贷利息抵税的前提下，李先生可少交纳 527 – 322.13=218.8 元的个人所得税。

房贷利息抵税的政策若真正落实将降低购房家庭的月供负担，对当前有购房需求的 60 ~ 90 后来说都是好事。但目前具体的政策还未正式出台，具体的抵扣政策还需等待政策出台后才能得知。

## NO.151
### 利用年终奖实现避税

年终奖是员工全年一次性的奖金所得，个人所得税的征收范围为工资、薪金所得，工资、薪金是指个人因任职或受雇而取得的工资、薪金、奖金、年终加薪、劳动分红、津贴、补贴以及与任职或受雇有关的其他所得。

可见，年终奖也是要交税的，那么年终奖要如何避税呢？下面来看一个案例。

**案例**

**年终奖避税临界点**

李女士的年终奖为 18 000 元，刘女士的年终奖为 18001
元，罗女士的年终奖为 19 283.3 元，根据年终奖计算方式，
年终奖金需除以 12，按其商数确定适用税率和速算扣除数。
那么刘女士、李女士和罗女士扣税后的最终所得如表 9-5
所示。

表 9-5　年终奖扣税后所得额

| 项目 | 年终奖（元） | 除以 12（元） | 税率 | 扣除数（元） | 扣税后所得（元） |
|---|---|---|---|---|---|
| 李女士 | 18 000 | 1 500 | 3% | 0 | 17 460 |
| 刘女士 | 18 001 | 1 500.08 | 10% | 105 | 16 305.9 |
| 罗女士 | 19 283.3 | 1 606.94 | 10% | 105 | 17 460 |

从上表可以看出，刘女士的年终奖比李女士多一元钱，
但最终扣税后的所得额，刘女士却比李女士少。而罗女士
的年终奖比李女士多 1 283.3 元，最终扣税后的所得却和李
女士相同。

通过上述案例可以看出，年终奖高最终得到的钱反而并不是最多。
其实，年终奖发得多并不表示到手的奖金就一定多，税率表中的应纳
税额 1 500、4 500、9 000、35 000 和 5 500 等都是税率的跳级点，经过
计算可以得出以下 6 个区间的临界点，年终奖在该区间范围内会导致"多
发少得"。

◆ 18 001 元 ~ 19 283.33 元。

- ◆ 54 001 元～60 187.50 元。
- ◆ 108 001 元～114 600 元。
- ◆ 420 001 元～447 500 元。
- ◆ 660 001 元～706 538.46 元。
- ◆ 960 001 元～~1 120 000 元。

要想单位发的年终奖少交税就要避开上述区间，有时宁愿少拿"一百元"，也不要超过那"一元钱"，多拿"一元钱"有可能会使最终所得减少。

## NO.152
## 年终奖理财支招

年终奖是我们一年内辛勤劳动的最终所得，如何用好年终奖是理财的重要事项，也是年末很多人遇到的难题。在规划个人的年终奖时也要理性不能盲目，可根据年终奖的数额来选择不同的理财产品。

（1）年终奖在1万元以下

如果个人的年终奖在1万元以下，那么在选择理财产品时可以选择灵活性较高的产品，因为春节即将来临，期间的花费会比平时多，要充分考虑资金流动性的需求。

可将货币基金与短期理财产品相结合，以在保证流动性的前提下获得稳定的收益。另外，春节期间疾病、交通意外也时常发生，因此，也可以考虑用年终奖为自己建立保险计划，特别是还未拥有疾病、意外保障的人群，更要优先考虑。

（2）年终奖在 1 万~5 万元

对于年终奖在 1 万~5 万元的人群来说，可将这笔奖金分为 5:3:2 的不同份额，分别投资于短期、中期和长期理财产品，既能分散风险又能冲高收益。

对于还未建立保障计划的人群来说，健康、意外保障是不能忽视的，若自己或家庭成员还未拥有基本的保障，那么可将年终奖的 10% 或 5% 用于投保健康险或意外险。

（3）年终奖在 5 万~10 万元，以及 10 万元以上

年终奖在 5 万~10 万元的人群可将年终奖分为 6:2:2，可将 60% 的年终奖用于投资期限较长，风险较高的理财产品，比如银行理财产品、投连险以及指数基金等。剩下的 40% 分别投资于期限适中以及灵活性强，期限较短的理财产品。

年终奖在 10 万元以上的人群可以拿出一部分资金投资中高风险的理财产品，比如期货、黄金等。由于年终奖较多，合理避税是有必要的，可以通过购买人寿保险来合理避税。

## NO.153
## 会赚，也要会省

生活中的理财不仅要开源，还要学会节流。有时开源并不是件容易的事，因此节流就显得更为重要了。

日常生活中有许多省钱的小窍门，利用这些小窍门将钱一点一滴的省下来，积少成多也会成为一笔不小的金额。下面就来看看常见的生活省钱小窍门。

（1）网上话费充值更优惠

话费基本上是每月固定的一笔开支，在为自己的手机号码充值时可以选择手机客户端网上充值，这样可以比到营业厅充值省钱，比如在支付宝和微信客户端充值会发现都有一定的优惠，如图9-14所示为支付宝客户端充值页面，如图9-15所示为微信客户端充值页面。

图9-14　支付宝客户端充值页面　　图9-15　微信客户端充值页面

从上图可以看出充值100元的话费，支付宝客户端的售价为99.98元，微信客户端的售价为99.9元。如果是充值500元的话费，那么支付宝客户端的售价为499元，微信客户端的售价为499.5元。可见充值越多越划算，且选择支付宝客户端充值会更省钱。

（2）选择合适的套餐

要想省手机通讯费比较重要的一点是选对套餐，不同的运营商都为用户提供了不同的套餐，对于平时使用数据流量少的用户来说，在选择套餐时就可以选择赠送数据流量少，但主叫分钟数赠送较多的套餐，而经常出差的用户则可以选择全国主叫／被叫都不收取长途费的套餐。

如果不清楚自己手机号码套餐的具体情况，可以拨打人工客服电话进行了解，在清楚了自己的手机套餐情况后，如果发现该套餐对自己来说并不适用，那么就可以进行更换。

我们每月所消费的话费都会累积积分，积分并非毫无用处，相反积分可用于兑换话费、流量、通话时长、电影票和礼品等。想要了解自己手机号码积分有多少，可以通过网上查询或人工客服查询的方式。网上查询只需进入运营商官方网站，然后登录个人手机账号即可查询。

部分消费积分是有有效期限制的，因此，手机用户要注意及时兑换自己的积分，不要让自己的话费账单白花。

（3）利用团购省钱

不管是看电影，还是外出就餐、购物，都可以利用团购来省钱，团购将有共同消费需求的消费者联系起来，从而使消费者能够加大与商家的谈判能力。

目前，各大团购网站每天都会推出与餐饮、电影票以及 KTV 等有关的折扣优惠，在团购网站上购物、买电影票等往往比直接到店消费更划算，常见的团购网站如下所示。

◆ **美团**：http://www.meituan.com/。
◆ **百度糯米**：http://www.nuomi.com/。
◆ **大众点评**：http://www.dianping.com/。

◆ **折 800**：http://www.zhe800.com/。

◆ **聚划算**：https://ju.taobao.com/。

◆ **拉手网**：http://www.lashou.com/。

（4）减少购物次数

有时逛超市、商场并不是因为需要某种商品，而是因为无聊或排解生活压力，闲逛常常会使自己买到许多并不需要的商品。购物应该有计划的进行，在每次购物前可以罗列一张购物清单，以确保自己能够理性购物，避免买到不需要的商品而导致浪费。

在节日期间有时需要送礼品给亲戚朋友，而在节日当天购物常常不会有优惠，如果能提前购买，就会省下不少钱。

（5）不要小看零钱

零钱虽然看起来不多但却能积少成多，平时将零钱放入存钱罐中，能让自己养成不浪费的习惯，长期下来会发现自己存下的小钱也能用于购买大件。

在省钱方面，坚持积少成多的原则，当钱存到一定的量时可以将这笔钱用于投资理财赚取收益，也可以用于购买自己心仪的商品以此来奖励自己。

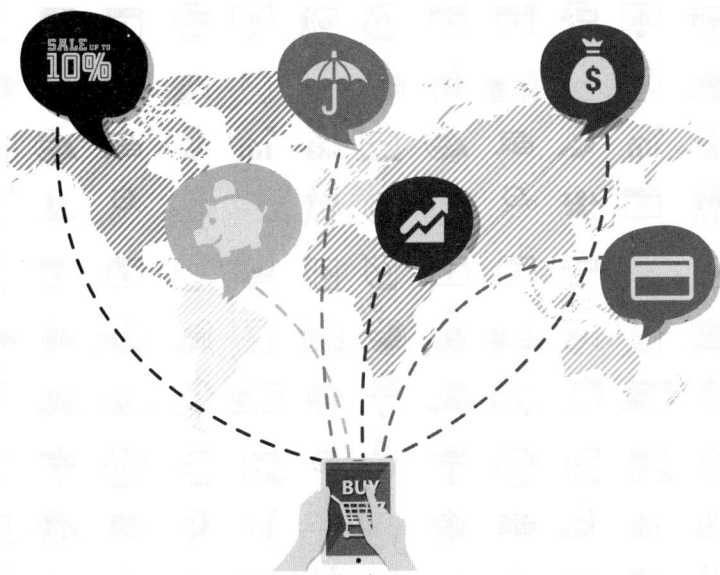

# 第十章
## 新颖的互联网理财方式

随着互联网的发展，互联网金融也得到了广泛的关注，根据前瞻产业研究院发布的《中国互联网理财行业深度调研与发展前景分析报告》显示，截至 2016 年 6 月，我国购买互联网理财产品的网民规模达到 1.01 亿，较 2015 年底增加用户 113 万人，可见互联网理财仍然保持了较高的热度。

# 异军突起理财方式——P2P 网贷

近几年，站在互联网理财风口浪尖的理财方式非"P2P 网贷"莫属，P2P 网贷深受 80 后、90 后人群的喜爱。随着 2016 年 8 月 24 日《网贷监管细则暂行办法》的出台，P2P 网贷也有了"合法的身份"，这也使投资 P2P 网贷的人群越来越多。

## NO.154
### P2P 为什么这么火爆

　　P2P 网贷作为一种新颖的理财方式正在快速的崛起，用"火爆"来形容 P2P 网贷的受欢迎程度并不夸张，以往只将钱存在银行的理财方式已经不能满足投资者的投资需求。因此，越来越多的投资者开始尝试新型的投资方式，P2P 网贷由此受到热捧，那么 P2P 网贷到底有多火呢？下面来看看实际数据。

**案例**

P2P 网贷有多火爆

要了解 P2P 网贷有多火爆，看 P2P 网贷平台的增长数据即可得知，2016 年 4 月～9 月 P2P 网贷平台增长数据如表 10-1 所示。

表 10-1　2016 年 4 月～9 月 P2P 平台增长数据

| 月份 | 新增平台数量 | 累计平台数量 |
|---|---|---|
| 2016 年 9 月 | 43 | 4278 |
| 2016 年 8 月 | 40 | 4213 |
| 2016 年 7 月 | 33 | 4160 |
| 2016 年 6 月 | 47 | 4127 |
| 2016 年 5 月 | 51 | 4080 |
| 2016 年 4 月 | 45 | 4029 |

从上表可以看出，P2P 网贷平台新增数量较多，2016 年 4 月～9 月累计增长数量为 249 家。在 P2P 网贷平台增长的同时，P2P 网贷理财产品的成交量也在增长。截至 2016 年 9 月底，P2P 网贷行业贷款余额增至 7130.42 亿元，环比 8 月底增加了 4.81%，与 2015 年同期相比增幅达 142%。由此可见，大量的资金都在涌入 P2P 网贷行业。

不少投资者可能会问"为什么 P2P 网贷这么火爆"。P2P 网贷理财之所以如此火爆与其自身独特的魅力分不开，对投资者来说，P2P 网贷理财具有以下优势。

◆ **收益高**：P2P 网贷产品为约定利率的理财产品，其收益常常高于其他理财产品。

◆ **投资门槛低：** 大多数 P2P 网贷产品的起投金额为 100 元，投
资门槛低。

◆ **对投资者要求较低：** P2P 网贷产品对投资者的专业性要求较低，
而贵金属、股票等理财产品对投资者的专业性要求较高。

## NO.155
## 如何辨别网贷平台是否安全

P2P 平台的激增也滋生了不少滥竽充数的问题平台，平台出现跑路，
提现困难的事件时有发生，投资者如果投资了此类问题平台会导致资
金损失，想要维权常常是比较困难的。面对市场上良莠不齐的平台，
投资者需要快速智能地过滤存在风险的问题平台，提高理财的效率。

**案例**

### 在网贷之家过滤 P2P 问题平台

进入网贷之家首页（http://www.wdzj.com/），在"数据"
下拉列表中选择"问题平台"选项，如图 10-1 所示。

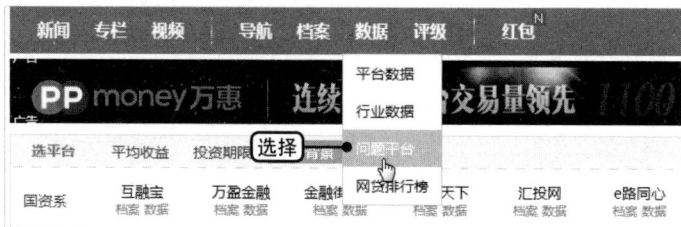

图 10-1　进入网贷之家首页

在打开的页面即可查看到停业及问题平台的数据，如图 10-2 所示。

| 平台成交数据 | 网贷行业数据 | 停业及问题平台 | 网贷排行榜 | | | | | 请输入平台名称 |
|---|---|---|---|---|---|---|---|---|
| 排名 | 平台名称 | 问题时间 | 上线时间 | 注册资本 | 地区 | 待收金额 | 涉及人数 | 事件类型 |
| 1 | 轻创贷 | 2016.10 | 2014.05 | 5200.00万元 | 广东 | - | - | 停业 |
| 2 | 宝玉金融 | 2016.10 | 2014.11 | 10000.00万元 | 广东 | 查看 | - | 跑路 |
| 3 | 飞融网 | 2016.10 | 2014.09 | 2000.00万元 | 湖北 | | | 跑路 |
| 4 | 中能宜贷 | 2016.10 | 2016.06 | 3000.00万元 | 浙江 | | | 跑路 |

**图 10-2　问题平台数据**

在网贷之家除可以查询问题平台数据外，还可以按平台成交量、人气、注册资本及运营时间等进行平台的筛选，从而帮助投资者快速筛选出合规的平台，如图 10-3 所示为按成交量筛选平台。

| 选择条件: | 按成交量 | 按人气 | 按分散性 | 按平台运营 | 高级查询 ∨ |
|---|---|---|---|---|---|
| 数据时间: | 昨日 | 近7日 | 近30日 | 请选择 ∨ | |

| 排名 | 平台名称 | 成交量 | 平均利率 | 平均借款期限 | 累计待还金额 |
|---|---|---|---|---|---|
| 1 | 陆金所 | 2984882.06万元 | 6.11% | 13.64月 | 9305152.4万元 |
| 2 | 红岭创投 | 868653.37万元 | 8.3% | 0.91月 | 1185577.35万元 |
| 3 | 微贷网 | 475183.8万元 | 9.23% | 2.98月 | 884551.66万元 |

**图 10-3　按成交量筛选平台**

## NO.156
## 骗子平台有什么伎俩

P2P 行业频发的跑路事件让不少投资者都不敢轻易涉足 P2P，投资者只有学会识别"骗子平台"的伎俩才能避免自己踩中"地雷"。

（1）伎俩一：秒抢

骗子平台常常会虚构一些热门的投资项目，让投资者以为该产品一上线就被"秒抢"，使得投资者认为该平台提供的产品很有投资价值。实际上这只是平台招揽人气的手段。

2012 年 8 月，P2P 网贷平台"优易网"正式上线，在 2012 年 12 月 21 日该平台就发生跑路事件，短短 4 个月内造成约 60 名投资者 2000 万元的经济损失，而"优易网"的主要模式便是"秒标"。因此，投资者要注意"秒标"的陷阱。

（2）伎俩二：高息

高息总会让投资者心动不已，但投资者要注意的是高息常常是骗子平台的"诱饵"。从倒闭的 P2P 平台来看，不少平台都以高息来吸引投资者，利用这一"诱饵"不断吸纳投资者的资金，最终却跑路。

当发现某 P2P 平台给出了超乎正常值的高息，那么投资者就要提高警惕了，高息是骗子平台吸引投资者的常用手段，不要因为追求超高的收益而导致自己步入骗子平台的陷阱中。

（3）伎俩三：拆东墙补西墙

不少骗子平台还会采取"拆东墙补西墙"的手段来营造赚钱的假象，他们将新投资者的资金用于支付老投资者的利息，以此来吸引越来越多的投资者。随着新投资者的不断加入，资金流入会不足，投资者便会遭受资金损失。

**百科链接** *平台出事了，怎样正确维权*

在 P2P 网贷投资中如果不幸遇到了问题平台，投资者若及时采取恰当的措施也能有效挽回损失。投资者首先需要保持冷静，然后马上搜集重要的证据并妥善保存，包括投资理财的证据、网贷平台经营与业务宣传的证据。其中，投资理财证据有合同协议、投资支付证据、投资中与客服及其他相关人员交流的记录、邮件等。网贷平台经营证据有网站宣传资料、投资协议、网站声明以及在其他平台进行宣传的图片等。在处理维权事件时，投资者也要使用正确的方法，可采用的方法有谈判协商解决、直接报案。对短期内流动性出现问题的平台来说，选择和其他投资者一起找平台协商解决，在出事初期协商成功的可能性较高。如果没有谈判的可能，那么直接报案。

## NO.157

# 花多少钱投资 P2P 平台最安全

投资 P2P 除要选择正规靠谱的平台外，资金的合理配置也很重要，那么投资 P2P 到底要拿出多少资金才合适呢？下面以陆金所为例，来看看在陆金所投资 P2P 产品要拿出多少资金。

**案例**

**投资陆金所点金计划要拿出多少资金**

点金计划是陆金所推出的一键组合投资服务，它可以帮助投资者一键完成"稳盈－安 e 系列"和"陆金宝"的组合投资。

在点金计划的计划有效期内，将该"稳盈－安 e 系列"项目的每月回款自动通过"陆金宝"增值服务提高投资收益。

点金计划的每一个计划有效期均为 6 个月，对应投资的"稳盈－安 e 系列"有效期为 36 个月。

对于想稳赚高收益的投资者来说，投资点金计划要拿出的资金首先必须满足起投限额。点金计划的起投限额为 1 万元、3 万元或 5 万元。

在该起投金额限额以上，投资者要考虑资金的流动性需求，点金计划的投资期限为中长期，因此投资者拿出的资金必须要保证中长期内不会动用。

通过对点金计划的了解可以看出，P2P 产品有起投金额的限制，另外，P2P 产品本身也存在风险，因此在分配 P2P 产品的投资额度时要遵循以下几个要求。

◆ **满足起投金额**：不同的 P2P 产品要求的起投金额不同，有的产品的起投金额为 0 ~ 1000 元，有的产品则要求上万元。因此，投资者分配的投资额度首先需满足起投金额。

◆ **考虑风险承受能力**：P2P 产品能为投资者带来收益，但也伴随着风险，因此，投资的额度不能超过个人的风险承受能力，投资者应在个人风险承受能力范围内进行投资，投资所使用的资金最好是闲钱，而不是日常生活必须开支的生活费。

◆ **坚持稳健投资**：投资者不能过分的追求高收益，在投资时要在坚持稳健投资的基础上适当追求高收益。另外，前面我们也已经知道了高收益常常是骗子平台的"诱饵"。

# NO.158

## P2P 产品组合投资法

面对网贷平台提供的种类丰富的 P2P 产品，如何组合投资一直是投资者头疼的问题，下面就以宜人贷网贷平台为例，看看如何进行 P2P 产品组合投资。

### 案例

**新手如何在宜人贷进行组合投资**

宜人贷是宜信 2012 年推出的个人信用贷款与投资理财 P2P 网贷平台，宜人贷提供的理财产品被称为"宜定盈"，不同期次的宜定盈产品其投资期限、预期收益率都不同，如表 10-2 所示为 2016 年 10 月 14 日宜定盈产品列表。

表 10-2 宜定盈产品列表

| 产品名称 | 起投金额 | 预期年化收益率 | 封闭期 |
|---|---|---|---|
| 宜定盈 010903-0020 期 | 100 元 | 9.6%（新手专享） | 1 个月 |
| 宜定盈 060603-0022 期 | 1 000 元 | 6.0% | 6 个月 |
| 宜定盈 120701-0013 期 | 5 000 元 | 7.5% | 12 个月 |
| 宜定盈 240903-0014 期 | 5 000 元 | 9.2% | 24 个月 |

对新手投资者来说，在进行上述产品的组合投资时可以主要投资短期产品，将 60% 的资金用于投资封闭期 1 个月的宜定盈 010903-0020 期新手专享产品，另外 40% 则投资于封闭期为 6 个月的宜定盈 060603-0022 期产品。

之所以要这样投资是因为新手投资者的投资经验欠缺，因此投资最好选择期限较短的产品，以进行试水投资。在有了一定的投资经验后，再考虑中长期的产品。

通过对宜定盈产品的了解可以看出产品的封闭期有1个月、6个月、12个月和24个月，从收益率来看封闭期越长预期年化收益率越高（除新手专享产品），从灵活性来考虑，封闭期越短灵活性越强。实际上，其他平台推出的 P2P 产品也有类似的特点。

在进行投资时，投资者要根据个人资金的使用情况来考虑如何投资，一般来说投资期限在3个月以下的产品适合于经验欠缺的投资者，进行试水和探索。另外，如果平台没有债权转让功能或不提供提前赎回的服务，投资者也最好持有期限较短的产品，以便能及时赎回。

对有了一定投资经验的投资者来说，可以投资一部分中长期产品，比如期限为6个月、12个月的产品。但如果投资者选择的是中小型平台，平台没有提前赎回的功能，那么对于有经验的投资者也不建议选择投资期限超过半年以上的产品。

进行组合投资可以分散风险，因此，投资者可以将3～6个月的产品作为主要投资，投资比例占50%及以上，1～3个月的产品为辅助产品，投资比例约为20%，6～12个月同样为辅助产品，投资比例占20%左右，对于一年期以上的产品，投资比例最好不要超过10%。

**百科链接** *还款方式不同，收益不同*

P2P 产品的还款方式常见的有一次性还本付息、按月付息，到期还本、等额本金和等额本息。四种还款方式各有优缺点，经过比较，一次性还本付息和按月付息，到期还本的收益要高于等额本金和等额本息，但前两种还款方式所面临的风险也更大。

# "筹" 出理财风暴 —— 众筹

众筹模式是在 2010 年进入我国的，随后"众筹"迅速走红，众筹理财也受到了不少投资者的追捧。在互联网金融领域，众筹迅速发展起来，不少平台也纷纷进军众筹领域。

## NO.159
### 为什么众筹会被接受

众筹的翻译来自于国外"Crowdfunding"一词，是指大众筹资或群众筹资。众筹之所以能在短时间内得到大众的认可和青睐，与其自身的特征分不开，众筹具有以下特征。

◆ **低门槛：** 众筹的门槛较低，无论身份、地位、职业、年龄和性别如何，只要有想法和创意都可以发起众筹项目。

◆ **多样性**：众筹项目具有多样性，包括的类型有科技、音乐、游戏、摄影、娱乐及艺术等。

◆ **依靠大众力量**：众筹项目的支持者一般是普通大众，而不是公司或其他投资机构。

◆ **注重创意**：众筹注重项目本身的创意，创意要具有可操作性，而不单单只是一个点子或概念。

众筹的参与者主要由四个部分组成，包括项目发起人、项目支持者、众筹平台和第三方托管平台，众筹平台是连接项目发起人和项目支持者的桥梁。

项目发起人通过众筹平台发起自己的项目，众筹平台负责对项目进行审核，项目发起成功后，发起人的创意将被展示在众筹平台上，而项目支持人则可以在众筹平台选择自己喜欢的项目进行支持。

在众筹平台上进行众筹的项目并不是所有的项目都会成功，如果项目众筹失败又会怎样呢？

众筹项目如果失败，众筹平台将会为项目支持者办理退款，资金会原路返回到支持者的银行卡或支付宝账户中。如果众筹成功，项目的发起人将会对得到众筹资金，而支持者则会获得发起人预先承诺的回报，这一回报可以是某一产品，也可以是某一服务或收益。

## NO.160
### 获得股权的股权式众筹

众筹的模式有多种，其中，股权式众筹是当前最受关注的模式，为什么股权众筹会受到格外的关注呢？下面以云筹股权众筹平台为例来认识股权式众筹。

### 案例

## 从云筹看股权式众筹项目

云筹是天使投资股权众筹服务平台，云筹主要做天使阶段时期的项目。在云筹上发起的项目倾向于互联网、TMT、健康医疗、文化创意和电商行业，对融资的项目有以下要求。

1. 要有足够的刚性需求，合理的融资估值期望。

2. 项目最好是易懂的，可以让投资者坐在电脑前就能够了解清楚，其价值不能存在法律风险。

3. 项目在竞争格局中有其独特的竞争优势，融资额度适宜，一般为 100 万～1 000 万元人民币。

4. 项目团队要具备一定的职业化与专业化，当然还要有出色的运营能力，尽量保证项目的股权结构清晰。

从云筹股权众筹平台对项目的要求可以看出，股权式众筹对项目的要求较高，云筹平台针对的融资阶段为天使阶段。除天使阶段外，其他股权众筹平台还支持的融资阶段有种子阶段和成长阶段。

股权众筹实际上是一种融资模式，项目团队或公司通过股权式众筹平台发起自己的项目，投资人投资项目后可以获得股权，以获得未来收益。

股权投资不同于其他投资产品，其投资期限具有不确定性，一般来说投资者要退出实现获利了结有以下方式。

◆ 项目进行下一轮融资。

◆ 项目被收购或并购。

◆ 项目成功上市（新三板/主板/二板/创业板）、协议转让和清算。

股权众筹能使投资者获得较高的收益回报，但其中也蕴藏着较大的风险，因此投资股权式众筹项目投资者要格外谨慎。

## NO.161
# 股权式众筹对投资人有要求

投资股权式众筹风险较大，并不是人人都适合投资股权式众筹，不同平台对股权式众筹的投资者都有相应的要求。

### 案例

#### 云筹对股权式众筹投资者的要求

云筹将投资股权式众筹的投资者分为领投人和跟投人。要申请成为领投人，首先需要在云筹网站上注册为投资者，然后通过实名认证，之后提交申请为领投人，申请领投人需要满足以下条件。

1. 金融资产 100 万元以上，或净资产 300 万元以上，或年收入 50 万元以上。

2. 职业为专业投资人，或投资机构中的投资岗位，或企业主管。

3. 至少有一个投资结案的项目。

4. 领投人的领投金额需达一定比例（至少30%），领投人对项目方需进行尽职调查。

而对于跟投人则需满足以下条件。

1. 投资者需年满18周岁。

2. 有属于自己的个人资产。

3. 具备投资风险意识。

除云筹股权式众筹平台采取"领投＋跟投"的投资方式外，实际上大多数股权式众筹平台都采取这种方式。

对于领投人，股权众筹平台的要求都较高，一般要求领投人具有专业的投资经验和判断项目实物能力，且拥有一定的金融资产。对于跟投人，则要求相对较低，从云筹股权式众筹平台对投资人的要求上也可以看出这一点。

因此，投资者想要投资股权式众筹，首先需要看看自己是否符合平台要求的条件，否则不能进行投资。

## NO.162
## 捐赠式和回报式众筹

支持股权式众筹项目投资者得到的是一定比例的股权，而支持回报式众筹项目得到的是某一产品或服务，捐赠式众筹则是不计回报的众筹方式。下面以众筹网为例来看看回报式众筹和捐赠式众筹。

**案例**

**从众筹网看回报式和捐赠式众筹**

　　众筹网提供的众筹项目分为两大板块，分别是奖励众筹和公益众筹。其中，奖励众筹便是回报式众筹，而公益众筹则是捐赠式众筹。

　　支持奖励众筹的支持者只需进入项目详情页后，选择适合的支持选项，再完成支付即可。每种奖励众筹项目都提供了多种回报方式，如表 10-3 所示为 2016 年 10 月众筹网提供的"黄帝贡梨"众筹项目的回报方式。

表 10-3　"黄帝贡梨"众筹项目回报方式

| 金额 | 回报方式 |
| --- | --- |
| 自由选择支持金额 | 无私奉献 |
| 1 元 | 众筹成功后，每满 50 人，将抽出 1 名幸运用户获一次中奖机会 |
| 29 元 | 黄帝贡梨一箱 12 头装 |
| 45 元 | 黄帝贡梨两箱 24 头装 |
| 59 元 | 黄帝贡梨三箱 36 头装 |

　　支持公益众筹项目，支持人将获得一些"特殊"回报，如表 10-4 所示为支持"来，吃一口自力更生的馒头"公益众筹项目所获得的回报。

表 10-4　"来，吃一口自力更生的馒头"众筹项目回报方式

| 金额 | 回报方式 |
| --- | --- |
| 自由选择支持金额 | 无私奉献 |
| 10 元 | 一份酷酷的馒头表情包 |

续表

| 金额 | 回报方式 |
|---|---|
| 20 元 | 一张手绘明信片和一份酷酷的馒头表情包 |
| 50 元 | 一张手绘明信片、一份酷酷的馒头表情包和一份卡贴 |
| 100 元 | 一张手绘明信片、一份酷酷的馒头表情包、一份卡贴和一部电子版馒头教程 |
| 300 元 | 一张手绘明信片、一份酷酷的馒头表情包、一份卡贴、一部电子版馒头教程和一件典藏纪念版 T 恤 |

通过对众筹网提供的奖励众筹和公益众筹项目的了解，可以看出回报式众筹获得的是实实在在的产品，支持者可根据投资的多少，选择不同的回报方式，捐赠式众筹是一种无偿的众筹，支持者一般得到的是精神层面的收获。

**百科链接** *回报式众筹与团购并不同*

由于回报式众筹能够获得产品和服务，因此，不少人将回报式众筹和团购混为一谈。实际上，回报式众筹与团购有 3 点不同。首先，团购是一种消费方式，而众筹则是一种参与式的投资方式；其次，众筹目的是为了帮助缺少资金的公司或个人，而团购是为了销售商品，实现薄利多销；最后，团购的产品一般是量产的，消费者比较熟悉的产品，而众筹的产品一般没有量产，且消费者大多对产品不熟悉。

## NO.163
# 不同的众筹平台如何玩

对众筹玩家来说，选择一个可靠的众筹平台是很重要的，下面就来看看常见的众筹平台，以及不同众筹平台的特点。

（1）产品丰富的淘宝众筹

淘宝众筹提供的产品很丰富，包括的类型有影音、公益、书籍、娱乐、科技、游戏和农业。支持者可以在淘宝众筹中浏览到各行各业的人发起的项目计划，并进行支持。

在淘宝众筹支持项目与在淘宝网上购物类似，涉及的资金将采用第三方担保方式，只有发起人按照约定发放回报并经支持者确认收货的，发起人才能够全额获得支持者支付的资金，而参与淘宝众筹的发起人为淘宝商家和天猫商家，这使淘宝众筹的可信度很高。

（2）投资实体店铺的人人投

人人投是专注于线下实体店铺融资的股权众筹网络平台，人人投做的行业有美容养生、宠物、酒店、仓储物流、小吃饮料、房屋中介和服装饰品等。

投资实体店铺其风险和回报各有差异，因此，投资者在选择项目时要考虑自身的风险承受能力，在人人投在线投资实体店铺具体流程如图10-4所示。

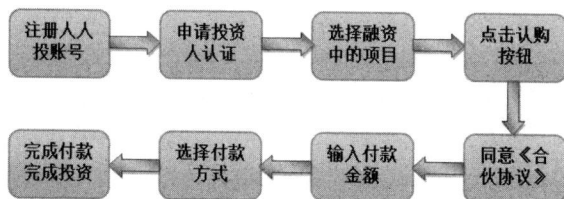

图10-4 人人投在线投资流程

（3）其他众筹平台

目前，市场上的众筹平台很丰富，下面来看看其他具有特色的众筹平台。

◆ **众筹客**：是一家专注于吃喝玩乐的同城实体店铺互联网非公开私募股权融资平台，在众筹客投资者可以找到很多同城项目。

◆ **京东众筹**：京东众筹提供产品众筹、轻众筹和私募股权众筹，其中，轻众筹是一种审核简单，即发即筹的众筹模式。

◆ **大伙投**：大伙投是股权众筹服务平台，主营初创期、成长期和场外定增项目融资服务。

## NO.164

# 股权众筹投资中有哪些"坑"

股权众筹是一项风险较大，同时也很热门的投资方式，根据零壹研究院 2015 年发布的中国互联网众筹年度报告显示，股权众筹年度规模在 50 亿 ~ 55 亿元之间，约为 2014 年的 4 ~ 5 倍。

在正常运营的 281 家平台中，涉及股权众筹业务的有 185 家，占到 65.8% 的比例，股权众筹成为主要业务类型。在股权众筹的繁荣中，股权众筹也存在很多投资"坑"。

◆ **股东身份没有体现**：在委托持股模式中，投资者的名字没有在工商登记中体现出来，投资者虽说是股东，但与实名股东之间的约定只是内部的委托关系，这可能会导致众筹平台和实名公司翻脸不认可投资者的股东身份。

◆ **无法参与经营**：在许多众筹项目中，投资者很难行使自己的股东权利，包括参与股东会表决、投票等。

◆ **分红无法决定**：不少投资人投资股权众筹可能是看重了其中的分红，但分红需要股东会的表决，在投资者没有参与股东会权利的情况下，可能因为股东会没有表决通过利润分配方案而导致分红无法进行。

◆ **众筹平台存在问题**：如果股权众筹平台本身存在一定的问题，或不合规的操作，那么这将会放大投资者的风险，使投资者投资到不真实的项目。

面对股权众筹的"坑"，投资者要有自己的判断力，正确的投资理念是在管理好风险的前提条件下保证收益，在投资前首先要对项目进行认真考察，最好选择自己熟悉的或者是收益持续稳定的行业尽量不要追求高风险、高回报，在签订投资协议时看清楚具体条款内容，以保证自己的合法权益。

对普通的投资者来说参与股权众筹不要将自己当做是风险投资人，不可占用过多的可用资金，建议占用资金的比例为个人资产比例的20%以下。

## NO.165
### 教你如何计算股权众筹收益

在股市行情低迷的情况下，不少投资者都将目光投向了股权众筹，但对于股权众筹的收益计算方式投资者可能还不太明白。股权众筹的收益计算起来并不复杂，跟投人实际收益的计算公式如下所示。

$$跟投人实际收益 = （项目增值 - 管理费）× 80\%$$

其中，项目增值和管理费可以用以下公式来计算。

$$项目增值 = （退出时估值 ÷ 初始估值）× 本金 - 本金$$

$$管理费 = 本金 × 管理费率 × 时间$$

在公式中，本金是指投资者向项目团队或公司投入的资金，估值是指投资者或众筹平台给予项目的整体价值，估值一般可以用以下公式计算。

$$估值 = 融资金额 ÷ 出让股份比例$$

众筹项目成功后，项目方需要向众筹平台支付一定的费用，这一费用便是管理费，不同的众筹平台收取的管理费标准不同。以人人投为例，如果项目通过人人投平台融资成功，则项目方需向人人投平台缴纳项目融资总金额 5% 的居间费。

对跟投人来说，获得的所有收益并不能全部收入囊中，去掉需要支付的管理费，实际收益一般只有 80%，因为另外 20% 通常由领投机构所得。因此，在计算跟投人实际收益时，项目增值部分扣除管理费用后还需乘以 80% 的比例。

清楚公式所表达的含义后，就可以计算实际收益了。假设某项目的融资金额为 500 万元，出让股份 10%，众筹平台收取的管理费为 3%，管理费为融资成功后一次性收取，投资者投入本金 20 万元，退出时10% 的股份价值为 1 000 万元，那么跟投人的实际收益为：

$$[ (1000 \div 10\%) \div (500 \div 10\%) \times 20-20- (20 \times 3\%) ] \times 80\%=15.52$$
万元。

在实际投资中，退出时收益部分要缴纳个人所得税，因此投资者还需要按照对应的税率计算所得税。

## NO.166
### 如何辨别一家公司是否正在股权众筹

为了保证自己投资到真实可靠的项目，投资者要学会辨别项目的真实性，学会判断该项目团队或公司是否真的是在进行股权众筹。可以从以下几点来判断。

（1）充分了解项目

投资者在准备投资某股权众筹项目时，首先需要对项目团队或公司进行详细的了解，包括项目方向、内容，公司执照是否齐全以及是否已经在国家规定的股权交易中心挂牌估值并为股权定价。投资者可以进入相应的股权交易中心官方网站上查询挂牌信息，如图 10-5 所示为在前海股权交易中心查询的最新挂牌信息。

| 挂牌公告 | 地源电子等76家企业挂牌公告 |
| 产品公告 | 恒景物业等51家企业挂牌公告 |
| 市场资讯 | 云数贸国际电子等50家企业挂牌公告 |
| 梧桐智语 | 京广速递等27家企业挂牌公告 |

图 10-5　前海股权交易中心挂牌公告

（2）了解市场前景

对于自己即将投资的项目，投资者还需要了解其市场前景，了解该产品是否有人需要，市场上有没有竞争者等。只有符合市场需求的项目未来才有可能为投资者赢得收益，因此在投资前投资者还需了解项目的市场前景。

（3）了解平台本身

一个众筹项目是否可靠与本台本身有关，平台的资质、风险管理措施等都会影响项目的靠谱度。平台作为连接投资者和项目团队的桥梁，其自身必须是合法合规的，对于股权众筹的交易流程、支付方式等平台需要有明确的规范，以保障投资者投资的顺利进行。

（4）权益如何获得保障

对于自己的权益，投资者需有明确的认识，正规的股权众筹需要获得保障个人权益的法律文书，包括合伙协议、认购协议等。在出资前，投资者就必须明白投资后自己将获得多少股权，明确签订代持协议或入股协议，对于自己的权益只有用法律文件明确下来，才能得到充分的保障。

（5）了解退出机制

投资者投资是为了获利，如果投资项目没有明确的退出机制，那么投资者将不知道自己通过何种渠道才能有效退出。因此，投资者还有必要了解股权众筹的退出机制，股权众筹的退出机制有很多，包括新三板挂牌、上市、并购和回购等。

# 打开个人百宝箱——互联网理财

如今在互联网上进行理财已不是新鲜事了，网络理财平台汇集了基金、票据和借款类等理财产品，为投资者进行理财提供了丰富的选择。另外，互联网理财产品低门槛、高流动性和高收益的特点也符合大众理财的需求。

## NO.167
### 消费理财两不误的余额宝

经常在网上进行支付的投资者对"支付宝"这一支付工具想必不会太陌生。如今，支付宝提供的功能已不再局限于支付，它已成为具有金融理财、生活缴费和便民缴费等多种功能的实用工具。

对既有网上购物需求又有投资理财需求的人来说，使用支付宝提供的"余额宝"进行理财可以实现消费和投资两不误。

**案例**

余额宝的那些事儿

投资者在支付宝中买入余额宝后，实际上是购买了一款由天弘基金提供的货币基金，对投资者来说余额宝具有以下优势。

◆ **低门槛**：1 元起存。

◆ **零费用**：免基金申购费、赎回费、管理费等。

◆ **随用随取**：可以随时转入、转出或消费。

◆ **收益稳健**：收益稳健，可享受复利，让钱生钱。

◆ **安全保障**：若核实支付宝账户被盗属实，支付宝将作出补偿。

在投资余额宝时要注意余额宝并不是当天转入当天计入收益的，转入余额宝的资金将在第二个交易日由基金公司进行份额确认，对已确认的份额将在次日 15:00 前显示收益，具体的份额确认和收益发放时间如表 10-5 所示。

表 10-5　余额宝份额确认和收益显示时间

| 转入时间 | 确认份额 | 收益发放 |
| --- | --- | --- |
| 周一 15:00（含）～周二 15:00 | 周三 | 周四 |
| 周二 15:00（含）～周三 15:00 | 周四 | 周五 |
| 周三 15:00（含）～周四 15:00 | 周五 | 周六 |
| 周四 15:00（含）～周五 15:00 | 下周一 | 下周二 |
| 周五 15:00（含）～下周一 15:00 | 下周一 | 下周二 |

买入余额宝后如果投资者想要将余额宝中的资金转入银行卡，这时又该怎么办呢？目前，余额宝转出资金到卡的到账时间有 3 种，分

别是两小时到账、第二个基金交易日到账和实时到账。

其中，两小时到账要满足 3 个条件，包括手机操作、日累计 ≤ 5 万且在银行服务时间内。若不满足以上 3 个条件，那么转出到卡的资金将在第二个基金交易日到账。

实时到账目前支持光大银行、平安银行和招商银行 3 家银行的一卡通，转出的限额以银行卡签约为准。

> **百科链接** *稳健取胜余月宝 2 号*
>
> 余月宝 2 号与余额宝的不同之处在于余额宝是货币型基金、余月宝 2 号是债券型基金。余月宝 2 号投资以高等级信用债为主，合理运用债券杠杆争取更高收益，但风险高于余额宝，有本金亏损可能，该产品的起购金额为 10 元，每天可买，但限量供应。

## NO.168
## 收益进阶的招财宝理财

支付宝除提供了灵活的理财工具余额宝外，还提供了收益更高的定期理财方式——招财宝。在支付宝定期理财中，投资者可以买到个人贷、企业贷等借款类理财产品，下面就来看看该产品的风险和收益。

**案例**

招财宝的风险和收益

招财宝平台类的借款产品由金融机构或担保公司等增信机构提供本息兑付保障措施，如果借款人逾期不还，那么增兴机构将履行还款保证措施；如果增信机构未能履约，那么投资者仍有损失本金的风险。

招财宝产品的收益计算方式为：本金 × 约定年化收益率 × 实际持有天数 ÷ 365 天。到期后，投资收益将自动转入支付宝余额或余额宝。

假设某投资者用两万元投资招财宝中的定期借款类产品，成交期限为 180 天，约定年化收益率为 3.0%，那么最终收益为：

$$20000 \times 3\% \times 180 \div 365 = 295.89 \ 元$$

目前，招财宝中的产品供不应求，招财宝中的理财产品通常要预约购买。在预约时，投资者可以根据个人投资需求填写预约金额、产品期限和年化收益率，如图 10-6 所示为在手机中预约招财宝产品。

**图 10-6 在手机支付宝中预约招财宝产品**

预约申请成功后，系统会自动为投资者排队，并匹配符合投资者要求的产品。招财宝产品到期后本金和收益将会自动转至投资者的支付宝或余额宝中，投资者无需主动操作。

在产品未到期前，投资者如果急需用钱，那么也可以发起变现，借款类产品（个人贷、中小企业贷等）按变现成交额的 0.2% 收取变现服务费。

## NO.169
# 在京东金融快乐理财

京东金融为投资者提供了种类丰富的理财方式，包括京东小金库、基金理财、定期理财、票据理财、固收理财、京东白拿和众筹等。京东金融提供的理财产品大多是收益稳健的产品，因此京东金融是有稳健理财需求投资者的好去处，下面就来看看稳健理财专区的理财产品。

（1）票据理财

票据理财是商业银行将已贴现的各类票据以约定的利率转让给基金、信托等第三方中介结构，中介结构经过包装设计后再出售给投资者的一种理财方式。投资者购买票据理财产品后即成为理财计划的委托人和受益人，可以获得相应的理财收益。

票据理财产品的风险较小，收益较高，面临的最大风险是商业汇票到期无法回收票款，京东金融提供的票据理财产品的投资标的是银行承兑汇票，因为承兑人是银行，因此，违约的风险很小。

（2）固收理财

在固收理财平台投资者可以买到投资期限和收益固定的理财产品，该产品由国有金融资产交易所提供资产托管，AA+评级担保公司提供100% 本息保证。

投资者可以根据资金的使用周期选择投资期限为 3 个月、6 个月或 12 个月不等的固收理财产品。不同固收产品的起购金额不同，有 1 000元、2 000 元或 5 000 元起投。

（3）券商理财

券商理财是京东金融推出的券商集合资产管理计划，是指证券公司管理的并且在中国证监会备案过的理财产品，所有募集资金都将会在指定银行进行严格的托管。

券商理财中的理财产品起购金额较高，首次购买券商理财中的齐鲁和光大的资产产品，起购金额为5万元，再次购买该产品下的任一子份额时是1 000元起投；首次购买方正资产的产品，起购金额同样为5万元，再次购买同一子产品，可1 000元起投。

任意子份额是指同一资产产品下的不同期限的子产品，同一子产品是指与首次购买相同的产品。

## NO.170
### 在腾讯理财通中理财

理财通是腾讯官方理财平台，理财通将理财产品分为5个专区，分别为货币基金、定期理财、保险理财、报价回购和指数基金。部分投资者可能对报价回购比较陌生，下面来认识一下理财通提供的报价回购理财产品。

**案例**

**理财通报价回购理财产品**

报价回购是券商质押式报价回购的简称，是指证券公司将符合要求的自有资产作为质押物，以质押物折算后的

其他理财

互联网理财

标准券数量所对应金额作为融资的额度，通过报价方式向证券公司符合条件的客户融入资金，同时约定证券公司在回购到期时向客户返还融入资金、支付相应收益的交易。

理财通平台现有的报价回购理财产品有中信证券天天利财，包括中信证券天天利财月月盈、中信证券天天利财双周盈和中信证券天天利财周周盈，这3款理财产品的投资期限分别为28天、14天和7天，起投金额为1000元。

券商质押式报价回购的运作模式由3部分构成。首先，证券公司质押资产至国家法定登记机构，折算为融资额度，如图10-7所示。

**图10-7　证券公司质押资产**

其次，用户申购产品，证券公司由此融入资金进行投资，如图10-8所示。

**图10-8　用户申购产品**

最后，证券公司到期向用户返还本金并支付收益，如图10-9所示。

**图10-9　用户收回本金和收益**

理财通提供的报价回购产品都是短期的理财产品，该产品有以下 3 个特点。

◆ **足额质押，高度保障**：证券公司提供足额质押物保障，质押物由中国证券登记结算有限公司保管。

◆ **约定收益，每日更新**：每个交易日更新约定收益率，用户买入后，封闭期内为该约定值，不受每日报价变动影响。

◆ **期限灵活，赎回 T+1 到账**：产品期限可为 1 ～ 365 天，赎回 T+1 到账。

对有短期理财需求且追求稳健收益的投资者来说，报价回购是不错的选择，产品到期后资金自动取出至余额账户，投资者不必手动操作。

## NO.171
### 在百度精选理财服务

百度理财是综合性的金融服务平台，提供的产品有百发精选、百发 100、百赚 365 天及百赚 180 天等。

百度理财平台推出的理财产品充分体现了百度的数据优势，下面以广发百发精选为例。

**案例**

**利用大数据打造的基金——广发百发精选**

百发大数据精选（广发百发大数据精选混合基金）是利用新型大数据策略选股模型中加入中证 800 成分股进行量

化选股、量化择时，打造出"牛市领涨、熊市稳健"的新型大数据基金。

百发大数据精选以中证800指数基金成分建立初选库，既涵盖中证500中小市值成长股，又囊括了沪深300大市值价值股。结合百发大数据对高纬度、大规模的复杂数据优秀处理能力，优胜劣汰，精选出极具投资价值的个股。

百发大数据精选组合与中证800、上证综指相比其收益如表10-6所示。

表 10-6　百发大数据精选收益比较

| 年度比较 | 中证800 | 上证综指 | 百发大数据精选 |
|---|---|---|---|
| 2015 年 | 28.16% | 25.85% | 58.98% |
| 2014 年 | 48.28% | 52.87% | 78.27% |
| 2013 年 | −2.14% | −6.75% | 9.39% |
| 2012 年 | 5.81% | 3.17% | 15.40% |
| 2011 年 | −27.38% | −21.68% | −19.38% |

除百发大数据精选外，百发100（广发百发100指数基金）也是一只大数据基金，该基金是国内首只互联网大数据基金。目前，百发100和百发精选两款基金的起投金额为10元。

这两款基金的风险等级都较高，投资者在投资前要充分考虑个人的风险承受能力。